Fundação Allan Kardec

Roteiro Sistematizado
para estudo do livro
"O Evangelho Segundo o Espiritismo"

Dados Internacionais de Catalogação na Publicação (CIP)
(Câmara Brasileira do Livro, SP, Brasil)

Fundação Allan Kardec.
    Roteiro Sistematizado para estudo do
livro "O Evangelho Segundo o Espiritismo" /
Fundação Allan Kardec. -- Catanduva, SP :
Boa Nova Editora, 2005.

ISBN 85-86470-37-6

1. Espiritismo I. Título

Índices para catálogo sistemático:

1. Espiritismo 133.93

Impresso no Brasil/*Presita en Brazilo/Printed in Brazil*

Fundação Allan Kardec

Roteiro Sistematizado

para estudo do livro "O Evangelho Segundo o Espiritismo"

Instituto Beneficente Boa Nova
Entidade coligada à Sociedade Espírita Boa Nova
Av. Porto Ferreira, 1.031 | Parque Iracema
Catanduva/SP | CEP 15809-020
www.boanova.net | boanova@boanova.net
Fone: (17) 3531-4444

14ª edição
Do 56º ao 59º milheiro
3.000 exemplares
Março/2023

© 2005-2023 by Boa Nova Editora

Capa
Direção de arte
Francisco do Espírito Santo Neto
Designer
Cristina Fanhani Meira
Imagens
Elisabeth de França, Henri Heine, Lacordaire,
Fénelon, São Paulo, São Vicente de Paulo,
Blaise Pascal, Pestalozzi e Allan Kardec.

Revisão
Bárbara Heliodora de Oliveira

Diagramação
Cristina Fanhani Meira
Mariana Lachi
Tutano Editorial

Coordenação Editorial
Ronaldo A. Sperdutti

Impressão
Gráfica Bartira

Todos os direitos reservados.
Nenhuma parte desta obra pode ser reproduzida
ou transmitida por qualquer forma e/ou
quaisquer meios (eletrônico ou mecânico,
incluindo fotocópia e gravação) ou arquivada
em qualquer sistema ou banco de dados sem
permissão escrita da Editora.

O produto da venda desta obra é destinado à
manutenção das atividades assistenciais da
Fundação Allan Kardec, de Manaus, AM, e da
Sociedade Espírita Boa Nova, de Catanduva, SP.

1ª edição: Setembro de 2005 - 10.000 exemplares

SUMÁRIO

01 APRESENTAÇÃO 13

02 CAPÍTULO II
MEU REINO NÃO É DESTE MUNDO

Roteiro 001   Meu reino não é deste mundo 19
Roteiro 002   O ponto de vista 23

03 CAPÍTULO III
HÁ MUITAS MORADAS NA CASA DE MEU PAI

Roteiro 003   Há muitas moradas na casa de meu Pai 27
Roteiro 004   Destinação da terra –
                         causas das misérias humanas 31

04 CAPÍTULO IV
NINGUÉM PODERÁ VER O REINO DE DEUS
SE NÃO NASCER DE NOVO

Roteiro 005   Ninguém poderá ver o Reino de Deus
                         se não nascer de novo 34
Roteiro 006   A Reencarnação 38
Roteiro 007   A Reencarnação 41
Roteiro 008   A Reencarnação e os laços de família 44
Roteiro 009   A Reencarnação e os laços de família 47

05 CAPÍTULO V
BEM-AVENTURADOS OS AFLITOS

Roteiro 010	Justiça das aflições	51
Roteiro 011	Causas atuais das aflições	55
Roteiro 012	Causas anteriores das aflições	58
Roteiro 013	Esquecimento do passado	62
Roteiro 014	Motivos de resignação	65
Roteiro 015	O suicídio e a loucura	68
Roteiro 016	O mal e o remédio	71
Roteiro 017	A felicidade não é deste mundo	74
Roteiro 018	Perda de pessoas amadas – mortes prematuras	77
Roteiro 019	Se fosse um homem de bem, teria morrido	80
Roteiro 020	Os tormentos voluntários	83
Roteiro 021	A desgraça real	86
Roteiro 022	A melancolia	89
Roteiro 023	Provas voluntárias – o verdadeiro cilício	92
Roteiro 024	Dever-se-á pôr termo às provas do próximo?	95
Roteiro 025	Será lícito abreviar a vida de um doente que sofra sem esperança de cura?	98
Roteiro 026	Sacrifício da própria vida. Proveito dos sofrimentos para outrem.	101

06 CAPÍTULO VI
O CRISTO CONSOLADOR

Roteiro 027	O jugo leve	104

07 CAPÍTULO VII
BEM-AVENTURADOS OS POBRES DE ESPÍRITO

Roteiro 028	O que se deve entender por pobre de espírito	107
Roteiro 029	Aquele que se eleva será rebaixado	110
Roteiro 030	O orgulho e a humildade	113
Roteiro 031	O orgulho e a humildade	116
Roteiro 032	Missão do homem inteligente na terra	119

08 CAPÍTULO VIII
BEM-AVENTURADOS OS QUE TEM PURO O CORAÇÃO

Roteiro 033	Simplicidade e pureza de coração	123
Roteiro 034	Pecado por pensamento – adultério	127
Roteiro 035	Verdadeira pureza – mãos não lavadas	130
Roteiro 036	Escândalos	134
Roteiro 037	Escândalos	138
Roteiro 038	Deixai que venham a mim as criancinhas	141

09 CAPÍTULO IX
BEM-AVENTURADOS OS QUE SÃO BRANDOS E PACÍFICOS

Roteiro 039	Injúrias e violências	144
Roteiro 040	A afabilidade e a doçura	148
Roteiro 041	A paciência	151
Roteiro 042	Obediência e resignação	154
Roteiro 043	A cólera	157
Roteiro 044	A cólera	160

10 CAPÍTULO X
BEM-AVENTURADOS OS QUE SÃO MISERICORDIOSOS

Roteiro 045	Perdoai, para que Deus vos perdoe	163
Roteiro 046	Reconciliação com os adversários	167
Roteiro 047	O sacrifício mais agradável a Deus	171
Roteiro 048	O argueiro e a trave no olho	174
Roteiro 049	Não julgueis, para não serdes julgados	178
Roteiro 050	Perdão das ofensas	182
Roteiro 051	Perdão das ofensas	185
Roteiro 052	A Indulgência	189
Roteiro 053	A Indulgência	192
Roteiro 054	A Indulgência	195
Roteiro 055	É permitido repreender os outros, notar as imperfeições de outrem, divulgar o mal de outrem?	198

11 CAPÍTULO XI
AMAR O PRÓXIMO COMO A SI MESMO

Roteiro 056   O mandamento maior 202

Roteiro 057   Dai a César o que é de César 205

Roteiro 058   A Lei de Amor 208

Roteiro 059   A Lei de Amor 211

Roteiro 060   A Lei de Amor 214

Roteiro 061   O Egoísmo.. 217

Roteiro 062   O Egoísmo.. 220

Roteiro 063   A Fé e a Caridade.. 223

Roteiro 064   Caridade para com os criminosos 226

12 CAPÍTULO XII
AMAI OS VOSSOS INIMIGOS

Roteiro 065   Retribuir o mal com o bem.. 229

Roteiro 066   Os inimigos desencarnados 233

Roteiro 067   Se alguém vos bater na face direita,
apresentai-lhe também a outra.................................... 236

Roteiro 068   A vingança 239

Roteiro 069   O ódio 242

13 CAPÍTULO XIII
NÃO SAIBA A VOSSA MÃO ESQUERDA
O QUE DÁ A VOSSA MÃO DIREITA

Roteiro 070   Fazer o bem sem ostentação 245

Roteiro 071   Os infortúnios ocultos 248

Roteiro 072   O óbolo da viúva.. 251

Roteiro 073   Convidar os pobres e os estropiados –
dar sem esperar retribuição.. 254

Roteiro 074   A caridade material e a caridade moral 257

Roteiro 075   A caridade material e a caridade moral 260

Roteiro 076   A beneficência 263

Roteiro 077	A beneficência	266
Roteiro 078	A beneficência	269
Roteiro 079	A piedade	272
Roteiro 080	Os órfãos	275
Roteiro 081	Benefícios pagos com ingratidão	278
Roteiro 082	Beneficência exclusiva	281

14 CAPÍTULO XIV
HONRAI A VOSSO PAI E A VOSSA MÃE

Roteiro 083	Piedade filial	284
Roteiro 084	A parentela corporal e a parentela espiritual	287
Roteiro 085	A ingratidão dos filhos e os laços de família	290

15 CAPÍTULO XV
FORA DA CARIDADE NÃO HÁ SALVAÇÃO

Roteiro 086	De que precisa o espírito para ser salvo	294
Roteiro 087	Parábola do Bom Samaritano	298
Roteiro 088	O mandamento maior	302
Roteiro 089	Necessidade da caridade segundo São Paulo	306
Roteiro 090	Fora da caridade não há salvação	309

16 CAPÍTULO XVI
NÃO SE PODE SERVIR A DEUS E A MAMON

Roteiro 091	Salvação dos ricos	312
Roteiro 092	Jesus em casa de Zaqueu	315
Roteiro 093	Parábola do mau rico	318
Roteiro 094	Utilidade providencial da riqueza – provas da riqueza e da miséria	322
Roteiro 095	Desigualdade das riquezas	326
Roteiro 096	A verdadeira propriedade	329
Roteiro 097	Emprego da riqueza	332
Roteiro 098	Emprego da riqueza	335
Roteiro 099	Desprendimento dos bens terrenos	338

17 CAPÍTULO XVII
SEDE PERFEITOS

Roteiro 100   Caracteres da perfeição 342

Roteiro 101   O homem de bem 345

Roteiro 102   O dever 348

Roteiro 103   A virtude 351

Roteiro 104   Os superiores e os inferiores 354

Roteiro 105   O homem no mundo 357

Roteiro 106   Cuidar do corpo e do espírito 361

18 CAPÍTULO XVIII
MUITOS OS CHAMADOS, POUCOS OS ESCOLHIDOS

Roteiro 107   A porta estreita 364

Roteiro 108   Nem todos os que dizem: Senhor, Senhor! entrarão no Reino dos Céus 367

Roteiro 109   Muito se pedirá àquele que muito recebeu 370

Roteiro 110   Pelas suas obras é que se reconhece o Cristão 373

19 CAPÍTULO XIX
A FÉ TRANSPORTA MONTANHAS

Roteiro 111   Poder da Fé 376

Roteiro 112   A Fé: mãe da esperança e da caridade 379

Roteiro 113   A Fé humana e a Fé Divina 382

20 CAPÍTULO XXI
HAVERÁ FALSOS CRISTOS E FALSOS PROFETAS

Roteiro 114   Conhece-se a árvore pelo fruto 385

21 CAPÍTULO XXII
NÃO SEPARAREIS O QUE DEUS JUNTOU

Roteiro 115   Indissolubilidade do casamento 388

22 CAPÍTULO XXIV
NÃO PONHAIS A CANDEIA DEBAIXO DO ALQUEIRE

Roteiro 116   A candeia debaixo do alqueire.. 392

Roteiro 117   Não são os que gozam de saúde
que precisam de médico.. 395

Roteiro 118   Coragem da Fé... 399

Roteiro 119   Carregar a sua cruz.
Quem quiser salvar a vida, perdê-la-á................................ 402

23 CAPÍTULO XXV
BUSCAI E ACHAREIS

Roteiro 120   Ajuda-te a ti mesmo, que o Céu te ajudará 405

Roteiro 121   Observai os pássaros do Céu 409

Roteiro 122   Não vos afadigueis pela posse do ouro................................ 413

24 CAPÍTULO XXVII
PEDI E OBTEREIS

Roteiro 123   Qualidades da prece... 416

Roteiro 124   Eficácia da prece 420

Roteiro 125   Ação da prece – transmissão do pensamento 424

Roteiro 126   Ação da prece – transmissão do pensamento 428

Roteiro 127   Da prece pelos mortos e pelos espíritos sofredores 432

Roteiro 128   Maneira de orar 436

APRESENTAÇÃO

1. INTRODUÇÃO

Os roteiros de estudo que seguem a esta apresentação são, na verdade, instrumento complementar utilizado nas atividades de Assistência Espiritual de Adultos da Fundação Allan Kardec em Manaus-Amazonas.

Em conjunto com os roteiros, uma série de diretrizes, estabelecidas em volume à parte, compõem as orientações que embasam essas atividades. Conhecer as diretrizes enriqueceria a utilização dos roteiros e melhor esclareceriam suas finalidades. Entretanto, a ausência daquelas, em nada impede a utilização deste trabalho que se constitui em excelente fonte de apoio para estudos do Evangelho, preparação de palestras, culto do Evangelho no lar e trabalhos similares.

2. CONTEÚDO

O conteúdo dos roteiros busca expressar uma interpretação em termos de perguntas, respostas e pontos de destaque dos diversos temas que fazem parte do Evangelho Segundo o Espiritismo.

Como haverá de ser observado, nem todos os temas do Evangelho foram utilizados. Procurou-se utilizar aqueles que mais de perto tratam da problemática espiritual do homem e que mais ensejam aspectos vinculados à profilaxia dos problemas morais.

Do ponto de vista doutrinário, o conteúdo dos roteiros expressa o melhor empenho da equipe que os elaborou, entretanto, por se tratar de obra humana, sempre haverá falhas a serem corrigidas. Os que encontrarem divergências doutrinárias comprovadas devem, por lealdade à abençoada Doutrina Espírita, corrigi-las e informar à nossa Instituição para que também possamos efetuar as correções.

Vale aditar, ainda, que esta versão é fruto de sucessivos melhoramentos que o trabalho vem sofrendo desde que foi inicialmente utilizado em 1979.

3. UTILIZAÇÃO

O "Roteiro de Estudo em Grupo" é o instrumento de trabalho do dirigente de reunião ou grupo de Estudos do Evangelho. Como todo instrumento de trabalho, ele deve ser corretamente utilizado para que o objetivo desejado seja alcançado com sucesso.

Por que esse tipo de atividade deve ser conduzida com base em um instrumento como este? Porque a Instituição Espírita deve:

- esclarecer os participantes sobre o Evangelho de Jesus, interpretar seus ensinamentos e estimular sua prática à luz da Doutrina Espírita com a maior clareza, fidelidade e profundidade possível;

- unificar o conteúdo dessa interpretação de modo a garantir que todos os envolvidos na tarefa - dirigentes e participantes - estudem o mesmo assunto sob uma ótica comum;

- evitar que a improvisação, a divagação, a análise superficial e a informação sem base prejudiquem a tarefa, transmitindo ideias errôneas sobre o Evangelho de Jesus e a Doutrina Espírita.

O Roteiro de Estudo em Grupo é um recurso para auxiliar o trabalho do dirigente, e não um guia que deva ser rigorosamente observado. Por outro lado, não deve ser abandonado, ou mal utilizado, ou esquecido, visto que constitui uma contribuição colocada ao alcance do Dirigente, na certeza de sua correta utilização e constante aprimoramento.

Este roteiro é utilizado em dois momentos distintos e complementares:

- na *preparação da reunião*, com antecedência de um ou mais dias, quando o dirigente deve estudá-lo cuidadosamente, assegurando-se do correto entendimento do seu conteúdo e reunindo elementos para bem conduzir o estudo.

- na *realização da reunião*, como auxílio na condução do estudo, possibilitando ao dirigente manter as discussões em torno do tema selecionado, contribuindo para que os participantes recebam informações corretas sobre o assunto e saiam da reunião sabendo o que estudaram e como podem exercer tais ensinamentos na sua vida cotidiana.

Na sequência, Quadro Demonstrativo dos diferentes "campos" que integram o Roteiro e as respectivas orientações correspondentes aos momentos anteriormente referidos: PREPARAÇÃO DA REUNIÃO e REALIZAÇÃO DA REUNIÃO.

CAMPO	PREPARAÇÃO DA REUNIÃO	REALIZAÇÃO DA REUNIÃO
TEMA	Identificar o texto indicado e confirmar a data da reunião em que será abordado.	Apresentar o TEMA aos participantes de modo a despertar sua curiosidade e estimular sua atenção para o assunto em estudo.
FONTE BÁSICA	Ler cuidadosamente o texto indicado buscando: 1.entender-lhe o conteúdo; 2.esclarecer dúvidas; 3.pesquisar o sentido de palavras e expressões desconhecidas.	Fornecer aos participantes as indicações sobre o texto: capítulo, item, página.
FONTES COMPLEMENTARES	Consultar uma ou mais obras indicadas observando que: 1.as letras em negrito referem-se ao nome da obra; 2.a expressão "Op.cit." significa que a mensagem indicada encontra-se na obra citada na linha anterior; 3.a convenção "___" no início da linha, indica que a obra citada tem o mesmo autor citado na linha anterior. Reunir elementos e informações que auxiliem no aprofundamento do tema e facilitem o esclarecimento de dúvidas e pontos obscuros. Selecionar, nas obras indicadas ou em outras, mensagem que sirva como página inicial de abertura da reunião.	Utilizar, sempre que necessário, informações obtidas através da leitura dessas obras, visando à maior compreensão possível sobre o assunto em estudo e da respectiva prática.
OBJETIVO	Analisar o objetivo proposto e perceber claramente o conteúdo da mensagem que deverá ser transmitido aos participantes.	Cuidar para que a condução dos trabalhos assegure o alcance do objetivo proposto. Evitar divagações, reconduzindo sempre as discussões paralelas para o objetivo da reunião.
CONCLUSÃO	Examinar o pensamento central que sintetiza tudo o que foi abordado no estudo do texto. Estabelecer relação entre	Concluir obrigatoriamente o estudo do texto reforçando-lhe a essência dos ensinamentos, a fim de permitir aos participantes completa clareza

CAMPO	PREPARAÇÃO DA REUNIÃO	REALIZAÇÃO DA REUNIÃO
	OBJETIVO e CONCLUSÃO, percebendo que ambos constituem uma unidade orientadora da reunião: 1.o OBJETIVO expressa o protótipo da reunião; 2.a CONCLUSÃO retoma o OBJETIVO e o reforça;	quanto ao conteúdo e o necessário incentivo à sua vivência, no dia a dia.
OBSERVAÇÕES	Anotar palavras e expressões pouco conhecidas e elucidar-lhes o sentido.	Informar os participantes sobre as palavras e expressões pouco conhecidas, possibilitando-lhes o correto entendimento do texto em estudo.
INDICAÇÃO DO TEXTO, PERGUNTAS E RESPOSTAS	Possibilitar o entendimento correto do tema em estudo, estabelecendo relação entre o texto lido e as perguntas e respostas correspondentes. Aprofundar o entendimento sobre as questões, consultando as obras relacionadas nas Fontes Complementares.	Solicitar de modo fraterno a manifestação dos participantes, quer para responder a perguntas, quer para fazer comentários sobre o tema. Manter as discussões e comentários em torno do tema. Utilizar as "Perguntas e Respostas" como meio de auxiliar o estudo, sem a preocupação de que todas sejam formuladas e respondidas. Concluir o estudo de cada questão, valorizando as contribuições dos participantes e utilizando como ponto de apoio a resposta constante do Roteiro.
PONTOS A DESTACAR (TEXTO BOXEADO APÓS A RESPOSTA)	Estabelecer relação entre Pergunta/Resposta e o pensamento que a eles corresponde nesta seção, percebendo que o mesmo foi retirado do próprio texto básico ou de mensagens indicadas nas Fontes Complementares.	Destacar o ponto evidenciado na Pergunta/Resposta, lendo ou comentando o respectivo Ponto de Destaque.
DESTAQUES COMPLEMENTARES	Enriquecer a questão em estudo anotando histórias, pensamentos, exemplos, situações, etc., que contribuam para seu melhor entendimento.	Reforçar o conteúdo da Pergunta/Resposta + Pontos a Destacar através de pequenas histórias e comentários pertinentes, com o propósito de tornar ainda mais clara sua compreensão.

4. DINÂMICA SUGERIDA

Existem, na dinâmica de Grupo, variadas técnicas que, utilizadas, geram benefícios surpreendentes para o aprendizado geral.

Na Assistência Espiritual, dadas as condições dos participantes, nem sempre é aconselhável a adoção indiscriminada de qualquer técnica.

A técnica básica que tem sido utilizada é a "Discussão Circular", na qual é formulada uma pergunta ao grupo, e obtida a resposta ou opinião de cada participante. Quando vários já deram sua opinião (não precisa ser de todos), o dirigente resume-as na apresentação do conceito correto.

No uso dessa técnica, o dirigente deve estimular a participação de cada um, induzindo-o a externar sua ideia, ainda que sem nexo ou errada, pois que o importante não é a resposta e sim sua participação.

Cada pergunta deve ser feita a um determinado número de participantes, de forma que todos tenham oportunidade de participação.

O dirigente deve estimular a apresentação de ideias diversas, induzindo o dinamismo e evitando a monotonia, sem jamais deixar resvalar para a discussão ou beligerância. E deve zelar para que sejam evitadas, no decorrer da reunião, termos que expressem subjetivismo ou julgamento de valor, tais como: "discordo", "está errado", "me oponho" e similares.

5. AGRADECIMENTOS

Os trabalhadores da Fundação Allan Kardec que participaram na realização desta obra, agradecem a JESUS a bênção da oportunidade e rogam ao Mestre Excelso novos ensejos que lhes permitam continuar contribuindo com a edificação do Reino de Deus.

Manaus, março de 94

6. ENDEREÇO PARA PEDIDOS

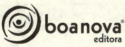

Instituto Beneficente Boa Nova
Entidade coligada à Sociedade Espírita Boa Nova
Av. Porto Ferreira, 1.031 | Parque Iracema | Catanduva/SP
CEP 15809-020 | www.boanova.net | boanova@boanova.net
Fone: (17) 3531-4444 | Fax: (17) 3531-4443

MEU REINO NÃO É DESTE MUNDO
1

FONTE BÁSICA

KARDEC, Allan. **O Evangelho Segundo o Espiritismo**. Trad. Guillon Ribeiro. 89. ed. Rio de Janeiro: FEB, 1984. **Cap. II, Itens 1 e 2.** p. 67-8.

FONTES COMPLEMENTARES

1. XAVIER, Francisco C. *Na construção do futuro*; mens. 03. In:___. **Livro da Esperança**. Pelo espírito Emmanuel. 9. ed. Uberaba: CEC, 1987. p. 23-5.

2.___. *O grande futuro*; mens. 133. In:___. **Pão Nosso**. Pelo espírito Emmanuel. ed. Rio de Janeiro: FEB, 1987. p. 277-8.

3.___. *Testemunho*; mens. 85. In:___. **Caminho, Verdade e Vida**. Pelo espírito Emmanuel. 8. ed. Rio de Janeiro: FEB, 1980. p. 185-6.

4. FRANCO, Divaldo P. *Árdua ascensão*; mens. 20. In:___. **Lampadário Espírita**. Pelo espírito Joanna de Ângelis. 3. ed. Rio de Janeiro: FEB, 1987. p. 87/90.

OBJETIVO

Aprofundar o entendimento da lição de Jesus contida na frase "Meu reino não é deste mundo", distinguindo o mundo físico do espiritual, esclarecendo a relação entre ambos e destacando a destinação eterna do homem.

CONCLUSÃO

O reino de que fala Jesus não é de caráter material, constituído de riqueza e poder: é um reino de paz e fraternidade, a que têm acesso os espíritos que vivem acordes com a lei de Deus, transmitida em seu Evangelho.

OBSERVAÇÃO

O dirigente, ao ler o texto, deverá certificar-se do completo entendimento do vocabulário pelos participantes.

INDICAÇÃO DO TEXTO, PERGUNTAS, RESPOSTAS E DESTAQUES

LER O ITEM 1

1 O que quis Jesus expressar quando respondeu a Pilatos que seu reino não era deste mundo?

Que ele teria seu reino fora dos limites do mundo físico, onde então se encontrava; que seu reino seria espiritual, além dos interesses e das contingências do mundo material.

> *Jesus, veladamente, nos ensina que somos espíritos imortais, criados para a ventura que só o seu reino nos possibilita. A vida física é apenas um momento de aprendizado e aperfeiçoamento, na eternidade.*

2 Embora fosse emissário da verdade, Jesus valeu-se da violência para divulgar sua doutrina?

Não. Jesus deixou bem claro que a verdade que ele anunciava não poderia ser imposta pela força, nem seus discípulos o defenderiam através do combate. Sendo um reino espiritual, suas arenas são a prática do bem, a mansidão, a caridade.

> *"Se o meu reino fosse deste mundo, minha gente houvera combatido para impedir que eu caísse nas mãos dos judeus."*

3 Por que Jesus disse: "meu reino ainda não é daqui"? (João, 18, 36-37)

Porque dia chegará em que a paz e a fraternidade reinarão entre os homens da Terra; nesse momento, o reino de Cristo estará instalado no planeta.

> *Quando os valores espirituais se elevarem acima dos interesses puramente materiais, o homem conhecerá, ainda na Terra, o reino anunciado pelo Cristo.*

4 Com que finalidade Jesus veio a este mundo?

Para dar, conforme Ele mesmo diz, testemunho da verdade, ou seja, para orientar a humanidade sobre as leis de Deus, possibilitando-lhe o esclarecimento necessário ao progresso espiritual.

> *Jesus veio à Terra para instruir a humanidade sobre a lei do amor, que resume por inteiro a lei de Deus, e sobre o destino eterno do homem, conquistado a cada dia pela prática do bem.*

5 Que significa: "Aquele que pertence à verdade, escuta a minha voz"?

Que a mensagem que Ele veio anunciar seria ouvida pelos corações simples e humildes, desprovidos de orgulho e vaidade, pois estes sentimentos afastam o homem da verdade e o distanciam de Deus.

> *A verdade do homem é sua condição de espírito; e o verdadeiro sentido da vida material é auxiliá-lo a progredir, pelo esclarecimento e a prática da caridade.*

LER O ITEM 2

6 O que conseguimos entender com a expressão "vida futura"?

Uma vida que transcende os limites da existência material e continua além da morte do corpo físico. Esta vida, de natureza espiritual, tem início quando estamos na Terra, preparando nosso amanhã, pela prática constante do bem, e continua por toda a eternidade.

> *Jesus se refere à vida futura como "a meta que a humanidade irá ter e como devendo constituir objeto das maiores preocupações do homem na Terra." (**O Evangelho Segundo o Espiritismo** – Cap. II, Item 2)*

7 É possível compreender clara e totalmente a doutrina do Cristo sem considerar a imortalidade da alma?

Não. Embora a doutrina do Cristo seja rica de conteúdo moral, facilitador da harmonia entre os homens, ela só pode ser claramente entendida e interpretada à luz da imortalidade da alma; somente este dogma pode explicar a existência de homens ditosos e infelizes, e mesmo assim assegurar a compreensão da misericórdia e justiça divina.

> *A vida futura tem de ser o ponto de mira de todos os homens; "só ela explica todas as anomalias da vida terrena e se mostra de acordo com a justiça de Deus."*

8 Qual o grande ensinamento que Jesus nos traz nesta passagem?

A certeza da vida futura onde, de acordo com as nossas ações voltadas ao bem, teremos acesso ao reino de paz e amor, por Ele anunciado.

> *O nosso futuro espiritual começa a cada dia, pela prática das boas obras, do estudo e da prece, orientados pelo Evangelho de Jesus.*

DESTAQUES COMPLEMENTARES

DESTAQUES COMPLEMENTARES

O PONTO DE VISTA
2

FONTE BÁSICA

Kardec, Allan. **O Evangelho Segundo o Espiritismo**. Trad. Guillon Ribeiro. 89. ed. Rio de Janeiro: FEB, 1984. **Cap. II, Item 5 e 6**. p. 70-2.

FONTES COMPLEMENTARES

1. Kardec, Allan. *Da Lei do Trabalho.* In:__. **O Livro dos Espíritos**. Trad. Guillon Ribeiro. 57. ed. Rio de Janeiro: FEB, 1983. Parte 3ª, Cap. III, Pergs. 674 a 685. p. 329-31.

2. Op. cit. ,0 *Da Lei de Conservação.* Parte 3ª, Cap. V. Pergs. 702 a 727. p. 337-45.

3.__. *Causas do temor da morte.* In:__. **O Céu e o Inferno**. Trad. Manuel J. Quintão. 30. ed. Rio de Janeiro: FEB, 1983. Parte 1ª, Cap. II, Itens 1 a 9. p. 20-5.

4. XAVIER, Francisco C. *O Grande Futuro*; mens. 133. In:__. **Pão Nosso**. Pelo Espírito Emmanuel. 5. ed. Rio de Janeiro: FEB, 1987. p. 227-8.

OBJETIVO

Esclarecer os participantes sobre o que a compreensão da vida futura propicia aos homens, enfatizando como devemos encarar as tribulações e vicissitudes da vida terrena.

CONCLUSÃO

A crença na vida futura concita-nos a lutar com fé diante das tribulações e vicissitudes da vida terrena, consolando-nos e nos dando a certeza de que devemos ter paciência e serenidade, pois essas dificuldades não passam de incidentes passageiros, comparados à grandeza e eternidade da vida espiritual.

OBSERVAÇÃO

O dirigente, ao ler o texto, deverá certificar-se do completo entendimento do vocabulário pelos participantes.

INDICAÇÃO DO TEXTO, PERGUNTAS, RESPOSTAS E DESTAQUES

LER TODO O ITEM 5

1 Por que é importante termos uma ideia clara e precisa a respeito da vida futura?

Porque é do conceito que dela fazemos que dependerá a nossa compreensão e aceitação resignada das vicissitudes e tribulações da vida terrena.

> *O ponto de vista sob o qual encaramos a vida terrena depende da ideia clara e precisa que temos sobre a vida futura.*

2 O que ocorre com as pessoas que concentram todos os seus esforços e pensamentos na vida terrena?

Fazem de tudo para conseguir os únicos bens que lhes parecem reais (bens materiais) e se sentem diminuídas, sofrendo verdadeiras torturas, quando se veem privadas dos valores e bens terrenos de que eram detentoras.

> *"Pelo simples fato de duvidar da vida futura, o homem dirige todos os seus pensamentos para a vida terrestre."*
>
> *"(...) a importância dada aos bens terrenos está sempre em razão inversa à fé na vida futura."*

3 Quando damos mostra de nosso apego aos bens e valores terrenos?

Quando nos atormentamos facilmente diante dos incidentes da nossa vida presente, tais como: uma decepção, uma ambição insatisfeita, uma injustiça de que sejamos vítima, o orgulho ou a vaidade feridos por uma circunstância qualquer etc.

> *Quando nos colocamos, pelo pensamento, na vida espiritual, as tribulações são meros incidentes que suportamos com paciência.*

4 Por que ocorrem tais situações?

Ocorrem porque os homens interpretam a vida futura sob o ponto de vista de sua vida corpórea. Dessa forma, o mal que os aflige e o bem que atinge os outros tomam vastas proporções. É o que os torna infelizes.

> *"Àquele que se acha no interior de uma cidade, tudo lhe parece grande: assim os homens que ocupem as altas posições, como os monumentos."*

5 O que sucede ao que encara a vida terrestre do ponto de vista da vida futura?

Percebe que os homens e as coisas são bem pequenos diante da imensidade, e os lugares e posses materiais conquistados são efêmeros e pouco os elevarão espiritualmente.

> *"Percebe, então, que grandes e pequenos estão confundidos sobre um montículo de terra."*

6   Segue-se daí, então, que o homem deve suportar seus sofrimentos acomodado, porque acredita na vida futura?

Não é bem assim, pois a sua felicidade decorre do esforço que fizer hoje, por melhorar o que estiver ao seu alcance e para aceitar com resignação o que não depende de si.

> *O mérito depende de como o homem se comporta diante, ou na carência, dos bens materiais.*
> *"Não nos cabe, pois, a deserção pela atitude contemplativa e, sim, avançar, confiante, para o grande futuro." (Emmanuel/**Pão Nosso**).*

LER O ITEM 6

7   A crença na vida futura faz com que as pessoas se desinteressem pela vida material?

Não. Os que creem na vida futura sabem que foram colocados na Terra pela Providência Divina e que devem, portanto, trabalhar para melhorar todas as coisas.

> *O instinto do progresso e da conservação está nas leis da natureza, levando o homem a se esforçar por melhorar o seu bem-estar.*

8   À medida que a compreensão sobre a vida futura aumenta, de que modo as pessoas passam a encarar os bens terrenos?

Como elementos que servem para contribuir ou facilitar o seu progresso moral, embora não de modo essencial; passam a compreender que podem usufruí-los, sem, no entanto, deter a sua posse e, por isso mesmo, não lhes dão tanta importância, procurando não se apegar a eles.

> *"Deus, conseguintemente, não condena os gozos terrenos; condena, sim, o abuso desses gozos em detrimento das coisas da alma."*

DESTAQUES COMPLEMENTARES

DESTAQUES COMPLEMENTARES

HÁ MUITAS MORADAS
NA CASA DE MEU PAI
3

FONTE BÁSICA

KARDEC, Allan. **O Evangelho Segundo o Espiritismo.** Trad. Guillon Ribeiro. 89. ed. Rio de Janeiro: FEB, 1984. **Cap. III, Itens 1 e 2.** p. 75-6.

FONTES COMPLEMENTARES

1. XAVIER, Francisco C. *No Reino em Construção;* mens. 5. In:__. **Livro da Esperança.** Pelo espírito Emmanuel. 7. ed. Uberaba: CEC, 1984. p. 29-31.

2. Op. cit. , **Perante o Mundo; mens.** 4. p. 27-8.

3.__. *Coração Puro;* mens. 36. In:__. **Palavra da Vida Eterna.** Pelo espírito Emmanuel. 11. ed. Uberaba: CEC, 1988. p. 89-90.

4.__. *Tenhamos Fé;* mens. 44. In: __. **Fonte Viva.** Pelo espírito de Emmanuel. 15. ed. Rio de Janeiro: FEB, 1987. p. 103-4.

OBJETIVO

Aprofundar a compreensão dos ensinamentos de Jesus contidos nesta passagem, identificando o Universo como a *casa do Pai* e relacionando os diferentes mundos e os diversos estados de ventura ou dor que o espírito experimenta, como as *diferentes moradas.*

CONCLUSÃO

Jesus nos prepara o lugar, mas só teremos acesso a ele quando libertados de nossas imperfeições e, purificados pelo amor, nos reconhecermos com direito à morada celeste.

OBSERVAÇÃO

O dirigente, ao ler o texto, deverá certificar-se do completo entendimento do vocabulário pelos participantes.

INDICAÇÃO DO TEXTO, PERGUNTAS, RESPOSTAS E DESTAQUES

LER O ITEM 1

1   Com que propósito Jesus nos disse: "Não se turbe o vosso coração"?

Sabendo quanto preocupa e atemoriza o homem a ideia da própria morte, e como é grande a dor que sente aquele que se separa de um ente amado pela desencarnação, Jesus nos aconselha a serenidade e a resignação, pois o espírito vive sempre, ainda que não o possamos ver.

> *"Não se turbe o vosso coração", diz-nos Jesus, mostrando-nos que, além das fronteiras do mundo físico, nos aguardam a paz e a bem-aventurança, reservadas aos que observam as leis de Deus.*

2   "Vou para vos preparar o lugar." Qual o sentido desta promessa de Jesus à humanidade?

Jesus nos acena com uma pátria espiritual de paz e felicidade, sem as constrições e os sofrimentos da Terra; é o lugar reservado aos que vivem em consonância com a lei de Deus.

> *O lugar de que nos fala Jesus é a morada dos justos e não tem determinação geográfica, pois o Universo é infinito, como infinito é o número de espíritos que o habitam.*

3   Que outra promessa nos fez Jesus nesta passagem?

A de nos conduzir para este lugar onde, com Ele, compartilharemos da felicidade plena que só os justos experimentam.

> *"Depois que me tenha ido e que vos houver preparado o lugar, voltarei e vos retirarei para mim, a fim de que onde eu estiver, também vós aí estejais."*

LER O ITEM 2

4   Como interpretar a frase de Jesus: "Há diferentes moradas na casa de meu Pai"?

A casa do Pai é o Universo. As diferentes moradas são os mundos que circulam no espaço infinito e oferecem aos espíritos, tanto encarnados como desencarnados, moradas correspondentes aos níveis de adiantamento em que se encontram.

> *Os planetas e outros corpos celestes são, portanto, moradas de espíritos encarnados e desencarnados, pois Deus não criaria tantos astros sem nenhum propósito, nem reservaria apenas à Terra o privilégio de se tornar habitada.*

5   Que outro sentido encerra esta frase do Mestre?

Essas palavras de Jesus também podem referir-se ao estado venturoso ou desgraçado que o espírito experimenta quando se despoja do corpo físico, estado este decorrente do maior ou menor grau de progresso alcançado pelo espírito.

> *Conforme se ache mais ou menos depurado e desprendido dos laços materiais, variarão ao infinito o meio em que o espírito venha a se encontrar, o aspecto das coisas, as sensações que experimenta, as percepções que tenha.*

6   O que se entende por "erraticidade"?

O estado em que o espírito se encontra no intervalo das suas encarnações, independentemente do grau de progresso alcançado.

> *"No intervalo das reencarnações, a alma, liberta do corpo, é espírito errante que aspira a novo destino, que espera." (O Livro dos Espíritos – Questão 224).*

7   Como é a existência dos espíritos que não lograram progredir e se aperfeiçoar?

Continuam presos aos interesses materiais que os estimularam em vida, sem poder se afastar do ambiente em que viviam. Apartados do amor de Deus, erram nas trevas, atormentados por remorsos e pesares; distanciados dos que lhes são caros, sofrem indizível aflição.

> *"Os espíritos sofrem por efeito das paixões cuja essência conservam." Por isso, esforcemo-nos para, ainda em vida física, nos libertar dos vícios e defeitos que nos retardam a caminhada espiritual.*

8   E os espíritos dos justos, que sensações experimentam?

Estes percorrem o espaço, visitando outros mundos, gozando de resplendente claridade e assistindo ao espetáculo sublime do Infinito. No convívio daqueles a quem amam, fruem as delícias de uma felicidade indizível.

> *Somos, na condição de espíritos, o que éramos na condição de encarnados. Cuidemos de nos aperfeiçoar, na prática incessante do bem, e Deus nos reservará morada compatível ao nosso esforço.*

DESTAQUES COMPLEMENTARES

DESTAQUES COMPLEMENTARES

DESTINAÇÃO DA TERRA – CAUSAS DAS MISÉRIAS HUMANAS

4

FONTE BÁSICA

KARDEC, Allan. **O Evangelho Segundo o Espiritismo.** Trad. Guillon Ribeiro. 89. ed. Rio de Janeiro: FEB, 1984. **Cap. III, Item 6 e 7.** p. 77-8.

FONTES COMPLEMENTARES

1. KARDEC, Allan. *Da Lei do Progresso.* In: __. **O Livro dos Espíritos.** Trad. Guillon Ribeiro. 47. ed. Rio de Janeiro: FEB, 1979. Parte 3ª, Cap. VIII, Pergs. 776 a 793. p. 362-71.

2. Op. cit. , *Progressão dos Espíritos.* Parte 2ª, Cap. I, Pergs. 114 a 117. p. 95-6.

3. __. *Sinais dos Tempos.* In: __. **A Gênese.** Trad. de Guillon Ribeiro. 24. ed. Rio de Janeiro: FEB, 1982. Cap. XVIII, Item 9. p. 407-9.

4. XAVIER, Francisco C. *Sociologia.* In: __. **O Consolador.** Ditado pelo espírito Emmanuel. 6. ed. Rio de Janeiro: FEB, 1976. 1ª Parte, Cap. I, Pergs. 55 e 56. p. 45-6.

5. Op. cit. , *Ciências Especializadas.* Cap. III, Pergs. 71 e 72. p. 55-6.

6. Op. cit. , *Dor.* 2ª Parte, Cap. V, Pergs. 239 a 241. p. 144-5.

7. XAVIER, Francisco C. & VIEIRA, Waldo. *Contrastes*; Mens. 20. In: __. **O Espírito da Verdade.** Ditado pelo espírito André Luiz. 5. ed. Rio de Janeiro: FEB, 1985. p. 54-5.

OBJETIVO

Mostrar aos participantes a finalidade de encarnar na Terra, esclarecendo a destinação desta e as causas das misérias humanas, bem como enfocar os meios de eliminar essas misérias.

CONCLUSÃO

A Terra é uma escola de fraternidade e de reparação. Nela habitam espíritos ainda endividados com a Providência Divina e que aí encontram meios para se corrigir, através do sofrimento regenerador e do esforço em dominar suas más tendências – causas das misérias humanas.

OBSERVAÇÃO

O dirigente, ao ler o texto, deverá certificar-se do completo entendimento do vocabulário pelos participantes.

INDICAÇÃO DO TEXTO, PERGUNTAS, RESPOSTAS E DESTAQUES

LER O ITEM 6

1   Por que são marcantes, ainda, as misérias humanas?

É que nós não aprendemos ainda que somos todos irmãos pela Lei de nosso Pai, tão suavemente expressa no Evangelho; é que ainda existe em nós muito egoísmo, orgulho e desamor.

> *A situação material e moral da humanidade terrestre é devida à destinação da Terra e a natureza daqueles que a habitam.*

2   Terá Deus nos criado apenas para o sofrimento?

Não. O sofrimento é temporário e decorre da nossa resistência à prática do bem, para satisfazer o orgulho e o egoísmo que existe em cada um de nós.

> *A Terra é um dos planetas mais atrasados, onde habitam espíritos avessos à Lei de Deus; daí, seu panorama de sofrimento.*

3   Qual a finalidade de estar na Terra?

Sendo a Terra uma escola de fraternidade, nela nos encontramos para aprender a amar o próximo e, através do amor, corrigir nossas imperfeições morais.

> *A Terra nos foi destinada, por Deus, para nos redimir e poder avançar no progresso espiritual.*

LER O ITEM 7

4   Como fazer para apressar a cura de nossas enfermidades morais?

Combatendo nossos defeitos, incentivando as virtudes e buscando nossa reforma íntima à luz do Evangelho do Senhor.

> *A dor é a condição da alegria e o preço da virtude, e a virtude é o bem mais precioso que há no Universo.*

5   Estamos destinados a reencarnar indefinidamente na Terra?

Não. Do mesmo modo que do hospital saem os que já estão curados, e da prisão os que cumpriram sua pena, o homem deixa a Terra quando está curado de suas enfermidades morais.

> *Nosso mundo não é o único habitado. Outros, mais felizes, existem, compatíveis com os níveis de progresso alcançado pelos espíritos.*

6 A felicidade existe? Como conquistá-la?

Sim. A felicidade nos é assegurada pela Lei de Deus e devemos conquistá-la passo a passo, trabalhando por vencer nossas próprias imperfeições. O Evangelho do Senhor é o guia mais seguro nessa caminhada.

> *Todos podemos ter fé num futuro melhor, mas alcançará a felicidade, mais depressa e com menor sofrimento, aquele que se esforça para dominar suas más tendências.*

DESTAQUES COMPLEMENTARES

NINGUÉM PODERÁ VER O REINO DE DEUS SE NÃO NASCER DE NOVO

5

FONTE BÁSICA

KARDEC, Allan. **O Evangelho Segundo o Espiritismo.** Trad. Guillon Ribeiro. 89. ed. Rio de Janeiro: FEB, 1984. **Cap. IV. Itens 1 a 3.** p. 87-8.

FONTES COMPLEMENTARES

1. KARDEC, Allan. *Da Pluralidade das Existências – A reencarnação.* In:__. **O Livro dos Espíritos.** Trad. Guillon Ribeiro. 51. ed. Rio de Janeiro: FEB, 1980. Parte 2ª, Cap. IV, Questões 166 a 170. p. 120-1.

2. XAVIER, Francisco C. *Evolução e Aprimoramento;* mens. 6. In: __. **Livro da Esperança.** Pelo espírito Emmanuel. 7. ed. Uberaba: CEC, 1984. p. 33-5.

OBJETIVO

Esclarecer os participantes acerca da reencarnação, estudando-lhe o significado e a finalidade e enfatizando o seu conhecimento pelos antigos judeus, bem como seu reconhecimento pelo próprio Cristo.

CONCLUSÃO

A reencarnação é uma lei natural, portanto divina, que nos assegura oportunidades constantes de progresso espiritual até atingirmos a condição de espíritos puros. Utilizemos, portanto, cada dia de nossa existência para tornar-nos melhores e, assim, mais rapidamente adentrar o reino de Deus.

OBSERVAÇÃO

O dirigente, ao ler o texto, deverá certificar-se do completo entendimento do vocabulário pelos participantes.

INDICAÇÃO DO TEXTO, PERGUNTAS, RESPOSTAS E DESTAQUES

LER OS ITENS 1 E 2

1 É possível concluir, através destas passagens evangélicas, que os judeus conheciam a reencarnação?

Inegavelmente. As ideias que, tanto os discípulos como outras pessoas, faziam em torno de quem teria sido o Cristo, imaginando-o como João Batista, Elias, Jeremias ou algum dos profetas, nos levam a concluir que os judeus acreditavam na reencarnação.

> *A ideia da reencarnação não surgiu com o Espiritismo nem contraria os princípios do cristianismo: os judeus já tinham noção desse fenômeno e o próprio Cristo a ele se referiu, mostrando que o espírito renasce em outros corpos.*

2 O que podemos entender pela resposta de Jesus a Pedro: "Não foram a carne nem o sangue que isso te revelaram, mas meu Pai que está nos céus."?

Que Pedro, por seu conhecimento e experiência, não poderia ter dado aquela resposta, se a espiritualidade superior não o houvesse inspirado.

> *A resposta de Jesus deixa subentendido que Pedro não falara por si mesmo, mas sob inspiração espiritual, através do concurso de espíritos superiores.*

RELATAR O QUE OCORREU DURANTE A TRANSFIGURAÇÃO DE JESUS. (V. MATEUS. CAP. XVII. 1 A 9). A SEGUIR LER O ITEM 3.

3 Nesta passagem, de que modo Jesus admite a existência da reencarnação?

Afirmando aos discípulos que Elias, o profeta que haveria de vir para **restabelecer todas as coisas**, já viera e não fora reconhecido pelos judeus, que lhe haviam dado tratamento cruel.

> *"– mas eu vos declaro que Elias já veio e eles não o reconheceram e o trataram como lhes aprouve."*

4 Qual a conclusão dos discípulos, acerca de quem teria sido Elias?

Eles entenderam que Jesus, ao afirmar que Elias já viera, admitia que João Batista era Elias reencarnado.

> *"Então seus discípulos compreenderam que fora de João Batista que Ele falara."*

5   O que se entende por reencarnação?

"Reencarnação é a volta da alma ou espírito à vida corpórea, mas em outro corpo especialmente formado para ele e que nada tem em comum com o antigo."

> *A reencarnação dos espíritos é princípio conhecido por civilizações antigas, embora sob diferentes nomes. O Espiritismo passou a usar este termo – reencarnação – para evitar dúvidas e definir com precisão o fenômeno.*

6   Qual a finalidade da reencarnação do espírito?

Propiciar-lhe, através de diferentes existências, oportunidade de expiar faltas anteriores e se melhorar progressivamente até que, limpo de todas as impurezas, não tenha mais necessidade das provas da vida corporal.

> *"A cada nova existência o espírito dá um passo para diante, na senda do progresso."*

7   Como podemos interpretar a frase de Jesus, título da presente lição: "Ninguém poderá ver o reino de Deus se não nascer de novo"?

Que, dada a imperfeição do homem, apenas uma vida não é suficiente para que ele consiga depurar o espírito. São-lhe necessárias, portanto, sucessivas reencarnações para que, através de diferentes experiências, ele progrida e tenha entrada no reino de Deus.

> *Todos os espíritos são criados por Deus para a felicidade, mas para experimentá-la é necessário alcançar o progresso espiritual, adquirido dia a dia, no decorrer das múltiplas encarnações.*

8   Que ensinamento prático nos dá esta lição, para o nosso dia a dia?

Que a reencarnação é um ato da misericórdia divina em nosso benefício, pois nos possibilita reparar antigas faltas e avançar espiritualmente; portanto, cada dia, cada instante da nossa vida, deve ser ocasião de se fazer o bem, praticar a caridade, aprender e auxiliar o próximo, para que não percamos oportunidade de progredir.

> *A reencarnação é uma lei natural, portanto, divina, à qual estamos submetidos, por misericórdia de Deus, com a finalidade de progredir espiritualmente e alcançar a suprema felicidade.*

DESTAQUES COMPLEMENTARES

DESTAQUES COMPLEMENTARES

A REENCARNAÇÃO
6

─── FONTE BÁSICA ───

KARDEC, Allan. **O Evangelho Segundo o Espiritismo.** Trad. Guillon Ribeiro. 89. ed. Rio de Janeiro: FEB, 1984. **Cap. IV, Itens, 5, 7 a 9.** p. 89 a 91.

───FONTES COMPLEMENTARES───

1. XAVIER, Francisco C. **Evolução e aprimoramento**; mens. 6. In: __. **Livro da Esperança.** Pelo espírito Emmanuel. 7. ed. Uberaba: CEC, 1984. p. 33-5.

2. Op. cit. , **Instituto de Tratamento;** mens 8. p. 41-3.

3.__. **Orientadores do mundo;** mens. 111. In: __. **Caminho, Verdade e Vida.** Pelo espírito Emmanuel. 8. ed. Rio de Janeiro: FEB, 1980. p. 237-8.

4.__. **Renasce agora**; mens. 56. In: __. **Fonte Viva.** Pelo espírito Emmanuel. 15. ed. Rio de Janeiro: FEB, 1987. p. 129-30.

─── OBJETIVO ───

Analisar com os participantes o sentido da frase de Jesus **"Ninguém poderá ver o reino de Deus se não nascer de novo",** destacando a importância da reencarnação para o progresso dos espíritos.

─── CONCLUSÃO ───

Cada nova encarnação constitui oportunidade de progresso que Deus, em sua infinita misericórdia, concede aos espíritos a fim de que se aperfeiçoem e logrem alcançar o Seu Reino.

─── OBSERVAÇÃO ───

O dirigente, ao ler o texto, deverá certificar-se do completo entendimento do vocabulário pelos participantes.

INDICAÇÃO DO TEXTO, PERGUNTAS, RESPOSTAS E DESTAQUES

LER TODO O TEXTO

1   Que juízo fazia Nicodemos a respeito de Jesus e por quê?

Nicodemos acreditava que Jesus era um enviado de Deus com a missão de instruir os homens. Ele assim pensava porque, sabendo dos prodígios que Jesus fazia, reconhecia que ninguém poderia executá-los se Deus não estivesse com ele.

> *"Mestre, sabemos que vieste da parte de Deus para nos instruir, porquanto ninguém poderia fazer os milagres que fazes, se Deus não estivesse com ele."*

2   A que Jesus se refere quando afirma ser preciso nascer de novo para se ver o reino de Deus?

Que somente pela reencarnação temos possibilidade de resgatar débitos passados e construir nosso progresso espiritual, habilitando-nos assim a **ver o reino de Deus**. Uma existência é insuficiente para que alcancemos o necessário aperfeiçoamento.

> *"Em verdade, em verdade, digo-te: Ninguém poderá ver o reino de Deus se não nascer de novo."*

3   O que significa renascer da água e do espírito?

Para entender esta passagem precisamos reportarmo-nos à época em que Jesus falava e levar em conta o que então se conhecia sobre as ciências físicas. Naquele tempo, a água era considerada o símbolo da natureza material e o único elemento gerador da vida, donde **renascer da água** significa voltar à vida com o corpo físico. Por outro lado, daquela época até hoje, o espírito é símbolo da natureza inteligente; assim, **renascer do espírito** corresponde a renascer com sua alma.

> *"Em verdade, em verdade, digo-te: Se um homem não renascer da água e do Espírito, não poderá entrar no reino de Deus."*

4   Como interpretar a frase de Jesus: "O que é nascido da carne é carne e o que é nascido do Espírito é Espírito"?

Jesus não só distingue o corpo do espírito como evidencia a origem de cada um, esclarecendo que o corpo gera outro corpo, mas não gera o espírito, pois só Deus, Espírito Supremo que a tudo preside, pode criar o Espírito.

> *A formação do corpo é independente do espírito, que lhe preexiste, de modo que os traços físicos, transmitidos aos filhos pelos pais, nada têm a ver com as características morais, as quais o espírito não herda, mas traz consigo de vidas anteriores.*

5 **Que interpretação podemos dar à frase do Mestre: "O espírito sopra onde quer; ouves-lhe a voz, mas não sabes nem donde vem, nem para onde vai; o mesmo se dá com todo homem que é nascido do Espírito"?**

Podemos interpretá-la tanto em relação ao Espírito de Deus que, sendo onipresente, está sempre em toda parte, e não o podemos localizar; como ao Espírito do homem que, ao reencarnar, tudo esquece das existências anteriores, nada sabendo do que foi nem do que virá a ser.

> *"Se o espírito, ou alma, fosse criado ao mesmo tempo que o corpo, saber-se-ia donde ele veio, pois que se lhe conheceria o começo."*

6 **Diante da surpresa de Nicodemos ante tais ensinamentos, que acrescenta Jesus?**

Ele reafirma a verdade de suas palavras e a autoridade de seu testemunho, decorrentes da suprema sabedoria que detinha, como Espírito puro.

> *Jesus não deixa dúvidas quanto à veracidade de suas palavras, pertinentes à reencarnação do espírito ou pluralidade das existências, ao afirmar: "(...) não dizemos senão o que sabemos e não damos testemunho senão do que temos visto."*

7 **Que lição prática tiramos destes ensinamentos?**

Que cada nova existência é ocasião de progresso que a misericórdia infinita de Deus nos concede para que logremos alcançar mais rapidamente o seu Reino. Cabe-nos administrar bem cada instante de nossa vida, devotando-nos à caridade e à pratica incessante do bem.

> *"Renasce agora em teus propósitos, deliberações e atitudes, trabalhando para superar os obstáculos que te cercam e alcançando a antecipação da vitória sobre ti mesmo, no tempo..."*

---— **DESTAQUES COMPLEMENTARES** —---

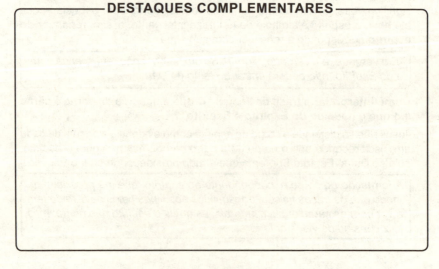

A REENCARNAÇÃO

7

FONTE BÁSICA

KARDEC, Allan. **O Evangelho Segundo o Espiritismo.** Trad. Guillon Ribeiro. 89. ed. Rio de Janeiro: FEB, 1984. **Cap. IV, Itens 10 a 15.** p. 91-3

FONTES COMPLEMENTARES

1. XAVIER, Francisco C. *Ouvidos*; mens. 72. In: __. **Palavras de Vida Eterna.** Pelo espírito Emmanuel. 11. ed. Uberaba: CEC, 1988. p. 161-2

2. VINÍCIUS. *Nascer e morrer*; mens. 16. In: __. **Na escola do Mestre.** 5. ed. São Paulo: FEESP, 1988. p. 84-6.

3. SCHUTEL, Caibar. *Reencarnação ou Pluralidade das Existências Corpóreas.* In: __. **Parábolas e Ensinos de Jesus.** 12. ed. Matão: O Clarim, 1987. p. 197-201.

4. Op. cit. *Colóquio de Jesus com Nicodemos.* p. 290-301.

OBJETIVO

Estudar o princípio da reencarnação com base nos ensinamentos de Jesus e em profetas do Antigo Testamento, destacando que seu conhecimento procede desde a Antiguidade e que o Espiritismo apenas o interpreta e coloca ao alcance de muitos.

CONCLUSÃO

A reencarnação do espírito, conhecida dos antigos hebreus, registrada em inúmeras passagens do Antigo Testamento e ensinada por Jesus, faz parte da lei de Deus. O Espiritismo apenas aprofunda o seu entendimento e o torna acessível a muitos, com vistas ao esclarecimento da humanidade e o progresso dos espíritos.

OBSERVAÇÃO

O dirigente, ao ler o texto, deverá certificar-se do completo entendimento do vocabulário pelos participantes.

INDICAÇÃO DO TEXTO, PERGUNTAS, RESPOSTAS E DESTAQUES

LER OS ITENS 10 E 11

1 Se, na ocasião em que Jesus falava, João Batista ainda vivia, como interpretar-lhe a frase: "desde o tempo de João Batista até o presente"?

Sendo João o próprio Elias reencarnado, Jesus alude à época em que João Batista era Elias, deixando claro que ambos são o mesmo espírito em duas encarnações distintas.

> *Jesus reafirma claramente o princípio da reencarnação, quando diz: "Se quiserdes compreender o que vos digo ele mesmo é o Elias que há de vir."*

2 A que violência Jesus se refere, nesta passagem?

À violência da lei mosaica que, considerando o Reino de Deus como um espaço físico reservado exclusivamente aos hebreus – a Terra Prometida, ordenava o extermínio dos demais povos, pois, sendo infiéis, não poderiam entrar no paraíso que lhes pertencia.

> *"Desde os tempos de João Batista até o presente, o reino dos céus é tomado pela violência e são os violentos que o arrebatam."*

3 Que novo entendimento Jesus nos traz a respeito do reino dos céus?

Ele nos ensina que este Reino não é propriedade de um único povo, mas herança de todos quantos amem a Deus e ao próximo. Ele estabelece uma nova lei, segundo a qual se obtém o céu pela caridade e brandura, não pela violência.

> *Jesus é o marco na história da humanidade na Terra, que estabelece uma nova compreensão do Reino dos céus e uma nova forma de convivência entre os homens, baseada no amor.*

4 Qual o sentido da expressão: "Ouça aquele que tiver ouvidos de ouvir"?

Jesus reconhecia que nem todos os que o ouviam falar de João Batista e Elias como sendo a mesma pessoa, poderiam entendê-lo, visto que seu nível de progresso espiritual não lhes permitia ainda compreender certas verdades.

> *Naquele tempo, como hoje, nem todos os que ouvem a palavra de Jesus a entendem; e em menor número ainda são os que a põem em prática.*

LER OS ITENS 12 E 13

5 De que modo o profeta Isaías sugere, neste texto, o princípio da reencarnação?

Ao dizer "Aqueles do vosso povo a quem a morte foi dada viverão de novo". Com esta frase explícita, o profeta afasta a hipótese de que estaria falando apenas no sentido espiritual, pois se assim fosse teria dito "ainda vivem" e não "viverão de novo".

> *"Aqueles que estavam mortos em meio a mim ressuscitarão."*

LER OS ITENS 14 E 15

6   Qual o sentido destas três versões do livro de Job?

Elas aludem de forma inequívoca à reencarnação do espírito, referindo-se tanto ao término da vida material, com o despojamento do corpo, como à condição de espera em que permanece o espírito, enquanto aguarda outra oportunidade de voltar à vida com novo corpo.

> *"Acabando os dias de minha existência terrestre, esperarei, porquanto a ela voltarei de novo."*

7   Com base na lição de hoje, podemos concluir que a reencarnação é um princípio recente defendido pelo Espiritismo?

Não. Este princípio está presente na cultura de povos antigos e em livros sagrados do Antigo Testamento; foi ensinado há quase dois mil anos por Jesus. O Espiritismo apenas aprofunda o seu entendimento e o torna acessível a muitos.

> *A reencarnação é a lei de Deus e sua noção se perde na Antiguidade. O Espiritismo vem resgatar este conceito, esclarecendo-o melhor e colocando-o ao alcance de muitos.*

── DESTAQUES COMPLEMENTARES ──

A REENCARNAÇÃO E OS LAÇOS DE FAMÍLIA
8

FONTE BÁSICA

KARDEC, Allan. **O Evangelho Segundo o Espiritismo.** Trad. Guillon Ribeiro. 89. ed. Rio de Janeiro: FEB, 1984. **Cap. IV, Item 18.** p. 94-5.

FONTES COMPLEMENTARES

1. FRANCO, Divaldo P. *Laços Eternos;* mens. 30. In: __. **Luz viva.** Pelos espíritos Joanna de Ângelis e Marco Prisco. 2. ed. Salvador: Livraria Espírita "Alvorada", 1988. p. 173-5.

2. XAVIER, Francisco C. *Instituto de Tratamento;* mens. 08. In.__. **Livro da Esperança.** Pelo espírito Emmanuel. 7. ed. Uberaba: CEC, 1984. p. 41-3.

3. XAVIER, Francisco C. *Vigília Maternal*; mens 46. In: **O Espírito da Verdade.** Espíritos diversos. 5. ed. Rio de Janeiro: FEB, 1985, p. 113-4.

OBJETIVO

Esclarecer que os espíritos se unem, na terra e na erraticidade, por laços de mútua afeição, que se tornam mais estreitos e menos ligados à matéria a cada nova encarnação.

CONCLUSÃO

Nem a paixão dos sentidos nem os interesses materiais ligam os espíritos: apenas a afeição sincera os mantêm unidos, tanto na terra como no céu.

OBSERVAÇÃO

O dirigente, ao ler o texto, deverá certificar-se do completo entendimento do vocabulário pelos participantes.

INDICAÇÃO DO TEXTO, PERGUNTAS, RESPOSTAS E DESTAQUES

LER O ITEM 18

1   Como se relacionam afetivamente os espíritos, na vida espiritual?

Eles formam grupos ou famílias entrelaçados pela afeição, pela simpatia e pela semelhança das inclinações; e desfrutam a sublime alegria de estarem juntos, compartilhando novas experiências.

> *"Ditosos por se encontrarem juntos, esses espíritos se buscam uns aos outros."*

2   O que acontece a esses espíritos quando uma nova encarnação os reconduz ao mundo material?

Uns permanecem separados apenas momentaneamente, buscando-se de novo na erraticidade, como amigos que voltam de uma viagem; outros se reúnem em nova encarnação, encontrando-se num mesmo círculo de amizade ou na mesma família, a fim de trabalharem juntos pelo seu mútuo adiantamento.

> *"Se uns encarnam e outros não, nem por isso deixam de estar unidos pelo pensamento. Os que se conservam livres velam e auxiliam os que se acham em cativeiro."*

3   De que modo a afeição entre os espíritos se torna mais forte a cada encarnação?

Após cada existência os espíritos alcançam níveis superiores de aperfeiçoamento, tornando-se progressivamente menos presos à matéria. Sem a interferência do egoísmo e das paixões, a afeição que os une torna-se mais apurada e verdadeira.

> *"Podem, portanto, (os espíritos) percorrer, assim, ilimitado número de existências corpóreas, sem que nenhum golpe receba a estima mútua que os liga."*

4   Qual a diferença entre afeição espiritual e afeição carnal?

A afeição espiritual é aquela que verdadeiramente liga as almas e a única que sobrevive à destruição do corpo. A afeição carnal une os seres através dos sentidos, desaparecendo juntamente com o corpo.

> *"Duráveis somente o são as afeições espirituais; as de natureza carnal se extinguem com a causa que lhes deu origem."*

5   As ligações baseadas em interesses permanecem no mundo dos espíritos?

Não. As pessoas que se unem por laços de interesse, sejam eles de que natureza forem, nada representam umas para as outras, senão instrumento de satisfação de suas ambições. Tais interesses não sobrevivem à vida corpórea.

> *Aqueles que se ligam por interesse nada realmente são uns para os outros; a morte os separará, tanto na terra como no céu.*

6   Por que, sem razão aparente, simpatizamos ou antipatizamos com certas pessoas, mesmo familiares?

Estes sentimentos podem revelar simpatias de vidas passadas ou rixas e desentendimentos anteriores.

> *Façamos da presente encarnação ocasião para fortalecer laços de amizade e superar desentendimentos e malquerenças.*

7   Na vida espiritual temos vários pais e diferentes mães?

Não. No mundo espiritual as ligações consanguíneas decorrentes da carne desaparecem: lá, somos todos irmãos.

> *"Do fato de um homem ter tido dez encarnações não se segue que vá encontrar, no mundo dos espíritos, dez pais e dez mães (...). Lá, encontrará sempre os que foram objeto de sua afeição."*

8   Que lição de vida nos dá o tema de hoje?

Que a encarnação nos proporciona a convivência constante com aqueles a quem amamos e que nada, nem mesmo a morte, consegue separar os que se unem por sincera afeição.

> *No plano físico como no espiritual o amor liga os seres por laços indissolúveis, que se tornam mais estreitos a cada nova encarnação.*

---- DESTAQUES COMPLEMENTARES ----

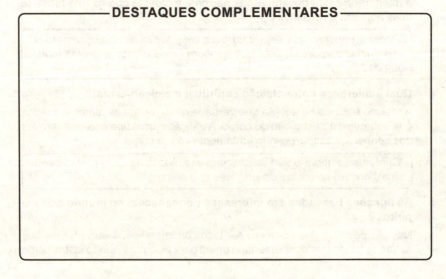

A REENCARNAÇÃO E OS LAÇOS DE FAMÍLIA
9

FONTE BÁSICA

KARDEC, Allan. **O Evangelho Segundo o Espiritismo**. Trad. Guillon Ribeiro. 89 ed. Rio de Janeiro: FEB. 1984. **Cap. IV. Itens 19 a 23**. p. 95 a 98.

FONTES COMPLEMENTARES

1. FRANCO, Divaldo P. *Renascer*, mens. 08. In: __. **Estudos Espíritas**. Pelo espírito Joanna de Ângelis. 4. ed. Rio de Janeiro: FEB. 1987. p. 69-78.

OBJETIVO

Analisar, à luz da doutrina espírita, a presença e a ausência de afinidades entre pessoas que integram uma mesma família e estabelecer relação entre a progressão gradativa dos espíritos e o incessante estreitamento dos laços de afeição entre eles.

CONCLUSÃO

O ambiente familiar é, ao mesmo tempo, escola de fraternidade e oficina de progresso. Através de sucessivas encarnações, em que somos ora pais ora filhos, aprendemos a amar e a perdoar e, na condição de irmãos, nos aproximarmos de Deus Pai.

OBSERVAÇÃO

O dirigente, ao ler o texto, deverá certificar-se do completo entendimento do vocabulário pelos participantes.

INDICAÇÃO DO TEXTO, PERGUNTAS, RESPOSTAS E DESTAQUES

LER O ITEM 19

1   A que podemos atribuir a afeição e o bom entendimento que se verifica entre pessoas de uma mesma família?

Estes sentimentos parecem revelar a existência de uma simpatia anterior que as uniu no passado e as mantêm ligadas no presente.

> *O fator que contribui para a aproximação dos espíritos e seu nascimento numa mesma família é a simpatia, decorrente da afinidade de gostos e inclinações.*

2   E a ausência de afinidades entre familiares, o que revela?

Que naquele grupo estão reunidos espíritos estranhos uns aos outros, sem nenhum vínculo de simpatia entre si.

> *Os verdadeiros laços de família são os do espírito, e não os da carne.*

3   Qual a finalidade do ingresso de espíritos antipáticos ou estranhos como membros de uma família?

Possibilitar ocasião de progresso para uns e prova para outros, através do convívio familiar. Assim, os maus se melhoram pouco a pouco, ao contato com os bons e por efeito dos cuidados que se lhes dispensam, ensejando o desaparecimento da indiferença e antipatia que os separavam e o fortalecimento dos laços de afeição.

> *"É desse modo que se opera a fusão das diferentes categorias de espíritos, como se dá na Terra com as raças e os povos."*

LER O ITEM 20

4   Através das sucessivas encarnações, o número de membros de uma família aumenta indefinidamente?

Não. O fato de um homem ter tido dez encarnações não significa que tenha dez mães ou dez pais diferente, no mundo espiritual, mas que lá encontrará sempre os que foram objeto de sua afeição e a ele se ligaram na Terra, em condições diferentes ou numa mesma condição.

> *No mundo dos espíritos não há pais, mães ou filhos: lá, somos todos irmãos.*

LER O ITEM 21

5   Sob a ótica anti-reencarnacionista, como são os laços afetivos entre os espíritos que constituem a mesma família?

Esta doutrina nega a preexistência da alma e defende o princípio de que esta é criada ao mesmo tempo que o corpo. Em decorrência, há apenas uma ocasião material de convivência entre os familiares, sem nenhum laço afetivo anterior nem possibilidade de reencontro futuro.

> *"A filiação das famílias fica assim reduzida só à filiação corporal, sem qualquer laço espiritual."*

LER O ITEM 22

6   Há possibilidade de os espíritos progredirem, segundo a doutrina anti-reencarnacionista?

Tendo o espírito apenas uma encarnação, seu progresso fica limitado a uma única existência, após a qual sua sorte estará irrevogavelmente determinada, cessando qualquer possibilidade de aperfeiçoamento.

> *Os espíritos que se ligaram por laços de família, conforme tenham vivido bem ou mal, vão para a mansão dos bem-aventurados ou para o inferno eterno, ficando assim para sempre separados e sem esperança de se reunirem novamente.*

LER O ITEM 23

7   Que alternativas o homem encontra, hoje, acerca do futuro após a morte?

Quatro alternativas lhe são oferecidas: a) pela doutrina materialista, o nada; b) pela doutrina panteísta, a absorção de sua energia no todo universal; c) pelas religiões tradicionais, a fixação definitiva da sorte de cada um; d) pela doutrina espírita, a possibilidade infinita de progresso individual.

> *"Com a pluralidade das existências, inseparável da progressão gradativa, há a certeza da continuidade das relações entre os que se amaram e é isso que constitui a verdadeira família."*

8   Que lição de vida tiramos destes ensinamentos?

Devemos sempre ser tolerantes com as pessoas de nossa família que revelem tendências diferentes das nossas, procurando cercá-las de compreensão e carinho, pois sabemos que somos todos filhos do mesmo Pai e irmãos de toda a humanidade.

> *A reencarnação nos estimula à solidariedade entre encarnados e desencarnados e junto aos que, encarnando em nossa família, nos reclamam auxílio e encorajamento, amor e amparo.*

DESTAQUES COMPLEMENTARES

JUSTIÇA DAS AFLIÇÕES
10

FONTE BÁSICA

KARDEC, Allan. **O Evangelho Segundo o Espiritismo**. Trad. Guillon Ribeiro. 89. ed. Rio de Janeiro: FEB, 1984. **Cap. V, Itens 1 a 3**. p. 101-2.

FONTES COMPLEMENTARES

1. FRANCO, Divaldo P: **Oportunidade excelente**; mens. 15. In: __. *Lampadário Espírita*. Pelo espírito Joanna de Ângelis. 3. ed. Rio de Janeiro: FEB, 1978, p. 69-71.

2. XAVIER, Francisco C. & VIEIRA, Waldo. *Afliges-te*; mens. 89 In: __. **O Espírito da Verdade**. Espíritos diversos. 5. ed. Rio de Janeiro: FEB, 1985. p. 204-5.

OBJETIVO

Analisar com os participantes que nossas aflições têm uma causa justa, pois derivam da justiça divina; e ressaltar que a paciência e a resignação nos aliviam as provas e nos reservam satisfações futuras.

CONCLUSÃO

Ninguém padece sem justa razão, pois Deus não o permitiria. Portanto, em nossas aflições, busquemos consolo na paciência e na resignação, lembrando sempre que a vida futura nos reserva sublimes alegrias.

OBSERVAÇÃO

O dirigente, ao ler o texto, deverá certificar-se do completo entendimento do vocabulário pelos participantes.

INDICAÇÃO DO TEXTO, PERGUNTAS, RESPOSTAS E DESTAQUES

LER O ITEM 1

1   Quem são os que choram e serão consolados?

Os que sofrem suas provações com resignação e paciência.

> *Aqueles que sofrem, mas se revoltam e desesperam, não terão o consolo de que fala Jesus.*

2   E os que têm fome e sede de justiça, quem são estes?

São os injustiçados; os que padecem em consequência das desigualdades entre os homens; os que veem seus direitos desrespeitados sem ter quem lhes ouça os reclames.

> *Não raro, os famintos e sequiosos de justiça são antigos déspotas, alcançados pela infalível justiça de Deus, no momento adequado.*

3   Quais os que sofrem perseguição pela justiça?

Os que buscam defender os mais fracos; falar pelos que não têm voz; buscar o direito dos injustiçados. Estes, por combater o erro, incomodam os poderosos e se tornam alvo de sua perseguição.

> *Num mundo como o nosso, marcado pelo egoísmo e pela injustiça, lutar por uma sociedade justa e fraterna acarreta perseguições hoje, mas reserva alegrias futuras.*

LER O ITEM 2

4   A que pobres Jesus se refere?

Aos desprovidos de bens materiais, privados dos meios indispensáveis à sobrevivência, que não reclamam da miséria que experimentam, mas buscam no trabalho a satisfação de suas necessidades e, na prática do bem, oportunidade de ascensão espiritual. Sobretudo, aos que não se acomodam e que buscam, com equilíbrio, a melhoria.

> *Via de regra, os pobres de hoje são os ricos de ontem que não souberam utilizar suas riquezas em favor do bem e no serviço ao próximo.*

5   Ser pobre, então, é condição para se obter o reino dos céus e a graça divina?

Não, em absoluto. Ricos e pobres são igualmente filhos de Deus e ele, que é todo justiça e amor, a ninguém despreza por causa da condição material. A condição para obtermos a graça divina é o nosso comportamento diante da vida. É o amor que dediquemos ao semelhante. É a prática do bem e a vivência do evangelho.

> *Há muitos pobres que são maus, como há muitos ricos que são bons.*

6   A todos os ricos estará reservado o sofrimento?

Não. Sofrerão aqueles que fazem mau uso de seus bens, utilizando-os exclusivamente em proveito próprio; os que se julgam proprietários e não depositários da fortuna que Deus lhes concede; os que não empregam a riqueza em benefício do próximo.

> *"Ai de vós, que agora rides, porque sereis constrangidos a gemer e a chorar."*

LER O ITEM 3

7   Quando desfrutaremos das compensações prometidas por Jesus nesta passagem?

Somente na vida futura poderemos desfrutá-las, pois aí, na condição de espíritos, sem as constrições do corpo físico e as limitações da vida material, experimentaremos satisfações que nem as maiores alegrias terrenas se lhes poderão assemelhar.

> *"Somente na vida futura podem efetivar-se as compensações que Jesus promete aos aflitos da Terra."*

8   Como se pode acreditar na justiça de Deus e, ao mesmo tempo, explicar a diferença de sorte entre os homens?

Sendo Deus a suprema justiça, não permitiria que alguém sofresse sem o merecer. Portanto, se alguém sofre, justa há de ser a causa de seu sofrimento, e somente a preexistência do espírito pode explicar a desigualdade na repartição do bem e do mal entre os homens. Há casos, também, em que o Espírito solicita o sofrimento, antes de reencarnar, como prova para mais rápido adiantar-se na senda bendita do progresso.

> *Se hoje sofremos e nada fizemos nesta existência que possa dar motivo ao nosso padecimento, devemos buscá-lo em vidas anteriores, pois Deus não nos permitiria sofrer sem razão.*

DESTAQUES COMPLEMENTARES

DESTAQUES COMPLEMENTARES

CAUSAS ATUAIS DAS AFLIÇÕES
11

FONTE BÁSICA

KARDEC, Allan. **O Evangelho Segundo o Espiritismo**. Trad. Guillon Ribeiro. 89. ed. Rio de Janeiro: FEB, 1984. **Cap. V, Itens 4 e 5**. p. 102-5.

FONTES COMPLEMENTARES

1. XAVIER, Francisco C. & VIEIRA, Waldo. **O bem antes**; mens. 11. In:__. **Estude e Viva**. Pelos espíritos Emmanuel e André Luiz. 3. ed. Rio de Janeiro: FEB, 1972. p. 72-3.

2.__. **Nem castigo, nem perdão**; mens. 82. In:—. **O Espírito da Verdade**. Pelo espírito André luiz. 5. ed. Rio de Janeiro: FEB, 1985. p. 190-1.

OBJETIVO

Esclarecer os participantes acerca das causas atuais das aflições, mostrando como proceder diante delas e como evitá-las, ressaltando sua finalidade para o nosso progresso espiritual.

CONCLUSÃO

Uma auto-análise sincera revelará que, na maioria das vezes, somos causadores dos nossos sofrimentos. Eles existem para nos advertir que erramos e para percebermos a diferença entre o bem e o mal. Usemos, então, essa experiência para nos melhorar, tendo como suporte os ensinamentos de Jesus.

OBSERVAÇÃO

O dirigente, ao ler o texto, deverá certificar-se do completo entendimento do vocabulário pelos participantes.

INDICAÇÃO DO TEXTO, PERGUNTAS, RESPOSTAS E DESTAQUES

LER O ITEM 4

1 Qual a origem das aflições que se sucedem em nossa vida?

Têm duas origens bem diferentes: umas têm sua causa na vida atual e outras em vidas passadas.

> *O futuro não é surpresa atordoante; é consequência dos atos presentes. Antes de ser bons ou maus para os outros, somos bons ou maus para nós mesmos.*

2 O que devemos fazer diante dos males que nos afligem?

Fazer uma sincera auto-análise, pois ela nos mostra nossa responsabilidade na maioria desses males; então, com muita humildade, devemos corrigir nossos erros em nosso próprio benefício.

> *Devemos fazer tudo o que nos for possível para a correção dos erros .*

(Comentar exemplos de males que decorrem da nossa incúria e da nossa culpa).

3 Essa auto-análise atrapalharia a espontaneidade de nossas ações?

Não. A espontaneidade não isenta a responsabilidade. Vigiando nossos pensamentos e buscando adequar nossa ações aos ensinamentos de Jesus, evitaremos muitos dissabores.

> *Devemos vigiar constantemente nossos pensamentos e nossas ações, para não cair na repetição de um erro.*

4 Como evitar os males que nos afligem?

Trabalhando para o nosso melhoramento moral, tanto quanto para o nosso aprimoramento intelectual, tomando sempre por base os ensinamentos de Jesus.

> *Trabalhando com amor e vivenciando os ensinamentos de Jesus, evitaremos as aflições.*

LER O PRIMEIRO PARÁGRAFO DO ITEM 5

5 O cumprimento da lei humana alcança todas as faltas?

Não. A lei humana alcança apenas as faltas que prejudicam a sociedade, e não aquelas que prejudicam apenas os que as cometem. Estas são punidas pela Lei de Deus.

> *"Deus quer o progresso de todas as criaturas; por isso, Ele não deixa impune nenhum desvio do caminho reto."*

6 Qual a finalidade do sofrimento do homem?

Adverti-lo de que ele errou. Os sofrimentos dão a ele a experiência, fazendo-o sentir a diferença entre o bem e o mal, e a necessidade de se melhorar para evitar novos erros. Existe também o sofrimento oriundo de provas vonluntárias que o Espírito busca com objetivo de acelerar o seu progresso.

> *Tanto nas pequenas como nas grandes coisas, o homem é sempre punido pelo que faz.*

LER O SEGUNDO PARÁGRAFO DO ITEM 5

7 Quando reconhecemos tarde demais nossos erros, temos alguma chance de corrigi-los?

Sim. A vida não acaba. Todo malefício exige reparação, como todo benefício contém a recompensa adequada. A misericórdia de Deus nos faculta oportunidade de recomeçar para o bem.

> *"Depois da noite do túmulo, brilhará o sol de uma nova vida, na qual poderá aproveitar a experiência do passado e suas boas resoluções para o futuro."*

DESTAQUES COMPLEMENTARES

CAUSAS ANTERIORES DAS AFLIÇÕES
12

FONTE BÁSICA

KARDEC, Allan. **O Evangelho Segundo o Espiritismo**. Trad. Guillon Ribeiro. 89. ed. Rio de Janeiro: FEB, 1984. **Cap. V, Itens 6 a 9**. p. 105 a 108.

FONTES COMPLEMENTARES

1. FRANCO, Divaldo P. *Provações*; mens. 21. In:___. **Lampadário Espírita**. Pelo espírito Joanna de Ângelis. 3. ed. Rio de Janeiro: FEB, 1978. p. 91-3.

2.___. *Seu Hoje – Sua Vida*; mens. 7. In:___. **Luz Viva**. Pelos espíritos Joanna de Ângelis e Marco Prisco. 2. ed. Salvador: Livraria Espírita Alvorada Editora, 1984. p. 47-9.

OBJETIVO

Esclarecer aos participantes que os tormentos que afligem o homem decorrem de erros por ele praticados nesta ou em outra vida, ou de provas buscadas para acelerar seu progresso, destacando a ação da justiça divina na distribuição destas parcelas de sofrimento e seu efeito salutar no aperfeiçoamento do espírito.

CONCLUSÃO

Todo sofrimento, quando não é uma prova escolhida pelo próprio espírito para mais rápido progredir, caso em que geralmente é aceito com resignação, é fruto de erros praticados nesta ou noutra vida. A certeza da justiça de Deus nos dá a paciência e a resignação para o aceitarmos, transformando-o em ocasião de progresso espiritual.

OBSERVAÇÃO

O dirigente, ao ler o texto, deverá certificar-se do completo entendimento do vocabulário pelos participantes.

INDICAÇÃO DO TEXTO, PERGUNTAS, RESPOSTAS E DESTAQUES

LER O ITEM 6

1 De que natureza são as causas que dão origem às aflições do homem?

Podemos classificá-las em dois grupos: as aflições cuja causa primária é o próprio homem e aquelas que, pelo menos na aparência, escapam totalmente à sua influência e parecem atingi-lo como por fatalidade.

> *Há, portanto, os reveses e acidentes que o homem provoca com sua irresponsabilidade e imprudência e outros que nenhuma previsão poderá impedir.*

2 Como podemos explicar a felicidade de uns e o padecimento de outros, sem negar a justiça e a bondade de Deus?

Procurando as causas anteriores que lhes deram origem e que, se não podem ser encontradas na presente existência, devem ser buscadas em existências passadas.

> *Deus a ninguém pune sem justa causa; se somos punidos é porque fizemos o mal; se não na vida presente, certamente em outra.*

3 O homem que pratica o mal é sempre punido no decorrer da mesma existência?

Nem sempre. Ele pode ser totalmente punido naquela existência, como pode sê-lo parcialmente ou, ainda, não receber, neste período, qualquer punição. Porém, não escapa nunca às consequências de suas faltas.

> *"A prosperidade do mau é apenas momentânea; se ele não expiar hoje, expiará amanhã, ao passo que aquele que sofre está expiando o seu passado."*

LER O ITEM 7

4 A que se deve o sofrimento do homem?

De um lado, às faltas por ele cometidas, seja nesta, seja em vidas anteriores: pela ação de uma rigorosa justiça distributiva, sofre o que fez sofrer aos outros. De outro, em decorrência da destinação da Terra como mundo expiatório, onde o homem encarna em virtude de suas imperfeições.

> *"Se foi duro e desumano, poderá ser a seu turno tratado duramente e com desumanidade; (...) se foi avaro e egoísta, ou se fez mau uso de sua riqueza, poderá ver-se privado do necessário."*

LER O ITEM 8

5   As tribulações são impostas aos espíritos ou por eles buscadas?

Ocorrem as duas situações: aos espíritos endurecidos e ignorantes são impostas tribulações para que se esclareçam e busquem, na prática do bem, a libertação do sofrimento; os espíritos penitentes, detentores de maior esclarecimento, buscam espontaneamente as tribulações, desejosos de reparar o mal que hajam feito.

> *"As tribulações, portanto, são, ao mesmo tempo, expiações do passado, que recebe nelas merecido castigo, e provas com relação ao futuro, que elas reparam."*

LER O ITEM 9

6   Pode-se concluir que todo sofrimento se origina de uma falta praticada pelo espírito?

Nem sempre existe esta relação. Muitas vezes o espírito nada tem a reparar, mas busca, no sofrimento, as provas de que necessita para concluir sua depuração e ativar seu progresso.

> *"Sem dúvida, o sofrimento que não provoca queixumes pode ser uma expiação; mas é indício de que foi buscado voluntariamente (...), o que é sinal de progresso."*

7   Qual a diferença entre expiação e prova?

Expiação é correção imposta ao espírito, provocando-lhe quase sempre queixumes, desespero, revolta. Prova é uma tarefa, uma missão marcada pelo sofrimento, que o espírito pede para aperfeiçoar-se.

> *"Provas e expiações, todavia, são sempre sinais de relativa inferioridade do espírito, porquanto o que é perfeito não precisa ser provado."*

8   Como podemos aplicar esta lição em nossa vida?

Enfrentando nossas tribulações sem revolta, com resignação e paciência, certos de que a justiça divina não nos deixaria sofrer sem uma causa; e tentando fazer do sofrimento uma fonte de purificação e progresso espiritual.

> *Aquele que muito sofre deve reconhecer que muito tem a expiar e deve enfrentar com ânimo as vicissitudes, sabendo que nelas está sua libertação da dor e o acesso para sublimes alegrias.*

DESTAQUES COMPLEMENTARES

ESQUECIMENTO DO PASSADO
13

FONTE BÁSICA

KARDEC, Allan. **O Evangelho Segundo o Espiritismo**. Trad. Guillon Ribeiro. 89. ed. Rio de Janeiro: FEB, 1984. **Cap. V, Item 11**. p. 108-10.

FONTES COMPLEMENTARES

1. DENIS, Léon. *Objeções*. In:__. **Depois da Morte**. 12. ed. Rio de Janeiro: FEB, 1983. Parte 2ª, Cap. XIV. P. 144-8.

2. FRANCO, Divaldo P. *Esquecimento do Pretérito*. In:__. **Dimensões da Verdade**. 2. ed. Salvador: Liv. Espírita "Alvorada", 1977. p. 40-3.

3. KARDEC, Allan. *Esquecimento do Passado*. In:__. **O Livro dos Espíritos**. Trad. Guillon Ribeiro. 66. ed. Rio de Janeiro: FEB, 1987. Parte 2ª, Cap. VII. perguntas 392-99. p. 214-20.

OBJETIVO

Esclarecer aos participantes que o esquecimento do passado é um ato de misericórdia de Deus para conosco e que esse esquecimento é de grande importância para a nossa evolução espiritual.

CONCLUSÃO

O esquecimento do passado, ao invés de castigo, é dádiva celeste, pois, através dele, ocultamos aos outros e a nós mesmos os erros cometidos. Porém, a voz da consciência não deixa de nos apontar as más tendências, advertindo-nos de que é preciso corrigi-las.

OBSERVAÇÃO

O dirigente, ao ler o texto, deverá certificar-se do completo entendimento do vocabulário pelos participantes.

INDICAÇÃO DO TEXTO, PERGUNTAS, RESPOSTAS E DESTAQUES

LER OS DOIS PRIMEIROS PARÁGRAFOS DO ITEM 11

1   Por que o homem esquece de suas vidas anteriores?

Porque se o homem recordasse dos seus erros, ódios, rancores e remorsos, essas lembranças serviriam de obstáculo para o seu progresso.

> *Inconveniência das lembranças do passado. (Comentar)*

2   Poderiam as lembranças das existências anteriores dificultar o nosso relacionamento social?

Sim. Ficaríamos perturbados diante das pessoas a quem ofendemos ou por quem fomos ofendidos em existências passadas.

> *Reconhecer em um ente muito amado aquele a quem prejudicamos ou por quem fomos prejudicados seria fator de desequilíbrio em nossa vida.*

LER O TERCEIRO PARÁGRAFO

3   Que meios Deus nos concede para corrigir as falhas de vidas anteriores?

Deus nos dá a voz da consciência e nossas tendências instintivas, e nos tira o que poderia nos prejudicar em nosso adiantamento: as lembranças do passado.

> *Deus nos deu o que é necessário para o nosso adiantamento: a consciência e as tendências instintivas.*

LER O QUARTO PARÁGRAFO

4   É possível saber em que pontos falhamos em outras existências?

Sim. Se bem que na maioria das vezes nos é vedado saber o erro que cometemos, as más tendências nos indicam o tipo de fraqueza moral que nos induziu à queda: o orgulho, a vaidade, o egoísmo, a ambição ou até mesmo a gula etc.

> *Nossas más tendências indicam o que nos falta corrigir.*

5   Podemos tirar proveito das más tendências?

Sim, reconhecendo-as e deixando que a voz da consciência nos mostre como corrigi-las.

> *As boas resoluções que tomamos são a voz da consciência, advertindo-nos do que é bem e do que é mal e dando-nos forças para resistir às tentações.*

LER OS DOIS PARÁGRAFOS RESTANTES

6   O esquecimento do passado é permanente?

Não. Somente na vida corpórea é que esquecemos o que fomos. A lembrança é recobrada quando o espírito se liberta do corpo, pelo desencarne, ou durante o sono, quando ele consegue ter uma liberdade relativa.

> *A lembrança do passado apaga-se na vida corpórea e manifesta-se durante o sono.*

―――― **DESTAQUES COMPLEMENTARES** ――――

MOTIVOS DE RESIGNAÇÃO
14

FONTE BÁSICA

KARDEC, Allan. **O Evangelho Segundo o Espiritismo**. Trad. Guillon Ribeiro. 89. ed. Rio de Janeiro: FEB, 1984. **Cap. V. Itens 12 e 13**. p. 110-2.

FONTES COMPLEMENTARES

1. XAVIER, Francisco C. **Dispositivo de Segurança**; mens. 8. In:__. **Caminhos de Volta**. Por vários espíritos. 7. ed. São Bernardo do Campo: GEEM, 1984. p. 23-5.

2.__. **O remédio Justo**; mens. 9. In:__. **Livro da Esperança**. Pelo espírito Emmanuel. 7. ed. Uberaba: CEC, 1984. p. 45-7.

3. XAVIER, Francisco C. & VIEIRA, Waldo. **Amor Onipotente**; mens. 56. In:__. . Pelos espíritos Emmanuel e André Luiz. 5. ed. Uberaba: CEC, 1982. p. 182-4.

4.__. **Com você mesmo**; mens 66. In:__. **O Espírito de Verdade**. Por vários espíritos. 5. ed. Rio de Janeiro: FEB, 1985. p. 155-6.

5. Op. cit. **Renascer e remorrer**; mens. 48. p. 117-8.

OBJETIVO

Esclarecer os participantes acerca da consolação que aponta Jesus àqueles que sofrem, enfatizando como deve ser esse sofrimento para que se reverta em proveito da conquista da felicidade.

CONCLUSÃO

Aflições são resgates perante a justiça divina, decorrentes de erros do passado. Aceitá-las com resignação é quitar-se. No entanto, blasfemar é adiar o pagamento e contrair novos débitos.

OBSERVAÇÃO

O dirigente, ao ler o texto, deverá certificar-se do completo entendimento do vocabulário, pelos participantes.

INDICAÇÃO DO TEXTO, PERGUNTAS, RESPOSTAS E DESTAQUES

LER O ITEM 12

1 **Pelas palavras de Jesus pode-se deduzir que todos os aflitos serão consolados?**

Não. Somente os que sofrem resignadamente, aceitando a dor não como castigo, mas como corretivo dos erros do passado.

> *"(...) Jesus aponta a compensação que hão de ter os que sofrem e a resignação que leva o padecente a bendizer o sofrimento..."*

2 **De que forma o sofrimento pode ser traduzido por felicidade?**

Sendo as dores de hoje o resgate de nossas dívidas passadas, o sofrimento constitui forma e oportunidade abençoada de quitação daquelas dívidas. Portanto, é feliz aquele que salda seus débitos com a justiça divina.

> *Maldizer o sofrimento é abdicar o homem do único remédio que lhe permite a reconquista da felicidade.*

3 **Há outra razão para que nos resignemos diante do sofrimento?**

Sim. O sofrimento resignado permite, ainda, que apressemos nossa caminhada para Deus. As dores da Terra, quando suportadas pacientemente, nos poupam séculos de sofrimentos na vida futura.

> *O sofrimento, quanto mais incisivo, mais evidencia a proximidade da cura, razão suficiente para que o suportemos com resignação.*

4 **Além do sofrimento resignado, qual a maneira de resgatar mais rapidamente nossos débitos?**

Agindo em benefício do próximo, seja material, seja moralmente.

> *Para ser feliz, não basta o sofrimento resignado; é necessário, também, o exercício do bem em favor do próximo.*

5 **O que ocorre com aquele que não sofre resignadamente?**

Mostrar-se irresignado com o sofrimento é tornar-se insubmisso à vontade de Deus. Aquele que assim age, ao invés de saldar seus débitos, nova dívida contrai, edificando um futuro tormentoso.

> *"(...) teremos de recomeçar absolutamente como se, a um credor que nos atormente, pagássemos de novo por empréstimo."*

LER O ITEM 13

6 **A compreensão da vida espiritual alivia o sofrimento?**

Sim. Aquele que encara a vida terrena sob o prisma da vida espiritual passa a ver o sofrimento como algo passageiro e, portanto, mais suportável. A ele importa mais o futuro promissor que se avizinha.

> *"O homem pode suavizar ou aumentar o amargor de suas provas, conforme o modo por que encare a vida terrena."*

7 Na prática, como podemos suavizar nossas provações?

Moderando nossos desejos, evitando a inveja, o ciúme, a ambição; dando à vida material o valor relativo que lhe é peculiar; acima de tudo, aceitando-as com resignação, e praticando o bem ao próximo.

> *"Daí tira ele uma calma e uma resignação tão úteis à saúde do corpo quanto à da alma..."*

DESTAQUES COMPLEMENTARES

O SUICÍDIO E A LOUCURA
15

FONTE BÁSICA

KARDEC, Allan. **O Evangelho Segundo o Espiritismo**. Trad. Guillon Ribeiro. 89. ed. Rio de Janeiro: FEB, 1984. **Cap. V, Item 14 a 16**. p. 112-13.

FONTES COMPLEMENTARES

1. KARDEC, Allan. *Suicidas*. In:__. **O Céu e o Inferno**. Trad. Manuel Justiniano Quintão. 30. ed. Rio de Janeiro: FEB, 1983, 2ª Parte, Cap. V. p. 295-327.

2. FRANCO, Divaldo P. *À frente do desespero*; mens. 42. In:__. **Lampadário Espírita**. Pelo espírito Joanna de Ângelis. 3. ed. Rio de Janeiro: FEB 1978. p. 173-5.

3.__. *Suicídio*; mens. 18. In:__. **Após a tempestade**. Pelo espírito Joanna de Ângelis. 3. ed. Salvador: Livraria Espírita Alvorada, 1985. p. 97-101.

4.__. *Loucura suicida*. mens. 14. In:__. **Luz Viva**. Pelos espíritos Joanna de Ângelis e Marco Prisco. 2. ed. Salvador: Liv. Espírita Alvorada, 1984. p. 85-7.

5. XAVIER, Francisco C. *Suicídio*; In:__. **Religião dos Espíritos**. Pelo espírito Emmanuel. 4. ed. Rio de Janeiro: FEB, 1978. p. 119-21.

6.__. *Transição*. In:__. **O Consolador**. Pelo espírito Emmanuel. 6. ed. Rio de Janeiro: FEB, 1976. 2ª parte, Cap. I. Questão 154. p. 96-8.

7. XAVIER, Francisco C. e Pires, J. Herculano. *Presidiários da alma*; mens. 32. In:__. **Diálogo dos Vivos**. Por diversos espíritos. 2. ed. São Bernardo do Campo, GEEM, p. 175-6.

OBJETIVO

Mostrar aos participantes as causas que incitam o suicídio e a loucura, ressaltando que a calma, a resignação profunda, a fé em Deus e a fé no futuro são os meios que deveremos usar para evitá-los.

CONCLUSÃO

O suicídio e a loucura não resolvem os efeitos dos infortúnios e das decepções. Ao contrário: abreviando-se os dias de vida, liberta-se de um mal e entra-se em outro mais longo e terrível, pois ninguém viola impunemente a lei de Deus, que proíbe ao homem encurtar a sua vida.

OBSERVAÇÃO

O dirigente, ao ler o texto, deverá certificar-se do completo entendimento do vocabulário pelos participantes.

INDICAÇÃO DO TEXTO, PERGUNTAS, RESPOSTAS E DESTAQUES

LER O ITEM 14

1　**A que se devem os casos de loucura?**

A maioria desses casos se deve à perturbação produzida pelas vicissitudes que o homem não tem a capacidade de suportar.

> *"(...) a maioria dos casos de loucura se deve à comoção produzida pelas vicissitudes que o homem não tem coragem de suportar."*

2　**Como devemos enfrentar os infortúnios e as decepções da vida?**

Devemos encará-los com serenidade, como coisas passageiras, e deles tirar lições que nos levem à conquista da nossa felicidade.

> *Nossos sofrimentos não são eternos. Pensando assim, avivamos em nosso coração a centelha da esperança e nossas dores tornam-se mais suaves.*

3　**A serenidade é o melhor preservativo contra a loucura e o suicídio. Como consegui-la?**

Através da calma, da resignação profunda, da fé em Deus e da fé no futuro é que conseguimos em nosso espírito esta serenidade.

> *A serenidade é o melhor preservativo contra a loucura e o suicídio.*

LER O ITEM 15

4　**Haverá problema insuportável que conduza fatalmente ao suicídio?**

Fatalmente, não. Não há dor que o ser humano não possa suportar. O Evangelho é roteiro seguro para enfrentar as dificuldades de frente e superá-las.

> *É incontestável que o suicídio tem sempre por causa um descontentamento, quaisquer que sejam os motivos particulares que se lhe apontem.*

LER O ITEM 16

5 Qual a causa principal do suicídio?

Incredulidade, dúvida sobre o futuro, ideias materialistas e revolta são os maiores incitadores do suicídio, porque ocasionam a covardia moral.

> *"A propagação das doutrinas materialistas é o veneno que inocula a ideia do suicídio na maioria dos suicidas."*

6 Por que o materialismo e a incredulidade conduzem ao suicídio e à loucura?

Porque nos oferecem unicamente o nada e, sendo o nada a única perspectiva, mais vale buscá-lo imediatamente do que continuar sofrendo.

> *O homem vive algum tempo sem alimento, pouco tempo sem água, mas não vive sem esperança.*

7 De que maneira a crença sobre a continuidade da vida evita o suicídio e a loucura?

Fazendo-nos confiantes no futuro, levando-nos a entender que os sofrimentos são passageiros e infundindo-nos esperança.

> *Existindo esperança, há razão para viver.*

DESTAQUES COMPLEMENTARES

O MAL E O REMÉDIO
16

FONTE BÁSICA

KARDEC, Allan. **O Evangelho Segundo o Espiritismo**. Trad. Guillon Ribeiro. 89. ed. Rio de Janeiro: FEB, 1984. **Cap. V, Item 19**. p. 115-7.

FONTES COMPLEMENTARES

1. FRANCO, Divaldo P. *Considerando a fé*; mens. 3. In:__. **Lampadário Espírita**. Pelo espírito Joanna de Ângelis. 3. ed. Rio de Janeiro: FEB, 1978. p. 25-7.

2. XAVIER, Francisco C. *Homem de Fé*; mens. 9. In:__. **Pão Nosso**. Pelo espírito Emmanuel. 13. ed. Rio de Janeiro: FEB, 1987. p. 29-30.

3. XAVIER, Francisco C. & VIEIRA, Waldo. *Se Tens fé*; mens. 29. In:__. **O Espírito da Verdade**. Por vários espíritos. 3. ed. Rio de Janeiro: FEB, 1977. p. 75-6.

4. Op. Cit. , *Provas Decisivas*; mens. 68. p. 159-60.

OBJETIVO

Esclarecer os participantes acerca da finalidade do sofrimento aqui na Terra, e mostrar como é possível ao homem suportá-lo.

CONCLUSÃO

O sofrimento, ao invés de ser uma desgraça, constitui a oportunidade dada por Deus para corrigir nossos erros. Na fé encontramos o remédio seguro do sofrimento. Ela nos permite ver que as maiores dores de hoje são o prenúncio da felicidade que nos aguarda amanhã.

OBSERVAÇÃO

O dirigente, ao ler o texto, deverá certificar-se do completo entendimento do vocabulário pelos participantes.

INDICAÇÃO DO TEXTO, PERGUNTAS, RESPOSTAS E DESTAQUES

LER O ITEM 19 – PRIMEIRO PARÁGRAFO

1   Por que a Terra é considerada um vale de dores e sofrimentos?

Porque ainda é um mundo de provas e expiações. Nele tratamos de nossas almas doentes e, com o auxílio do Evangelho, que é um convite permanente de nosso Divino Mestre, conseguimos nossa reforma íntima e, consequentemente, a cura de nossos males.

> *Devemos buscar consolações para os nossos males no futuro, e procurar a causa no passado.*

LER O SEGUNDO PARÁGRAFO

2   Somos nós que escolhemos nossas provações?

Quando possível, escolhemos as provas por que vamos passar, a fim de corrigir nossas falhas. Na impossibilidade de nós mesmos decidirmos, somos ajudados pelos benfeitores espirituais.

> *Nossos sofrimentos são o fruto de nossas ações delituosas do passado.*

LER O TERCEIRO PARÁGRAFO

3   Qual o remédio para os nossos sofrimentos?

A fé é o remédio seguro para o nosso sofrimento. Mostra sempre os horizontes do infinito, diante dos quais pouco representam os maus dias do presente.

> *Aquele que crê é forte pelo remédio da fé e aquele que duvida é punido pelas angústias das aflições.*

4   Como conseguir esse remédio?

Conseguimo-lo pelo estudo de nossos pontos fracos, analisando nossos comportamento e reações, pela prática incessante do bem e, sobretudo, pela utilização do Evangelho de Jesus Cristo, como roteiro de vida.

> *O enfermo descrente da ação de todos os remédios é o primeiro a trabalhar contra a própria segurança.*

LER OS DOIS ÚLTIMOS PARÁGRAFOS

5   O que acontecerá com aquele que sofre e tem fé?

Ficará sob a égide do Senhor e sofrerá menos. Os momentos das mais fortes dores lhe serão as primeiras notas de alegria na eternidade.

> *A fé representa dever de raciocinar com responsabilidade de viver.*

6 O sofrer é motivo de alegria?

Sim, mas o **sofrer** resignado de quem sabe que está quitando graves débitos com a Lei de Deus. Aquele que sofre resignado tem fé e esperança em futuro melhor.

> *O Evangelho de Jesus é o meio mais suave de se conseguir o sofrer resignado.*

――――――**DESTAQUES COMPLEMENTARES**――――――

A FELICIDADE NÃO É DESTE MUNDO
17

FONTE BÁSICA

KARDEC, Allan. **O Evangelho Segundo o Espiritismo**. Trad. Guillon Ribeiro. 89. ed. Rio de Janeiro: FEB, 1984. **Cap. V, Item 20**. p. 117-19.

FONTES COMPLEMENTARES

1. FRANCO, Divaldo P. *Felicidade*; mens. 17. In:__. *Estudos Espíritas*. Pelo espírito Joanna de Ângelis. 3. ed. Rio de Janeiro: FEB, 1983. p. 127-35.

2.__. *A felicidade possível*; mens. 2. In:__. **Luz Viva**. Pelos espíritos Joanna de Ângelis e Marco Prisco. 2. ed. Salvador: Liv. Espírita "Alvorada", 1988. p. 17-9.

3.__. *Êxito*; mens. 31. In:__. **Lampadário Espírita**. Pelo espírito Joanna de Ângelis. 3. ed. Rio de Janeiro: FEB, 1978. p. 131-3.

4. XAVIER, Francisco C. & VIEIRA, Waldo. *Amigos Modificados*; mens. 30. In:__. **Estude e Viva**. Pelos espíritos Emmanuel e André Luiz. 5. ed. Rio de Janeiro: FEB, 1982. p. 170-1.

5. Op. cit. *Provações de Surpresa*; mens. 30. p. 171-3.

6. XAVIER, Francisco C. *A Receita da Felicidade*; mens. 19. In: ___. **Jesus no Lar**. Pelo espírito Neio Lúcio. 16. ed. Rio de Janeiro: FEB, p. 87.

OBJETIVO

Mostrar aos participantes onde se encontra a verdadeira felicidade e como conquistá-la.

CONCLUSÃO

Sendo a Terra um mundo de provas e expiações, ela não reúne as condições essenciais à completa felicidade das criaturas, mas isso não significa que devamos viver desmotivados. Pelo contrário, é necessário muito trabalho e esforço de cada um de nós para suavizar nossos males e sermos tão felizes quanto possível neste planeta.

─── OBSERVAÇÃO ───

O dirigente, ao ler o texto, deverá certificar-se do completo entendimento do vocabulário pelos participantes.

INDICAÇÃO DO TEXTO, PERGUNTAS, RESPOSTAS E DESTAQUES

LER OS DOIS PRIMEIROS PARÁGRAFOS DO ITEM 20

1   O que Jesus quis dizer com a frase: "A felicidade não é deste mundo"?

Que a Terra, em face da sua atual condição de mundo de provas e expiações, não propicia a que o homem desfrute a felicidade na sua plenitude.

Nosso planeta, contudo, em decorrência da progressão natural dos mundos e dos homens, virá a ser, no futuro, ditoso habitat da completa felicidade.

2   Invejar a posição de alguém ajuda na conquista de nossa felicidade?

Não, porque não existe ninguém ocupando uma posição que reúna as condições necessárias à felicidade. Além disso, a inveja é um sentimento mesquinho que indica inferioridade moral ou evolução deficitária, e isto já é o bastante para que soframos e nos tornemos ainda mais infelizes.

A felicidade é o bem que alguém proporciona ao seu próximo.

LER O TERCEIRO, QUARTO E QUINTO PARÁGRAFOS

3   Por que é ilusão ou utopia buscar a felicidade na Terra?

Porque aquilo que constitui a felicidade na Terra se expressa pela conquista de tesouros de tão pouca duração que torna ilusória e efêmera a sua busca, tendo-se em conta serem os tesouros do céu os que efetivamente conduzirão à felicidade plena.

Se o homem ajuizado é uma raridade na Terra, o homem absolutamente feliz jamais foi encontrado.

4   De que maneira a felicidade é entendida na Terra?

De forma geral, ela é entendida como fruto de emoções passageiras, através dos prazeres materiais, da beleza física, da posse do dinheiro etc.

Não é feliz o homem em possuir ou deixar de possuir, mas pela forma como possui ou como encara a falta da posse.

LER O SEXTO PARÁGRAFO

5   Como devemos nos preparar para conquistar a verdadeira felicidade?

Procurando nos livrar de tudo aquilo que nos serve de entrave aos valores imortais de nossa alma, a fim de mais depressa alcançar mundos mais elevados, onde será possível desfrutar as alegrias verdadeiras.

> *Servindo, o homem adquire superioridade e, doando-se, conquista liberdade e paz.*

LER OS DOIS ÚLTIMOS PARÁGRAFOS

6 **A Terra está destinada para sempre a ser um mundo de provas e expiações?**

Não. Inúmeros progressos têm sido observados no campo social. Todas essas transformações são a fermentação de um futuro que a Terra alcançará em breve.

> *Jesus padronizou a busca da felicidade no amor, por ser a única fonte inexaurível, capaz de sustentar toda aflição e vencê-la, paulatinamente.*

DESTAQUES COMPLEMENTARES

PERDA DE PESSOAS AMADAS – MORTES PREMATURAS
18

FONTE BÁSICA

KARDEC, Allan. **O Evangelho Segundo o Espiritismo**. Trad. Guillon Ribeiro. 89. ed. Rio de Janeiro: FEB, 1984. **Cap. V, Item 21**. p. 119-21.

FONTES COMPLEMENTARES

1. DENIS, Léon. *As provas e a morte*. In:__. **Depois da Morte**. 12. ed. Rio de Janeiro: FEB, 1983. Parte 2ª, Cap. XIII. p. 140-4.

2. FRANCO, Divaldo P. *Imortalidade*; mens. 12. In:__. **Lampadário Espírita**. Pelo espírito Joanna de Ângelis. 3. ed. Rio de Janeiro: FEB, 1978. p. 57-60.

3. XAVIER, Francisco C. & PIRES, J. Herculano. *Mortos Amados*; mens. 13. In:__. *Na Era do Espírito*. Por vários espíritos. 4. ed. São Bernardo do Campo: GEEM, 1976. p. 80-1.

4. Op. cit. *Eles todos te ouvem*; mens. 13. p. 82-3.

OBJETIVO

Esclarecer os participantes sobre o porquê das mortes prematuras e como devemos agir diante delas.

CONCLUSÃO

A morte prematura é um desígnio divino e o Evangelho de Jesus é o caminho onde encontramos a preparação e o fortalecimento para suportá-la. O berço e o túmulo são portas de entrada e saída da escola da vida física, na caminhada evolutiva rumo à felicidade definitiva do espírito imortal.

OBSERVAÇÃO

O dirigente, ao ler o texto, deverá certificar-se do completo entendimento do vocabulário pelos participantes.

INDICAÇÃO DO TEXTO, PERGUNTAS, RESPOSTAS E DESTAQUES

LER OS DOIS PRIMEIROS PARÁGRAFOS DO ITEM 21

1   Por que uns, jovens e saudáveis, morrem cedo, enquanto outros, bem idosos e alquebrados, vivem muito tempo?

Porque cada desencarnação tem consequências instrutivas para o desencarnante e para os que lhe estão vinculados.

> *A reencarnação, para cada pessoa, tem um prazo estipulado por Deus, que devemos acatar com respeito e humildade.*

LER OS TERCEIRO E QUARTO PARÁGRAFOS

2   A quem é concedida a morte prematura?

Frequentemente, a morte prematura é um sábio desígnio de Deus que atinge aquele que se vai e que se encontra, assim, preservado das misérias da vida, ou das seduções que talvez lhe acarretassem a perda.

> *A morte prematura não é uma fatalidade: é um benefício concedido por Deus àquele que se vai.*

3   Por que, embora tendo a fé em Deus, as pessoas reagem negativamente à morte?

Porque a fé em Deus, sem a compreensão de suas leis, faz com que a ideia de morte tenha um caráter assustador.

> *Entendendo a razão divina da reencarnação e da desencarnação, tudo se torna mais fácil.*
> *A morte e a reencarnação são duas condições essenciais ao progresso do espírito.*

LER O RESTANTE DO ITEM

4   Será injusto chorar a ausência dos entes queridos que se foram?

Não. O que não é conveniente, por desrespeito à vontade de Deus, é o choro de revolta ou de lamentação. As lágrimas resignadas de saudade são justas, se bem que os entes queridos nunca se afastam de nós.

> *O sofrimento é o instrumento de toda elevação, é o único meio de nos arrancar à indiferença, à volúpia.*

5   Como conseguir consolação ante a perda de pessoas amadas?

Tendo fé em Deus e compreendendo suas leis, saberemos que esta separação não é eterna.

> *Semeia na dor e nas lágrimas o grão que reverdecerá em tuas próximas vidas.*

DESTAQUES COMPLEMENTARES

SE FOSSE UM HOMEM DE BEM, TERIA MORRIDO

19

FONTE BÁSICA

KARDEC, Allan. **O Evangelho Segundo o Espiritismo**. Trad. Guillon Ribeiro. 89. ed. Rio de Janeiro: FEB, 1984. **Cap. V, Item 22**. p. 121-2.

FONTES COMPLEMENTARES

1. FRANCO, Divaldo P. *Imortalidade*; mens. 12 In:__. **Lampadário Espírita**. Pelo espírito Joanna de Ângelis. 3. ed. Rio de Janeiro: 1978. p. 57-60.

2.__. *Morrer*; mens. 07. In:__. *Estudos Espíritas*. Pelo espírito Joanna de Ângelis, 3. ed. Rio de Janeiro: FEB, 1983. p. 63-8.

OBJETIVO

Transmitir aos participantes o valor da vida espiritual, a importância da vida carnal e o porquê de algumas pessoas desencarnarem mais cedo e outras mais tarde, enfatizando a justiça de Deus em todas as situações.

CONCLUSÃO

Não compete a nós julgar se é conveniente ou não o momento da morte, mas sim a Deus que, em sua infinita bondade e por acréscimo de misericórdia, determina esse momento.

OBSERVAÇÃO

O dirigente, ao ler o texto, deverá certificar-se do completo entendimento do vocabulário pelos participantes.

INDICAÇÃO DO TEXTO, PERGUNTAS, RESPOSTAS E DESTAQUES

LER TODO O ITEM 22

1 Por que blasfemamos quando, diante de alguém tido como mau, que escapa da morte, costumamos dizer: "Se fosse um homem de bem teria morrido"?

A reencarnação é oportunidade educativa dada a espíritos que faliram em suas missões normais. Por isso, não nos compete julgar a conveniência ou não da morte de alguém, pois é Deus quem determina esse momento.

> *Deus dá a um homem de bem, como prêmio de seu mérito, a graça de ter tão curta quanto possível sua provação.*

2 Por que não devemos desejar, diante da morte de um homem de bem, que, em seu lugar, fosse um mau homem?

Porque aquele que parte já concluiu a sua tarefa e o que fica talvez não haja principiado a sua.

> *Deus é justo e não permitiria que ao mau homem faltasse tempo para concluir sua tarefa.*

3 Seria justo permitir que o homem de bem permanecesse preso à Gleba Terrestre?

Não seria justo. Ele seria como um prisioneiro que, após cumprir a sentença contra ele pronunciada, continuasse no cárcere. Deus, em sua sabedoria e justiça, recompensa quem merece; logo, quando cumprimos nossa missão, somos libertados.

> *Prestigiamos a sabedoria das Leis de Deus, obedecendo-as.*

4 Em que consiste a verdadeira liberdade para o espírito?

Consiste no rompimento dos laços que o prendem ao corpo. Enquanto se encontra na Terra, está em cativeiro.

> *O corpo não passa de simples vestimenta grosseira que, temporariamente, cobre o espírito, prendendo-o ao Orbe Terrestre, do qual se sente feliz em libertar-se.*

5 A vida física é destituída de valor?

Não. Seu valor é reeducativo. Deus, em sua infinita perfeição, não iria determinar que reencarnássemos para, apenas, desfrutar dos prazeres materiais.

> *A vida física, quando vivida segundo os padrões éticos do Evangelho de Jesus, é abençoada oportunidade de progresso para o espírito.*

6   O que devemos fazer para diminuir a importância que damos à vida material?

Buscar valores que nos despertem para as realidades espirituais, cultivar pensamentos elevados e procurar viver de acordo com o Evangelho.

> *A existência espiritual é a única verdadeira.*

7   Isso não nos levaria a um alheamento ao meio em que vivemos?

Compete-nos manter o equilíbrio: viver no mundo sem nos acumpliciar com seus vícios e procurar as realidades espirituais sem fugir às responsabilidades com a vida material.

> *A grande virtude não consiste em repelir os prazeres que a nossa condição humana nos permite. Basta que dosemos nossas ações, com base no discernimento, e tudo façamos nos reportando ao Criador.*

DESTAQUES COMPLEMENTARES

OS TORMENTOS VOLUNTÁRIOS
20

FONTE BÁSICA

KARDEC, Allan. **O Evangelho Segundo o Espiritismo**. Trad. Guillon Ribeiro. 89. ed. Rio de Janeiro: FEB, 1984. **Cap. V, Item 23**. p. 122-3.

FONTES COMPLEMENTARES

1. FRANCO, Divaldo P. **Doentes e doenças**; mens. 23. In:___. **Lampadário Espírita**. Pelo espírito Joanna de Ângelis. 3. ed. Rio de Janeiro: FEB, 1978. p. 99-101.

OBJETIVO

Analisar com os participantes em que consistem os tormentos voluntários, destacando onde se encontra a origem dos mesmos.

CONCLUSÃO

Os tormentos voluntários são inúteis. Se o homem não vivesse correndo em busca da felicidade material, não teria esses tormentos. Deus é Pai e a todos concede o necessário à conquista da felicidade pura.

OBSERVAÇÃO

O dirigente, ao ler o texto, deverá certificar-se do completo entendimento do vocabulário pelos participantes.

INDICAÇÃO DO TEXTO, PERGUNTAS, RESPOSTAS E DESTAQUES

LER TODO O ITEM 23

1   O que se entende por "tormentos voluntários"?

São aqueles tormentos procurados espontaneamente, devido a comportamentos equivocados que adotamos na busca da felicidade.

Por sermos enfermos e ignorantes, não sabemos aproveitar o tempo de que dispomos, valorizando as oportunidades que nos são oferecidas.

2   São úteis os tormentos voluntários?

Não, porque Deus não quer o nosso sofrimento. Sofremos apenas as consequências de nossos atos passados. Daí, a inutilidade dos tormentos voluntários.

O homem poderia gozar pelo menos de relativa felicidade se não a procurasse nos gozos materiais, e sim nos da alma.

3   Devemos evitar os gozos materiais?

Não. Devemos dar a estes o valor relativo, auxiliar e efêmero que lhes são característicos.

Devemos buscar intensamente a paz de coração, fruto da humanidade, da resignação e da submissão à vontade de Deus.

4   Quais os tormentos do invejoso e do ciumento?

Para eles não há o repouso, vivem sempre febricitantes. O que não têm e os outros possuem, causa-lhes insônia, inquietações e raiva.

Deus concede a cada criatura os recursos necessários à experiência por que estão passando.

5   Esses tormentos, causados pela inveja e pelo ciúme, são voluntários?

Sim, pois são sentimentos que podemos e devemos evitar. São germes destruidores que nos impedem de conseguir as compensações merecidas, na vida espiritual.

Cultivando a inveja e o ciúme, deixamos de aproveitar o tempo de que dispomos e as oportunidades oferecidas por Deus para fazer o bem.

6   O que acontece àquele que sabe contentar-se com o que tem?

Este é sempre rico, pois olha sempre para baixo de si e não para cima. Vê, assim, que já dispõe de bênçãos que outros ainda carecem.

Aquele que se contenta com o que tem sabe aproveitar o tempo e a oportunidade que lhe são oferecidos e não cria necessidades quiméricas.

7   Como enfrentar nossas carências materiais?

Com resignação e confiança nos desígnios de Deus. Contentando-nos com o que temos, possuiremos a calma para suprir todas as nossas dificuldades.

> *A calma é uma felicidade em meio às tempestades da vida.*

8   Não devemos, então, procurar melhoria em nossas situações materiais?

Claro que devemos e é uma obrigação. O que não podemos é transformar isso em motivo de aumento de sofrimento.

> *Procurando a felicidade nos gozos materiais, o homem cria para si tormentos que está nas suas mãos evitar.*

DESTAQUES COMPLEMENTARES

A DESGRAÇA REAL
21

FONTE BÁSICA

KARDEC, Allan. **O Evangelho Segundo o Espiritismo**. Trad. Guillon Ribeiro, 89. ed. Rio de Janeiro: FEB, 1984. **Cap. V, Item 24**. p. 123-4.

FONTES COMPLEMENTARES

1. FRANCO, Divaldo P. *Diante deles*; mens. 18. In:__. **Lampadário Espírita**. Pelo espírito Joanna de Ângelis. 3. ed. Rio de Janeiro: FEB, 1978. p. 81-2.

2. XAVIER, Francisco C. *Evolução/Dor*. In:__. **O Consolador**. Pelo espírito Emmanuel. 11. ed. Rio de Janeiro: FEB, 1985. Questão 240. p. 144-5.

3.__. *Tua mensagem*. In:__. **Estude e Viva**. Pelos espíritos Emmanuel e André Luiz. 5. ed. Rio de Janeiro: FEB, 1982. p. 28-9.

OBJETIVO

Mostrar aos participantes onde se encontra a verdadeira desgraça e como devemos nos comportar para evitá-la ou enfrentá-la.

CONCLUSÃO

A verdadeira desgraça não se encontra nas dores físicas que nos afligem, e sim nas consequências desastrosas de nossos maus procedimentos. A desgraça que hoje experimentamos, muitas vezes, prenuncia a felicidade que se avizinha.

OBSERVAÇÃO

O dirigente, ao ler o texto, deverá certificar-se do completo entendimento do vocabulário pelos participantes.

INDICAÇÃO DO TEXTO, PERGUNTAS, RESPOSTAS E DESTAQUES

LER TODO O ITEM 24

1   Onde está a verdadeira desgraça?

Está nas consequências desastrosas de nossos maus procedimentos.

> *Um fato que acarreta consequências funestas é mais desgraçado do que um que, a princípio, causa viva contrariedade, mas que acaba produzindo o bem.*

2   As nossas frustrações e carências físicas não são suficientes motivos de sofrimento?

Sim. No entanto, piores são as consequências dos nossos procedimentos contrários ao Evangelho, fora da caridade.

> *Nossos maus procedimentos de hoje prenunciam o decorrente e inevitável sofrimento de amanhã.*

3   Como estabelecer o que é ditoso ou inditoso para o homem?

Para isso, precisamos nos transportar para além desta vida, porque é lá que as consequências se fazem sentir.

> *Tudo o que se chama infelicidade, segundo o ponto de vista humano, cessa com a vida corporal e encontra a sua compensação na vida futura.*

4   Os valores do mundo estão, assim, invertidos?

De uma maneira geral, sim. Entretanto, não estamos no mundo apenas para gozar os prazeres materiais, mas para aprender a fraternidade de que o Evangelho nos fala.

> *Essa inversão decorre da nossa ignorância quanto à verdadeira finalidade da vinda do homem à Terra.*

5   O que é infelicidade?

É a alegria malsã, o prazer desequilibrado, a vã agitação, a satisfação louca da vaidade, que fazem calar a consciência, que comprimem a ação do pensamento, que atordoam o homem com relação ao seu futuro.

> *A infelicidade é o esquecimento da nossa destinação transcendente pelo prazer de fruir gozos perniciosos.*

6   É certo usufruir das alegrias sadias do mundo?

Sim, desde que não nos percamos nessas alegrias, pois a finalidade maior da vida é o nosso aprimoramento espiritual, à luz do Evangelho.

O espiritismo nos esclarece a verdade e o erro, tão desfigurados pela nossa cegueira.

7   Como encarar a satisfação das necessidades materiais?

Como meio e não como fim. Devemos considerar as carências dos outros e buscar repartir o que temos. Moderação acima de tudo.

Aquele que tem fé no futuro não se importa de deixar sua fortuna e seu manto de carne, contanto que sua alma entre, radiosa, no reino celeste.

DESTAQUES COMPLEMENTARES

A MELANCOLIA
22

FONTE BÁSICA

KARDEC, Allan. **O Evangelho Segundo o Espiritismo**. Trad. Guillon Ribeiro. 89. ed. Rio de Janeiro: FEB, 1984. **Cap. V, Item 25**. p. 125.

FONTES COMPLEMENTARES

1. SOLER, Amália Domingo. *Tristeza*. In:___. **Reencarnação e Vida**. 7. ed. Araras: Instituto de Difusão Espírita, 1985. p. 220-3.

2. XAVIER, Francisco C. & VIEIRA, Waldo. *Resignação e resistência*; mens. 33. In:___. **Estude e Viva**. Pelos espíritos Emmanuel e André Luiz. 5. ed. Rio de Janeiro: FEB, 1982. p. 190-1

OBJETIVO

Esclarecer os participantes sobre qual a causa da melancolia e como resistir a esse sentimento, que só nos enfraquece a vontade.

CONCLUSÃO

A melancolia é a ânsia do espírito por uma vida melhor, pois o mesmo não foi criado por Deus para viver preso ao corpo no solo terreno. Essa vida melhor virá a todos, depois que forem cumpridas as diversas obrigações que Deus confiou a cada um.

OBSERVAÇÃO

O dirigente, ao ler o texto, deverá certificar-se do completo entendimento do vocabulário pelos participantes.

INDICAÇÃO DO TEXTO, PERGUNTAS, RESPOSTAS E DESTAQUES

LER TODO O ITEM 25

1 Por que, às vezes, sem motivo aparente, uma vaga tristeza se apodera de nossos corações?

Porque o nosso espírito, preso ao corpo, que lhe serve de prisão, em vão tenta sair dele. Como não consegue, e o corpo sofre a influência disso, cai no desânimo, na tristeza.

> *Não devemos deixar que a tristeza nos vença, pois a felicidade almejada virá com o nosso esforço no cumprimento da missão terrena que nos foi confiada.*

2 A melancolia é causada pela vida física?

A vida física é um fator. A verdadeira vida é a do espírito e se passa no plano espiritual. No entanto, nossos desequilíbrios nos impõem estágios físicos de correção.

> *Tanto aqui como após a morte do corpo, Deus reserva estâncias de felicidade aos que cumprirem suas missões.*

3 Onde o homem deve buscar uma vida melhor?

Na prática dos ensinamentos de Jesus, aguardando pacientemente o anjo da libertação, para nos ajudar a romper os liames que mantêm cativo o espírito. Uma vida melhor certamente virá, mas não neste mundo e sim na vida espiritual.

> *Uma vida melhor virá com o esforço por cumprir nossa missão terrena.*

4 Devemos aceitar passivamente os sofrimentos?

Não. Devemos ser resignados. Porém, nossa ação em benefício do próximo antecipa o fim do sofrimento.

> *A resignação é um fator importante para vencer os sofrimentos.*

5 Todos temos, assim, uma missão na Terra?

Sim. Deus não nos colocaria no mundo sem razões elevadas de progresso. A família, o trabalho profissional, o relacionamento com o próximo, nos suscitam obrigações que nos conduzirão à perfeição, se bem cumpridas.

> *Não estamos no mundo só para os prazeres materiais; estamos aqui para nos reeducar e, consequentemente, nos elevar espiritualmente.*

6 O que devemos fazer quando a melancolia tomar conta de nossos corações?

Devemos resistir com energia, desempenhando a nossa missão, quer dedicando-nos à nossa família quer cumprindo as diversas obrigações que Deus nos confiou.

> *Devemos ser fortes e corajosos quando sobre nós desabarem as inquietações e tribulações de nossas provações.*

DESTAQUES COMPLEMENTARES

PROVAS VOLUNTÁRIAS –
O VERDADEIRO CILÍCIO
23

FONTE BÁSICA

KARDEC, Allan. **O Evangelho Segundo o Espiritismo**. Trad. Guillon Ribeiro. 89. ed. Rio de Janeiro: FEB, 1984. **Cap. V. Item 26**. p. 125-7.

FONTES COMPLEMENTARES

1. XAVIER, Francisco C. *Nós e o mundo*; mens. 12. In:__. **Livro da Esperança**. Pelo espírito Emmanuel. 7. ed. Uberaba: CEC, 1984. p. 53-4.

2. Op. cit. *Perante o corpo*; mens. 10. p. 49-50.

3. XAVIER, Francisco C. & VIEIRA, Waldo. *Cilício e vida*; mens. 44. In:__. **Opinião Espírita**. Pelos espíritos Emmanuel e André Luiz. 5. ed. Uberaba: CEC, 1986. p. 147-8.

OBJETIVO

Esclarecer os participantes acerca do cilício que verdadeiramente agrada a Deus e é proveitoso para o nosso progresso, alertando-os para a inutilidade dos martírios voluntários e a consequência dos mesmos àqueles que se lhes submetem.

CONCLUSÃO

Nossas provas visam unicamente ao nosso aperfeiçoamento, e não ao nosso sofrimento. As provas voluntárias só têm o seu valor para o nosso progresso quando procuradas em benefício do próximo. O verdadeiro cilício consiste nos flagelos e martírios a que submetemos o nosso espírito – e não o nosso corpo – para combater o orgulho e demais mazelas que nos impedem a evolução.

OBSERVAÇÃO

O dirigente, ao ler o texto, deverá certificar-se do completo entendimento do vocabulário pelos participantes.

INDICAÇÃO DO TEXTO, PERGUNTAS, RESPOSTAS E DESTAQUES

LER TODO O ITEM 26

1   Sofrer significa pagar dívidas?

Nem sempre. Só o sofrimento resignado na prática do bem nos quita os débitos perante as leis da vida. Sofrimento com revolta só agrava nossa situação evolutiva, assim como o sofrimento desnecessário.

> *"O mérito consiste em sofrer, sem murmurar, as consequências que lhe não seja possível evitar, em perseverar na luta, em se não desesperar se não é bem sucedido..."*

2   Quem são os "aflitos" referidos por Jesus?

São os aflitos humildes, arrependidos, porém, decididos a se regenerar pela reforma íntima e pelo trabalho no campo do amor e da caridade.

> *A bem-aventurança apontada por Jesus está condicionada a um sofrimento resignado, sem murmúrio e, acima de tudo, imbuído de esperança e confiança na providência divina.*

3   "Haverá mérito em procurar as aflições que lhe agravem as provas, por meio de sofrimentos voluntários?"

"Sim, há grande mérito quando os sofrimentos e as privações objetivam o bem do próximo, porquanto é a caridade pelo sacrifício; não, quando os sofrimentos e as privações objetivam o bem daquele que a si mesmo as inflige, porque aí só há egoísmo por fanatismo."

> *"Abençoa, pois, o teu corpo e ampara-lhe as energias para que ele te abençoe e te ampare, no desempenho de tua própria missão" (Emmanuel/**Livro da Esperança** – n° 10).*

4   Que dizer dos que se submetem à tortura física para se salvar?

Ao contrário do que imaginam, retardam sua caminhada em busca da salvação. Nosso corpo pertence a Deus, que nô-lo concede como instrumento de trabalho para o nosso progresso. Maltratá-lo, simplesmente, é rejeitar esse precioso auxílio divino.

> *"És um espírito eterno, em serviço temporário no mundo. O corpo é teu refúgio e teu bastão, teu vaso e tua veste, tua pena e teu buril, tua harpa e tua enxada." (Emmanuel/**Livro da Esperança** – n° 10). "Torturar e martirizar voluntariamente o vosso corpo é contravir a lei de Deus, que vos dá meios de o sustentar e fortalecer."*

5   E quanto aos que se autoflagelam, pensando estar agradando a Deus?

É evidente que a punição é atenuada para aquele que errar por ignorância. Entretanto, nunca estará a pessoa isenta totalmente da culpa, porquanto as verdades divinas estão ao alcance de toda criatura, bastando sua iniciativa em assimilá-las.

> *Essa prática já não é tão comum em nossos dias e tende a ser banida totalmente do comportamento humano, dando lugar ao sacrifício que, verdadeiramente, agrada a Deus: aquele que se faz visando, unicamente, à promoção do semelhante.*

6   Isolar-se do mundo, para não pecar, é proveitoso?

Não. O isolamento nos afasta do nosso semelhante e é através do contato com este que ajudamos e somos ajudados.

> *"Fugir de trabalhar e sofrer no mundo, a título de resguardar a virtude, é abraçar o egoísmo mascarado de santidade." (Emmanuel/**Livro da Esperança** – nº 12).*

7   Afinal, em que consiste o verdadeiro cilício?

Consiste no sacrifício que fazemos objetivando nossa melhoria espiritual, mortificando nosso espírito, e não o nosso corpo; combatendo o nosso orgulho; recebendo as humilhações sem murmurar; flagiciando o nosso amor próprio; sendo duros contra a injúria e a calúnia.

> *"Aí tendes o verdadeiro cilício cujas feridas vos serão contadas, porque atestarão a vossa coragem e a vossa submissão à vontade de Deus."*

DESTAQUES COMPLEMENTARES

DEVER-SE-Á PÔR TERMO ÀS PROVAS DO PRÓXIMO?

24

FONTE BÁSICA

KARDEC, Allan. **O Evangelho Segundo o Espiritismo**. Trad. Guillon Ribeiro. 89. ed. Rio de Janeiro: FEB, **Cap. V. Item 27**. p. 127-9.

FONTES COMPLEMENTARES

1. XAVIER, Francisco C. **Na hora da tristeza**; mens. 13. In:__. **Livro da Esperança**. Pelo espírito Emmanuel. 7. ed. Uberaba: CEC, 1984. p. 55-6.

2. XAVIER, Francisco C. & PIRES, José H. **Mensagem de companheiro**; mens. 5. In:__. **Na Era do Espírito**. Por vários espíritos. 4. ed. São Bernardo do Campo: GEEM, 1976. p. 40.

3. Op. cit. **A estamenha de chagas**; mens. 5. p. 41-2.

OBJETIVO

Instruir os participantes acerca de qual deve ser o nosso comportamento perante as provas do próximo, mostrando como e por que é necessário trabalhar para amenizá-las.

CONCLUSÃO

A indiferença ante a dor do próximo é um mal que pode e deve ser extinto pela caridade. Procurar amenizar as dores do próximo é dever de toda criatura. Quando buscamos aliviar as provas do próximo, estamos também aliviando as nossas e trabalhando para o nosso progresso.

OBSERVAÇÃO

O dirigente, ao ler o texto, deverá certificar-se do completo entendimento do vocabulário pelos participantes.

INDICAÇÃO DO TEXTO, PERGUNTAS, RESPOSTAS E DESTAQUES

LER A QUESTÃO DO ITEM 27 E TODA A EXEMPLIFICAÇÃO SUBSEQUENTE.

1 Sendo a Terra um mundo de expiações e provas, o sofrimento não passa a ser uma necessidade, algo natural?

É uma necessidade enquanto não nos ajustarmos ao Evangelho, que é Lei da vida. Contudo, não é só o sofrimento que redime: Jesus nos ensinou que o amor regenera a criatura ante seus erros do passado.

> *A par da lei segundo a qual nada fica impune perante Deus, existe outra lei – a do amor – que preside, assessora e viabiliza o cumprimento da primeira.*

2 Sendo o sofrimento o corretivo de erro do passado, não estaríamos impedindo aquele que sofre de saldar seus débitos, quando nos propomos a aliviar suas dores?

Não, porquanto a nossa ajuda não impedirá que se cumpram as provas daquele que sofre. Ao contrário, além de permitir que ele as cumpra com sucesso, nós também estaremos nos elevando, pela prática do amor ao próximo.

> *"A dor é uma lei de equilíbrio e educação. Mas nem por isso devemos pensar que os sofredores não devem ser socorridos. A lei maior da caridade nos obriga a ajudar os que sofrem." (Irmão Saulo/**Na Era do Espírito** – nº 5).*

3 Se ajudarmos um criminoso, estaremos alimentando a sua má índole?

Não. O nosso gesto de caridade poderá ser o início de sua recuperação. Muitos criminosos do passado são, hoje, pelo mecanismo corretivo da reencarnação, benfeitores da humanidade.

> *O criminoso é criatura que se encontra temporariamente afastada do caminho do bem e que necessita não do olvido, mas da compreensão e auxílio de todos nós.*

4 O que faz alimentar nas pessoas o pensamento de que as provas das criaturas devem seguir seu curso e nada se pode fazer para amenizá-las?

O desconhecimento da causa e finalidade do sofrimento e a insensibilidade das pessoas perante as dores do próximo, decorrente da ausência do amor em seus corações.

> *Quando o nosso comportamento perante o próximo é embasado no amor, não há lugar para ponderações acerca da causa e duração do seu sofrimento e uma só ideia nos anima: a de auxiliá-lo.*

5 A nossa ajuda poderá mudar o curso das provas do próximo?

Não, pois que as mesmas devem seguir o curso traçado por Deus. Isso, porém, não impede que as amenizemos através de nossa assistência e dedicação. Ademais, é bem possível que aquelas provas cheguem mais rapidamente ao seu termo, em razão da nossa ajuda.

> *"É verdade que a dor extingue o mal e o pranto lava as trevas, mas a indiferença ante a dor e o pranto do próximo é também um mal que pode e deve ser extinguido pela caridade."* (Irmão Saulo/**Na Era do Espírito** – nº 5).

6. **Por que Deus permite que algumas criaturas sejam instrumentos de tortura para outras?**

A justiça de Deus dispensa a nossa participação como justiceiros. No entanto, nosso Pai, respeitando nosso livre arbítrio, aproveita-se das nossas iniquidades para acelerar o nosso progresso. Nunca, porém, permite ele que pessoa alguma sofra injustamente e agressor nenhum fique impune.

> Os danos e sofrimentos que infligimos ao nosso próximo permitem-lhe o resgate de suas faltas e aceleram-lhe o progresso. Mas, nem por isso, Deus está conivente com o que erra, cujas faltas, igualmente, não ficarão impunes.

7. **Qual deve ser, em resumo, o nosso comportamento perante as provas do próximo?**

Devemos utilizar todos os meios ao nosso alcance para suavizar-lhe o sofrimento, conscientes de que, provavelmente, aquele sofredor é alguém que Deus confiou à nossa proteção, a fim de exercitarmos a caridade, colocando para isso, os recursos em nossas mãos.

> *"Socorrendo os que sofrem estamos tecendo, no tear de nosso destino, os fios da sensatez e da bondade que nos preparam uma túnica de luz para o futuro."* (Irmão Saulo/**Na Era do Espírito** – nº 5).

―――― DESTAQUES COMPLEMENTARES ――――

SERÁ LÍCITO ABREVIAR A VIDA DE UM DOENTE QUE SOFRA SEM ESPERANÇA DE CURA?
25

FONTE BÁSICA

KARDEC, Allan. **O Evangelho Segundo o Espiritismo**. Trad. Guillon Ribeiro. 89. ed. Rio de Janeiro: FEB, 1984. Cap. **V. Item 28**. p. 129-30.

FONTES COMPLEMENTARES

1. XAVIER, Francisco C. & PIRES, José H. **Eutanásia e vida**; mens. 20. In:__. **Diálogo dos Vivos**. Por vários espíritos. 2. ed. São Bernardo do Campo: GEEM, 1976. p. 122-3.

2. Op. cit. **Piedade assassina**; mens. 20. p. 124-5.

3. XAVIER, Francisco C. **Ciências aplicadas**. In:__. **O Consolador**. Pelo espírito Emmanuel. 9. ed. Rio de Janeiro: FEB, 1982, Cap. V. Questão 106. p. 70-1.

OBJETIVO

Esclarecer os participantes a respeito do erro em que incorrem aqueles que procuram abreviar a vida de alguém, mesmo que a pretexto de impedir-lhe o sofrimento, enfatizando a finalidade útil do sofrimento prolongado.

CONCLUSÃO

A vida nos foi outorgada por Deus, a quem, exclusivamente, compete tirá-la, quando lhe aprouver. Não nos é lícito abreviar a vida de quem quer que seja, sob qualquer pretexto. Uma reflexão, na última fração de segundo de vida que resta ao moribundo, pode evitar-lhe séculos de sofrimento, após a morte.

OBSERVAÇÃO

O dirigente, ao ler o texto, deverá certificar-se do completo entendimento do vocabulário pelos participantes.

INDICAÇÃO DO TEXTO, PERGUNTAS, RESPOSTAS E DESTAQUES

LER A QUESTÃO DO ITEM 28 E TODA A EXPLICAÇÃO SUBSEQUENTE

1 A duração de nossa vida é determinada por quem?

Por Deus, a quem – e somente a Ele – compete tirá-la.

A vida nos foi outorgada por Deus; abreviá-la por nossa iniciativa é interferir nos desígnios da providência e angariar provas para o futuro.

2 A eutanásia consiste em abreviar, sem dor ou sofrimento, a vida de um enfermo incurável. Não seria essa prática um bem, uma vez que a intenção é impedir que o doente sofra?

Não. Primeiro, porque não nos compete tirar a vida de quem quer que seja; segundo, porque desconhecemos e não podemos pré-julgar os desígnios de Deus; terceiro, porque a morte física não determina o fim do sofrimento.

*"O homem não tem o direito de praticar a eutanásia, em caso algum, ainda que a mesma seja a demonstração aparente de medida benfazeja." (Emmanuel/**O Consolador** – questão 106).*

3 Devemos abreviar a vida dos portadores de doenças que, segundo a ciência, não têm cura?

Em se tratando de moléstia, nunca podemos afirmá-la incurável, porquanto a todo instante novas descobertas científicas surgem, consoante a permissão do Pai. Assim sendo, como podemos ter certeza que algo incurável, hoje, não possa ser curável amanhã?

"A ciência não se terá enganado nunca em suas previsões?"

4 O sofrimento prolongado traz algum benefício para o espírito?

Sim. Nada ocorre sem a permissão de Deus e sem que tenha uma finalidade útil. O sofrimento constitui corretivo indispensável para o espírito que errou, e se prolonga de acordo com a necessidade deste. Impedir-lhe que sofra é tirar-lhe a oportunidade de se regenerar perante o Pai.

*"A agonia prolongada pode ter finalidade preciosa para a alma e a moléstia incurável pode ser um bem, como a única válvula de escoamento das imperfeições do espírito em marcha para a sublime aquisição de seus patrimônios da vida imortal." (Emmanuel/**O Consolador** – questão 106).*

5 Que finalidade teria uma vida vegetativa?

Enquanto existe a vida física, o espírito está ligado ao corpo. Estando o espírito sempre ativo, o corpo moribundo pode propiciar-lhe reflexões de valor inestimável, que o auxiliarão na retomada do caminho do bem, se porventura dele se desviou.

> "(...) os desígnios divinos são insondáveis e a ciência precária dos homens não pode decidir nos problemas transcendentes das necessidades do Espírito." (Emmanuel/**O Consolador** – questão 106).

6 É válido, portanto, sempre prolongar a vida de um doente desenganado?

Sim. É este um dever da mais legítima caridade; é permitir que a provação para o espírito se cumpra até o momento designado por Deus.

> "Existe a possibilidade (...) de o doente, no momento mesmo de exalar o último suspiro, reanimar-se e recobrar por alguns instantes as faculdades! Pois bem: essa hora de graça, que lhe é concedida, pode ser-lhe de grande importância."

7 Muitas vezes, os que desejam abreviar o sofrimento do próximo através da morte, aparentemente agem com bons propósitos. O que pensar a respeito?

Não obstante as boas intenções com que possam estar agindo, são materialistas que só enxergam o corpo. Não compreendendo a existência do espírito, acabam incorrendo em grave erro. Isso quando os bons propósitos não são apenas aparentes, tornando o erro mais grave ainda.

> "Mas se partirmos da premissa de que a morte é apenas o fim de uma existência, nossa piedade será assassina." (Irmão Saulo/**Diálogo dos Vivos** – mensagem nº20).

DESTAQUES COMPLEMENTARES

SACRIFÍCIO DA PRÓPRIA VIDA. PROVEITO DOS SOFRIMENTOS PARA OUTREM.

26

FONTE BÁSICA

KARDEC, Allan. **O Evangelho Segundo o Espiritismo**. Trad. Guillon Ribeiro. 89. ed. Rio de Janeiro: FEB, 1984. **Cap. V. Itens 29 a 31**. p. 130-1.

FONTES COMPLEMENTARES

1. ANDREA, Jorge S. *Eutanásia e reações espirituais*. In:__. **Enfoques Científicos na Doutrina Espírita**. 1. ed. Rio de Janeiro: Editora Samos, 1987. p. 149-54.

2. FRANCO, Divaldo P. *Eutanásia*; mens. 14. In:__. **Após a Tempestade**. Pelo espírito Joanna de Ângelis. 2. ed. Salvador: Liv. Espírita "Alvorada", 1977. p. 76-81.

3. PERALVA, Martins. *Espiritismo e Eutanásia*; mens. 28. In:__. **O Pensamento de Emmanuel**. 2. ed. Rio de Janeiro: FEB, 1978. p. 177-81.

4. Op. cit. *Penalogia e Eutanásia*; mens. 36. p. 219-22.

OBJETIVO

Levar os participantes a identificar de que forma o sacrifício da própria vida pode ser válido perante Deus e como os sofrimentos de alguém podem ser proveitosos para outrem.

CONCLUSÃO

A vida é obra eterna de nosso Pai, que nos compete respeitar e preservar, agindo segundo suas leis, sabiamente insculpidas por Ele em nossa consciência. O sacrifício da própria vida pode ser válido, para Deus, quando praticado exclusivamente em benefício do próximo. Nossos sofrimentos podem ser proveitosos para outrem, material ou moralmente, desde que suportados por nós com resignação e submissão à vontade de Deus.

OBSERVAÇÃO

O dirigente, ao ler o texto, deverá certificar-se do completo entendimento do vocabulário pelos participantes.

INDICAÇÃO DO TEXTO, PERGUNTAS, RESPOSTAS E DESTAQUES

LER A QUESTÃO DO ITEM 29 E A EXPLICAÇÃO SUBSEQUENTE

1 Existe, perante Deus, alguma diferença entre o homem matar-se ele próprio e fazer com que outrem o mate?

Não há diferença alguma, porquanto, perante Deus, o que vale é a intenção. E, uma vez que, em qualquer dos casos citados, o propósito da criatura é o mesmo – suicidar-se -, ambos têm a mesma reprovação de Deus.

> *A vida nos foi concedida por Deus, a quem, unicamente, compete tirá-la.*

2 Por que é censurável o homem buscar a morte num campo de batalha, quando o faz imbuído da vontade de servir a seu país?

Conforme já se viu na questão anterior, a Deus vale a intenção. Aqui, também, o que prevalece é o propósito de se extinguir a própria vida. Se a vontade maior da criatura é a de servir a seu país, há outras tantas formas de fazê-lo sem ter que expor sua vida.

> *"(...) buscar a morte com premeditada intenção, expondo-se a um perigo, ainda que para prestar serviço, anula o mérito da ação."*

3 Haverá caso em que o homem tenha mérito, mesmo expondo-se a perigo de morte?

Sem desconsiderar a prudência e o dever que cada ser humano tem de preservar a vida, poderá haver casos em que alguém tenha mérito por haver se exposto à morte; quando esta lhe advenha de atitude voltada unicamente em benefício da vida do próximo, sem nenhuma intenção premeditada de morrer, mínima que seja.

> *"O verdadeiro devotamento consiste em não temer a morte, quando se trate de ser útil, em afrontar o perigo, em fazer, de antemão e sem pesar, o sacrifício da vida, se for o necessário."*

LER A QUESTÃO DO ITEM 30 E A EXPLICAÇÃO SUBSEQUENTE

4 Por que, muitas vezes, somos colocados em situações que nos forçam a agir, inclusive, com a possibilidade de pôr em risco a nossa própria vida?

Essas situações nos são colocadas à frente pela providência divina, a fim de pôr em prova o nosso devotamento e abnegação em relação ao próximo.

> *"Pode muitas vezes dar-se que ela queira levar ao extremo limite a prova da resignação e, nesse caso, uma circunstância inopinada desvia o golpe fatal."*

5 Sob qual razão pode ser válido o homem buscar salvar a vida do semelhante, mesmo sabendo que pode sucumbir?

Uma vez que desconhecemos os desígnios de Deus, nunca podemos afirmar que um acontecimento qualquer possa ser fatal para alguém. Portanto, em toda e qualquer circunstância, a nossa boa vontade de servir ao próximo deve estar à frente, visto ser isso o que importa ao Pai.

> *Jesus, ao nos prescrever a lei do amor, não acrescentou condição alguma para a sua prática.*

LER A QUESTÃO DO ITEM 31 E A EXPLICAÇÃO SUBSEQUENTE

6 Todo sofrimento se reverte em benefício de outrem?

Não. O sofrimento, para ser proveitoso tanto para aquele que lhe padece os efeitos como para os outros, tem que ser resignado e submisso às leis divinas, além de ser apoiado na confiança em Deus e na vida futura.

> *O sofrimento acompanhado de lamento e revolta perante Deus não traz benefício algum e tende a aumentar o débito daquele que sofre.*

7 De que forma podem nossos sofrimentos ser proveitosos para outrem?

"Podem esses sofrimentos ser de proveito para outrem, material e moralmente: materialmente se, pelo trabalho, pelas privações e pelos sacrifícios que tais criaturas se imponham, contribuem para o bem-estar material de seus semelhantes; moralmente, pelo exemplo que elas oferecem de sua submissão à vontade de Deus."

> *Muitas pessoas se recuperam moral e materialmente apenas se valendo do exemplo de outras que, em circunstâncias parecidas, se reergueram e venceram os obstáculos.*

DESTAQUES COMPLEMENTARES

O JUGO LEVE
27

FONTE BÁSICA

KARDEC, Allan. **O Evangelho Segundo o Espiritismo**. Trad. Guillon Ribeiro. 89. ed. Rio de Janeiro: FEB, 1984. **Cap. VI, Itens 1 e 2**. P. 133-4.

FONTES COMPLEMENTARES

1. XAVIER, Francisco C. & VIEIRA, Waldo. *Assim falou Jesus*; mens. 55. In:__. **O Espírito da Verdade**. Ditado pelo espírito André Luiz. 5. ed. Rio de Janeiro: FEB, 1985. p. 133-5.

2. XAVIER, Francisco C. *Lágrimas*; mens. 172. In:__. **Caminho, Verdade e Vida**. Ditada pelo espírito Emmanuel. 10. ed. Rio de Janeiro: FEB, 1983. p. 359-60.

3.__. *Consegues Ir?*; mens. 5. In:__. **Fonte Viva**. Ditado pelo espírito Emmanuel. 6. ed. Rio de Janeiro: FEB, 1985. p. 23-4.

4.__. *Onde então?*; mens. 130. In:__. **Pão Nosso**. Ditado pelo espírito Emmanuel. 9. ed. Rio de Janeiro: FEB, 1982. p. 271-2.

OBJETIVO

Esclarecer em que consiste o **jugo leve** a que Jesus se refere e de que forma ele traz o consolo aos homens.

CONCLUSÃO

Jesus promete alívio aos aflitos, desde que se submetam ao seu jugo. Esse jugo é a observância da lei por Ele ensinada, que, se bem cumprida, propicia alívio dos sofrimentos, através da fé no futuro e da confiança na justiça de Deus.

OBSERVAÇÃO

O dirigente, ao ler o texto, deverá certificar-se do completo entendimento do vocabulário pelos participantes.

INDICAÇÃO DO TEXTO, PERGUNTAS, RESPOSTAS E DESTAQUES

LER O ITEM 1

1 **A quem, em especial, é dirigido o convite de Jesus?**

O convite é dirigido a todos, sem exceção. Entretanto, dirige-se mais especificamente aos **sobrecarregados e aflitos**.

> *Nesses, o coração está ansioso por um consolo, por uma diretriz. O ensino de Jesus é melhor compreendido e aceito.*

2 **Por que Jesus promete o alívio e não a cura de nossos males?**

Porque, sendo os nossos males consequência de maus procedimentos no passado, a cura compete, exclusivamente, a nós. Porém, através do Seu Evangelho, Jesus nos fornece os meios necessários para superar esses sofrimentos.

> *Quando buscamos em Jesus e no Seu Evangelho alívio para os nossos sofrimentos, Ele nos conforta.*

3 **Como podemos conseguir a libertação dos nossos sofrimentos?**

Através da reforma íntima, modificando nossas atitudes e pensamentos, vivenciando as diretrizes do Evangelho. O que disso não for possível fazer nesta vida, Deus nos propicia a reencarnação como recurso para continuar buscando.

> *Compete a cada um de nós, por intermédio do livre arbítrio, direcionar nossas ações para o bem, edificando, assim, a nossa libertação.*

4 **O que devemos entender com a expressão "repouso de vossas almas", contida neste item?**

Devemos entender esse repouso como alívio e consolo, decorrentes do nosso comportamento voltado para a reforma íntima e ajuda ao próximo, e não como sinônimo de ociosidade, improdutividade, inatividade.

> *"(...) achareis o repouso para vossas almas..."*

LER O ITEM 2

5 **Onde encontramos a consolação para os nossos sofrimentos?**

Na fé no futuro e na confiança na justiça de Deus.

> *As aflições caem com todo o seu peso e nenhuma esperança vem suavizar a amargura daqueles que nada esperam depois desta vida.*

6 **Que quis Jesus dizer com a expressão: "Meu jugo é suave e leve é o meu fardo"?**

O jugo de Jesus é a observação do Seu Evangelho, que aqui estudamos fraternalmente; e seu fardo é leve, pois consiste em praticar o amor e a caridade.

"Esse jugo é leve e a lei é suave, pois que apenas impõe, como dever, o amor e a caridade."

DESTAQUES COMPLEMENTARES

O QUE SE DEVE ENTENDER POR POBRE DE ESPÍRITO
28

FONTE BÁSICA

KARDEC, Allan. **O Evangelho Segundo o Espiritismo**. Trad. Guillon Ribeiro. 89. ed. Rio de Janeiro: FEB, 1984. **Cap. VII, Itens 1 e 2**. p. 139-41.

FONTES COMPLEMENTARES

1. CALLIGARIS, Rodolfo. *Bem-aventurados os pobres de espíritos...* In:__. **O Sermão da Montanha**. 5. ed. Rio de Janeiro: FEB, 1984. p. 9-11.

2. ROUSTAING, J. B. *Sermão do monte*. In:__. *Os quatro Evangelhos*. 6. ed. Rio de Janeiro: FEB, 1983. IV. Item 70. p. 404-7.

3. XAVIER, Francisco C. & VIEIRA, Waldo. *Necessitados difíceis*; mens. 36. In:__. **Opinião Espírita**. Pelos espíritos Emmanuel e André Luiz. 5. ed. Uberaba: FEB, 1982. p. 123-5.

OBJETIVO

Esclarecer os participantes acerca do sentido das expressões **"pobres de espírito"** e **"reino dos céus"**, enfatizando as virtudes que nos conduzem a esse reino.

CONCLUSÃO

Somente aos pobres de espírito, isto é, aos humildes, estão abertas as portas do reino dos céus, pois que esses possuem a simplicidade de coração e a humildade de espírito.

OBSERVAÇÃO

O dirigente, ao ler o texto, deverá certificar-se do completo entendimento do vocabulário pelos participantes.

INDICAÇÃO DO TEXTO, PERGUNTAS, RESPOSTAS E DESTAQUES

LER O ITEM 1

1 **O que se deve entender por "pobres de espírito"?**

São aqueles que, aspirando à perfeição e comparando o pequenino grau de adiantamento a que chegaram com o ideal a ser atingido, reconhecem o quanto ainda são carentes de progresso espiritual.

Os pobres de espírito não são os fracos de inteligência, mas os humildes.

2 **E por "reino dos céus", o que devemos entender?**

É um estado de felicidade plena, de doce paz e deleitosa alegria espiritual.

O reino de Deus não é necessariamente um lugar especial, mas, principalmente, um estado de espírito.

3 **Por que são "bem-aventurados" os pobres de espírito?**

Porque a noção que têm de suas fraquezas e mazelas os faz lutar por aquilo que lhes falta, e esse redobrar de esforços leva-os realmente a conseguir maior progresso espiritual.

Não tendo o orgulho a turvar-lhes a visão, percebem melhor suas carências e possibilidades.

LER O ITEM 2. DEPOIS, RELER O PRIMEIRO E SEGUNDOS PARÁGRAFOS DO MESMO

4 **Por que os homens orgulhosos e vaidosos de sua inteligência não conseguem se elevar até Deus?**

Porque, em função do alto conceito que fazem de si próprios, consideram as coisas divinas indignas de lhes merecer atenção.

Os orgulhosos tomam a inteligência que possuem como medida da inteligência universal.

LER O TERCEIRO E QUARTO PARÁGRAFO DO ITEM 2

5 **Por que o homem de saber se recusa a admitir o mundo invisível?**

Porque o seu orgulho não o deixa reconhecer a existência de algo que esteja acima do seu entendimento.

O homem de saber se recusa a aceitar o mundo invisível e uma potência extra-humana.
É no mundo invisível que os olhos se lhes abrirão e eles reconhecerão o erro em que caíram.

LER O QUINTO PARÁGRAFO DO ITEM 2

6. **Serão a ignorância e a baixa condição de vida material que nos conduzem ao reino dos céus?**

   Não necessariamente, pois o que na verdade nos conduz a ele é a simplicidade de coração e a humildade de espírito.

   > *Jesus pôs a humildade na categoria das virtudes que aproximam de Deus a criatura, e o orgulho entre os vícios que Dele a afastam.*

   A ignorância e a baixa condição de vida material não excluem a vaidade e o orgulho.

DESTAQUES COMPLEMENTARES

AQUELE QUE SE ELEVA SERÁ REBAIXADO
29

FONTE BÁSICA

KARDEC, Allan. **O Evangelho Segundo o Espiritismo**. Trad. Guillon Ribeiro. 89. ed. Rio de Janeiro: FEB, 1984. **Cap. VII, Itens 3, 4 e 5**. p. 141-2.

FONTES COMPLEMENTARES

1. XAVIER, Francisco C. & VIEIRA, Waldo. *O Primeiro*; mens. 64. In:__. **O Espírito da Verdade**. Ditado pelo espírito Emmanuel. 5. ed. Rio de Janeiro: FEB, 1985. p. 151-2.

2. XAVIER, Francisco C. *Pedir*; mens. 65. In:__. **Caminho, Verdade e Vida**. Ditado pelo espírito Emmanuel. 10. ed. Rio de Janeiro: FEB, 1983. p. 145-6.

3.__. *Ninguém é Inútil*; mens. 16. In:__. **Livro da Esperança**. Ditado pelo espírito Emmanuel. 6. ed. Uberaba: CEC, 1982. p. 63-5.

4.__. *Antes de servir*; mens. 4. In:__. **Pão Nosso**. Ditado pelo espírito Emmanuel. 9. ed. Rio de Janeiro: FEB, 1982. p. 19-20.

5. Op. cit. , *Convite ao bem*; mens. 39. p. 89-90.

6. Op. cit. , *Boas maneiras*; mens. 43. p. 97-8.

OBJETIVO

Esclarecer aos participantes o sentido da expressão "**Aquele que se eleva será rebaixado**", enfatizando o valor da humildade para nossa evolução espiritual.

CONCLUSÃO

A verdadeira grandeza se afirma pela humildade, condição necessária para a conquista da felicidade. O orgulho e o egoísmo são sentimentos que nos distanciam de Deus.

OBSERVAÇÃO

O dirigente, ao ler o texto, deverá certificar-se do completo entendimento do vocabulário pelos participantes.

INDICAÇÃO DO TEXTO, PERGUNTAS, RESPOSTAS E DESTAQUES

LER O ITEM 3

1　**Por que é necessário tornar-se igual a uma criança para se entrar no reino dos céus?**

Porque a criança simboliza a simplicidade e a pureza de coração, não tendo pretensões de superioridade ou infalibilidade; assemelhando-nos a ela, com essas características, alcançaremos o reino dos céus.

Não é ser criança, mas semelhantes à mesma.

2　**"Receber uma criança como Jesus o fez", o que significa?**

É a valorização da humildade e o cultivo da simplicidade. A criança é o modelo que Jesus nos apresenta para conquistar as virtudes tão necessárias a nossa elevação espiritual.

Todo aquele que se humilha e se torna pequeno como uma criança será o maior no reino dos céus.

LER O ITEM 4

3　**Por que Jesus não atendeu o pedido daquela mãe?**

Porque seus filhos, embora decididos a enfrentar os dissabores da evolução consciente, tinham muitos débitos ainda a resgatar e a nossa **salvação** não acontece por milagre ou concessão de privilégios, e sim por merecimento.

Para nos tornarmos verdadeiramente grandes devemos servir ao próximo sem cobrança, pois isso é uma forma de humildade.

4　**Que lição nos ensina Jesus nesta passagem?**

De humildade, pois só nos despojando de todos os sentimentos mesquinhos e maldosos é que conseguiremos ser o maior no reino dos céus.

Não se vai a Deus senão pelo nosso próximo. Servir ao próximo é servir a Deus, tornando-se grande a Seus olhos.

LER O ITEM 5

5　**Por que Jesus nos aconselha a ocupar os últimos lugares?**

Porque, quando pretendemos os primeiros lugares, manifestamos nossos sentimentos presunçosos de superioridade, sentimentos estes contrários à prática da humildade.

A verdadeira grandeza se afirma pela humildade.

6   **Qual a vantagem de ser humilde?**
A humildade cativa as atenções dos que nos rodeiam, deixando em torno dos que a praticam um halo de respeito e admiração.

> *O nosso gesto humilde, buscando o último lugar, nos eleva ainda mais.*

7   **Qual o sentido da expressão "Aquele que se eleva será rebaixado"?**
Os que se elevam pela fortuna, títulos e glórias, morrendo, chegam no outro mundo desprovidos de tudo, conservando apenas o orgulho que torna sua posição ainda mais humilhante.

> *Aquele que se humilha será exaltado e aquele que se eleva será rebaixado.*

DESTAQUES COMPLEMENTARES

O ORGULHO E A HUMILDADE
30

FONTE BÁSICA

KARDEC, Allan. **O Evangelho Segundo o Espiritismo**. Trad. Guillon Ribeiro. 89. ed. Rio de Janeiro: FEB, 1984. **Cap. VII, Item 11**. p. 145-9.

FONTES COMPLEMENTARES

1. DENIS, Léon. **Orgulho, riqueza e pobreza**. In:__. **Depois da Morte**. 10. ed. Rio de Janeiro: FEB, 1978. Parte 5ª, Cap. XLV. p. 262-8.

2. FRANCO, Divaldo P. **Humildade Real**; mens. 22. In:__. **Luz Viva**. Ditado pelos espíritos Joanna de Ângelis e Marco Prisco. 2. ed. Salvador: Liv. Espírita "Alvorada", p. 131-4.

3. XAVIER, Francisco C. & VIEIRA, Waldo. **O Filho do Orgulho**; mens. 36. In:__. **O Espírito da Verdade**. Ditado pelo espírito Caibar Schutel. 5. ed. Rio de Janeiro: FEB, 1985. p. 89-91.

4. XAVIER, Francisco C. **Em torno da Humildade**. In:__. **Encontro Marcado**. Ditado pelo espírito Emmanuel. 3. ed. Rio de Janeiro: FEB, 1987. p. 148.

5. VINÍCIUS. **Bem-aventurados os humildes de espírito**. In:__. **Na Seara do Mestre**. 4. ed. Rio de Janeiro: FEB, 1979. p. 62-71.

OBJETIVO

Esclarecer aos participantes em que consiste o **orgulho** e a **humildade**, mostrando suas consequências e como fazer para eliminar um e desenvolver a outra.

CONCLUSÃO

O orgulho é a ignorância dos reais valores da vida, constituindo-se veneno que anula as ações nobres dos que buscam o progresso espiritual. A humildade é uma virtude que nivela os homens e os eleva moralmente, aos olhos de Deus.

OBSERVAÇÃO

O dirigente, ao ler o texto, deverá certificar-se do completo entendimento do vocabulário pelos participantes.

INDICAÇÃO DO TEXTO, PERGUNTAS, RESPOSTAS E DESTAQUES

LER O ITEM 11

1   Como podemos definir a humildade?

É a virtude que nivela todos os homens, eliminando a falsa ideia de superioridade de uns frente aos outros, propiciando o progresso espiritual que os aproxima de Deus.

> *"A humildade é uma virtude bem esquecida entre nós."*

2   Podemos ser caridosos com o próximo, sem a humildade?

Não, pois esse sentimento nos diz que somos todos irmãos e que devemos nos ajudar uns ao outros; assim, nos conduziremos ao bem.

> *Sem a humildade, nos cobrimos de virtudes que não temos. É como se usássemos um vestuário para cobrir uma deformidade do corpo.*

3   É possível sermos humildes, sendo orgulhosos?

Não. A humildade nos eleva moralmente, possibilitando-nos um progresso mais rápido, enquanto que o orgulho representa um grande obstáculo a essa caminhada.

> *"O orgulho é o terrível adversário da humildade."*

4   Pode haver humildade na riqueza?

Sim. A riqueza, por si só, não é um mal. Torna-se boa ou ruim conforme a utilidade que lhe damos. O importante é que não inspire orgulho e nem cause obstáculo ao desenvolvimento moral.

> *A riqueza nos leva à tentação e à fascinação, mas, quando orientada pela humildade e regulada com critério e moderação, torna-se origem de um grande bem.*

5   Quais as consequências do orgulho?

Transtornos na vida social, rivalidade das classes e dos povos, intrigas, ódios, guerras etc. É imperfeição que bloqueia o progresso do espírito e o leva a assumir débitos, cujo resgate é doloroso e transcende a encarnação presente.

> *O orgulho tem coberto de sangue e ruínas este mundo, e é ainda ele que origina os nossos padecimentos de além-túmulo.*

6   Por que existe o orgulho?

Ele existe em decorrência da ignorância dos reais valores da vida, que leva o homem a pensar egoisticamente na sua realização pessoal e a tratar com desprezo os seus semelhantes.

> *De todos os males, o orgulho é o mais terrível, pois deixa em sua passagem o germe de quase todos os vícios. A inteligência, desprovida do suporte moral do Evangelho, gera sentimento presunçoso de superioridade, levando, consequentemente, à insubmissão a Deus.*

DESTAQUES COMPLEMENTARES

O ORGULHO E A HUMILDADE
31

FONTE BÁSICA

KARDEC, Allan. **O Evangelho Segundo o Espiritismo**. Trad. Guillon Ribeiro. 89. ed. Rio de Janeiro: FEB, 1984. **Cap. VII, Item 12**. p. 149-51.

FONTES COMPLEMENTARES

1. DENIS, Léon. **Orgulho, Riqueza e Pobreza**. In:___. **Depois da Morte**. 10. ed. Rio de Janeiro: FEB, 1978. Cap. 5ª, Cap. XLV. p. 262-8.

2. SOLER, Amália Domingos. **O orgulho também é um erro**. In:___. **Reencarnação** e Vida. 7. ed. São Paulo: IDE, 1985. p. 38-45.

3. XAVIER, Francisco C. **Supercultura**. mens. 17. In:___. **Livro da Esperança**. Pelo espírito Emmanuel. 7. ed. Uberaba: CEC, 1984. p. 67-8.

OBJETIVO

Mostrar aos participantes a que vícios o orgulho pode levar e como corrigir-se deles.

CONCLUSÃO

A ninguém é impedido corrigir-se dos vícios oriundos do orgulho. O Evangelho é o roteiro de luz em forma de bênçãos a todas as criaturas de boa vontade. Aos recalcitrantes, o tempo e a dor servirão de remédio.

OBSERVAÇÃO

O dirigente, ao ler o texto, deverá certificar-se do completo entendimento do vocabulário pelos participantes.

INDICAÇÃO DO TEXTO, PERGUNTAS, RESPOSTAS E DESTAQUES

LER O ITEM 12.
DEPOIS, RELER OS DOIS PRIMEIROS PARÁGRAFOS.

1 **Como combater o orgulho?**

Estudando com humildade o Evangelho de Jesus e procurando vivenciar os ensinamentos nele contidos.

> *A humildade é o antídoto do orgulho.*

RELER OS TERCEIRO E QUARTO PARÁGRAFOS

2 **Quais os vícios causados pelo orgulho?**

Paixão pelos bens materiais, inveja, ciúme, egoísmo etc.

> *Quando os vícios do orgulho, se instalam no coração do homem, a vida torna-se um constante tormento.*

RELER O QUINTO PARÁGRAFO

3 **O que acontece quando o orgulho chega ao extremo?**

Tem-se o indício de uma queda próxima, pois Deus pune sempre os soberbos.

> *Quanto maior é a subida de um orgulhoso, mais terrível é a sua queda.*

4 **O orgulho deixará, um dia, de ser um mal na sociedade?**

Sim. Aos que não atenderem aos apelos fraternos do Evangelho, a justiça divina reserva processos dolorosos de correção, mediante reencarnação adequada.

> *"Deus nunca deixa de castigar os soberbos. Se, por vezes, consente que eles subam, é para lhes dar tempo à reflexão e a que se emendem."*

RELER O ÚLTIMO PARÁGRAFO

5 **Que devemos fazer para obter graça diante de Deus?**

Devemos ser humildes e caridosos para com o próximo.

> *O mais humilde entre os pequenos deste mundo será o maior na eternidade.*

6 **As posições sociais de destaque são condenáveis?**

Não. Elas são naturais na sociedade em que vivemos e oferecem ocasião para que superiores e subalternos guardem relacionamento fraterno e mantenham respeito recíproco. O que é condenável são os abusos daqueles que ocupam tais posições.

> *Todas as distinções sociais, os títulos e as vantagens da fortuna, medem-se pelo seu justo valor. Mas todos são iguais diante do perigo, do sofrimento e da morte.*

DESTAQUES COMPLEMENTARES

MISSÃO DO HOMEM INTELIGENTE NA TERRA
32

FONTE BÁSICA

KARDEC, Allan. **O Evangelho Segundo o Espiritismo**. Trad. Guillon Ribeiro. 89. ed. Rio de Janeiro: FEB, 1984. **Cap. VII, Item 13**. P. 151-2.

FONTES COMPLEMENTARES

1. XAVIER, Francisco C. *Aprendizado.* In:__. **O Consolador**. Ditado pelo espírito Emmanuel. 10. ed. Rio de Janeiro: FEB, 1976. 2ª parte, Cap. I, pergs. 117 a 126. p. 78-81.

2. Op. cit. *Intelectualismo*. Cap. III, perg. 204 a 206. p. 122-4.

3. KARDEC, Allan. *Idiotismo e Loucura*. In:__. **O Livro dos Espíritos**. Trad. Guillon Ribeiro. 66. ed. Rio de Janeiro: FEB, 1987. Parte 2ª, Cap. VII, perg. 371 a 378. p. 207-9.

OBJETIVO

Levar os participantes a identificarem a missão do homem inteligente na Terra, a conhecerem os meios para desenvolverem a inteligência e a sensibilizá-los para a necessidade de empregá-la corretamente.

CONCLUSÃO

A inteligência é um poderoso instrumento de progresso que Deus confiou ao homem para que a desenvolva em benefício de todos, fazendo progredir as inteligências retardatárias e a si próprio. Abusar dessa faculdade é assumir graves responsabilidades de débitos, cujo resgate é muito doloroso.

OBSERVAÇÃO

O dirigente, ao ler o texto, deverá certificar-se do completo entendimento do vocabulário pelos participantes.

INDICAÇÃO DO TEXTO, PERGUNTAS, RESPOSTAS E DESTAQUES

LER O ITEM 13 INTEGRALMENTE, DEPOIS, RELER O PRIMEIRO PARÁGRAFO ATÉ A PALAVRA "ENVAIDECER-VOS."

1   **Por que não deve o homem se envaidecer do seu cabedal de conhecimentos?**

Porque esses conhecimentos têm limites muito estreitos no mundo em que habitamos. Assim sendo, ele deve ter a humildade para reconhecer que não sabe tudo e que lhe resta muito a aprimorar e a desenvolver. Para isso ele se encontra na Terra.

> *Em vez de se envaidecer, o homem deve utilizar o saber que já possui para ajudar aqueles menos aquinhoados em termos de inteligência.*

2   **É possível ao homem saber tudo?**

Não. O conhecimento lhe é facultado, paulatinamente, por Deus, de acordo com o esforço dispendido e o merecimento alcançado no decorrer de suas várias encarnações.

> *"Os valores intelectivos representam a soma de muitas experiências, em várias vidas do espírito no plano material." (Emmanuel/**O Consolador** – questão nº 117).*

CONTINUAR A LEITURA ATÉ "(...) CONDUZI-LAS A ELE."

3   **Por que Deus nos permite desenvolver a inteligência?**

Para que possamos evoluir e utilizá-la a serviço do bem, buscando desenvolver as inteligências retardatárias, através do relacionamento fraterno que deve existir entre as criaturas.

> *Há espíritos que reencarnam com a incumbência de desenvolver boas tarefas da inteligência em proveito real da coletividade.*

4   **Como desenvolver a inteligência?**

Pelo estudo (lendo, ouvindo, conversando etc.) e pelo trabalho edificante em benefício de todos.

> *A fórmula mais elevada e mais bela para desenvolver a inteligência é a do esforço próprio, dentro da humildade e do amor.*
> *"Os livros ensinam, mas só o esforço próprio aperfeiçoa a alma para a grande e abençoada compreensão." (Emmanuel/**O Consolador** – questão nº 213)*

5   **Uma inteligência desenvolvida é sinônimo de espírito evoluído?**

Não necessariamente. O que caracteriza um espírito evoluído é o seu progresso intelectual e moral. Mas pode ocorrer que uma inteligência humana bem desenvolvida intelectualmente não esteja acompanhada do desenvolvimento espiritual (moral).

> *O grande erro das criaturas humanas foi valorizar exageradamente a inteligência, desprezando os valores legítimos do coração, nos caminhos da vida. (Emmanuel/**O Consolador** – questão nº 120).*

RELER O RESTANTE DO PRIMEIRO PARÁGRAFO

6 Como explicar o retardamento mental que se verifica em algumas pessoas?

É uma expiação dolorosa, decorrente do abuso que fizeram de certas faculdades, no passado. É um estacionamento temporário por que passa o espírito, com a finalidade de corrigir-se.

> *Os idiotas e os cretinos podem ocultar espíritos de grandes gênios que, entretanto, têm muito a expiar.*

RELER O ÚLTIMO PARÁGRAFO

7 É a inteligência um instrumento de progresso?

Sim. Um poderoso instrumento, quando utilizada com bons sentimentos e voltada à causa do bem. Quando, porém, mal empregada, acarreta sofrimento aos atingidos, assumindo graves débitos os seus causadores.

> *Grandes assassinos e criminosos são, muitas vezes, dotados de muita inteligência.*

8 Conta o homem com a ajuda do plano espiritual para o desenvolvimento de sua inteligência, quando encarnado?

Certamente que sim. Muitos são os espíritos que aqui vêm com a missão de esclarecer os homens, objetivando auxiliá-los no seu aperfeiçoamento. É necessário, porém, que estes saibam ouvi-los.

> *"Se todos os homens que a possuíssem, dela se servissem de conformidade com a vontade de Deus, fácil seria, para os espíritos, a tarefa de fazer com que a humanidade avance."*

DESTAQUES COMPLEMENTARES

DESTAQUES COMPLEMENTARES

SIMPLICIDADE E PUREZA DE CORAÇÃO
33

FONTE BÁSICA

KARDEC, Allan. **O Evangelho Segundo o Espiritismo**. Trad. Guillon Ribeiro. 89. ed. Rio de Janeiro: FEB, 1984. **Cap. VIII, Itens 1 a 4**. p. 153-5.

FONTES COMPLEMENTARES

1. KARDEC, Allan. *A infância*. In:___. **O Livro dos Espíritos**. Trad. Guillon Ribeiro. 66. Rio de Janeiro: FEB, 1987. Parte 2ª, Cap. VII, Pergs. 379 a 385. p. 210-3.

2. SIMONETTI, Richard. *A retomada da pureza*. In:___. **A voz do Monte**. 1. ed. Rio de Janeiro: FEB, 1983. p. 39-43.

3. XAVIER, Francisco C. *Companheiros Mudos*; mens. 19. In:___. **Livro da Esperança**. Pelo espírito Emmanuel. 6. ed. Uberaba: CEC, 1982. p. 71-2.

4. Op. cit. , *Pequeninos*; mens. 18. p. 69-70.

5. XAVIER, Francisco C. & VIEIRA, Waldo. *Caminha alegremente*; mens. 24. In:___. **O Espírito da Verdade**. Autores diversos. 5. ed. Rio de Janeiro: FEB, 1985. p. 61-2.

6. Op. cit. , *Crianças doentes*; mens. 17. p. 48-9.

7. Op. cit. , *Educação*; mens. 16. p. 46-7.

8. Op. cit. , *Mensagem da criança ao homem*; mens. 99. p. 225-6.

OBJETIVO

Mostrar aos participantes o que é necessário para se conquistar o reino dos céus, enfatizando por que a criança foi tomada, por Jesus, como exemplo da pureza a ser seguido pelos que querem alcançar aquele reino.

CONCLUSÃO

O reino dos céus é apenas para os que têm puro o coração. Jesus tomou a criança como o símbolo dessa pureza em razão da simplicidade e humildade que a caracteriza, e nos ensinou que, para conquistar a felicidade, devemos nos assemelhar a ela.

─── OBSERVAÇÃO ───

O dirigente, ao ler o texto, deverá certificar-se do completo entendimento do vocabulário pelos participantes.

INDICAÇÃO DO TEXTO, PERGUNTAS, RESPOSTAS E DESTAQUES

LER OS ITENS 1 E 2

1 Que lição nos transmite a passagem lida?

Que o reino dos céus só é conquistado por aqueles que têm puro o coração.

> *O reino dos céus é um estado de felicidade plena, cujo ingresso se obtém através da simplicidade e da humildade.*

2 Por que Jesus tomou a criança como símbolo da pureza?

Porque a criança, com seus gestos inocentes, desprovidos de maldade e egoísmo, é a verdadeira imagem da simplicidade e pureza.

> *Mesmo em uma criança de maus pendores, suas más ações são dissimuladas pela candura dos seus traços infantis.*

3 Jesus disse que o reino dos céus é das crianças?

Não. Jesus deixou bem claro que o reino dos céus é para os que a elas se assemelham.

> *O aspecto da inocência e candura que vemos nas crianças não constitui superioridade real do espírito, mas a imagem do que deveria ser.*

LER O ITEM 3

4 Por que a comparação entre os candidatos ao reino dos céus e as crianças?

Porque a pureza de coração é inseparável da simplicidade e da humildade, tal como estas se mostram em uma criança.

> *Nas crianças, essas virtudes são naturais e não artifícios da aparência.*

5 O estado infantil é, necessariamente, de pureza?

Não, pois o espírito da criança já é antigo e, na maioria das vezes, possui muitos defeitos a corrigir e qualidades a aprimorar.

> *O espírito que anima o corpo de uma criança pode ser até mais desenvolvido que o de um adulto. O estado infantil é de esquecimento e ingenuidade temporários.*

LER O ITEM 4

6   Por que a criança não se mostra logo como é?

Para poder suscitar cuidados e ternura maternais e, também, porque a fragilidade do seu corpo, ainda em formação, é incompatível com o caráter de um adulto.

> Para que não lhe imputemos excessiva severidade, Deus dá aos seres, quando nascem, todos os aspectos da inocência.

7   Como é possível ao espírito ocultar o seu verdadeiro caráter, quando criança?

É que esse caráter está temporariamente adormecido, em razão do esquecimento por que passa o espírito ao encarnar, e só se manifesta, gradativamente, após o nascimento, à medida que os órgãos se desenvolvem e ele retoma a plenitude da consciência.

> "(...) ao aproximar-se-lhe a encarnação, o espírito entra em perturbação e perde pouco a pouco a consciência de si mesmo, ficando, por certo tempo, numa espécie de sono..."

8   Qual a importância, enfim, do estado de infância?

Proporcionar ao espírito um recomeço, com novas informações educativas para o seu progresso moral e intelectual.

> "Nessa fase é que se lhes pode transformar os caracteres e reprimir os maus pendores. Tal o dever que Deus impôs aos pais, missão sagrada de que terão de dar contas." (*O Livro dos Espíritos* – questão 385).

(INFORMAR A IMPORTÂNCIA DA EVANGELIZAÇÃO ESPÍRITA INFANTIL E JUVENIL)

———— DESTAQUES COMPLEMENTARES ————

DESTAQUES COMPLEMENTARES

PECADO POR PENSAMENTO – ADULTÉRIO
34

FONTE BÁSICA

KARDEC, Allan. **O Evangelho Segundo o Espiritismo**. Trad. Guillon Ribeiro. ed. Rio de Janeiro: FEB, 1984. **Cap. VIII, Itens 5 a 7**. p. 155-6.

FONTES COMPLEMENTARES

1. CALLIGARES, Rodolfo. *A regra áurea*. In:__. **O Sermão da Montanha**. 3. ed. Rio de Janeiro: FEB, 1974. p. 189-92.

2. SAYÃO, Antônio Luiz. *Adultério no Coração – Extirpação de todos os maus pensamentos*. In:__. **Elucidações Evangélicas**. 6. ed. Rio de Janeiro: FEB, 1980. p. 152-4.

OBJETIVO

Esclarecer aos participantes que não se infringe a lei de Deus apenas por atos, mas também por palavras e pensamentos, estimulando-os a repelir os maus pensamentos e a cultivar apenas os de paz, harmonia e fraternidade.

CONCLUSÃO

Não basta ao homem somente abster-se de praticar o mal; é necessário destruir em si tudo o que o leve a praticá-lo, seja por atos, palavras ou pensamentos. A oração e a vigilância são poderosos auxiliares para se manter o coração livre das influências do mal.

OBSERVAÇÃO

O dirigente, ao ler o texto, deverá certificar-se do completo entendimento do vocabulário pelos participantes.

INDICAÇÃO DO TEXTO, PERGUNTAS, RESPOSTAS E DESTAQUES

1 Qual o sentido dado por Jesus à palavra "adultério"?

Jesus costumava empregá-la para designar não só toda ação má, todo pecado, mas todo e qualquer pensamento mau.

> *"(...) aquele que houver olhado uma mulher, com mau desejo para com ela, já em seu coração cometeu adultério com ela."*
> *Para Jesus, adúltero não é só quem trai o cônjuge, mas todos os que infringem a lei divina.*

2 Constitui infração à lei de Deus desejar mal a outrem, mesmo que não se chegue a praticá-lo?

Certamente que sim, pois se houve o propósito de praticar o mal, também houve a falta.

> *Aquele que pensa em cometer um mau ato e só não o consuma por falta de ocasião, é tão culpado como se o cometesse. "Naquele que pensa no mau e nesse pensamento se compraz, o mal ainda existe na plenitude da sua força."*

3 Como agem os espíritos mais evoluídos, quando assaltados por um mau pensamento?

Repelem-no com energia. Assim, ainda que se lhes apresente oportunidade, não cederão àquele mau desejo.

> *Para estes, mesmo o mau pensamento se lhes torna ocasião de adiantamento, porque eles o afastam de seu coração.*
> *"Naquele a quem a ideia do mal acode, mas que a repele com vigor, há progresso em vias de realizar-se."*

4 Um espírito adiantado, que já alcançou níveis superiores de progresso, tem maus pensamentos?

Não. Os espíritos elevados apenas do bem se ocupam e só nele pensam.

> *"Naquele que nem sequer concebe a ideia do mal, já há progresso realizado."*

5 Restará alguma oportunidade àquele que ainda se compraz na prática do mal?

Sem dúvida que sim. Porém, seu progresso espiritual dependerá do esforço que fizer, no sentido de combater as más inclinações e cultivar pensamentos de paz e fraternidade.

> *À medida que avança na vida espiritual, a alma que enveredou pelo mau caminho se esclarece e despoja, pouco a pouco, de suas imperfeições, conforme a maior ou menor boa vontade que demonstre, em virtude do livre-arbítrio.*

6   Que efeito exerce sobre nós praticar ou desejar o mal a respeito de alguém?

Tudo que fazemos ou desejamos aos outros, seja de bom, seja de mau, provoca reação sobre nós, em bênçãos ou sofrimentos.

O mau pensamento provoca intranquilidade e amargura. Os bons pensamentos, ao contrário, nos enchem o coração de paz e contentamento.

7   Que lição podemos tirar deste estudo, para o nosso dia a dia?

A de que devemos manter nosso coração livre de pensamentos mesquinhos e inferiores, e nos esforçar por cultivar pensamentos elevados, tanto para nós quanto para o nosso próximo.

"Orai e vigiai", disse Jesus, pois orando atraímos bons pensamentos, inspirados por espíritos elevados; mantendo-nos vigilantes, repelimos os maus pensamentos, purificando nosso coração.

―――――――― **DESTAQUES COMPLEMENTARES** ――――――――

VERDADEIRA PUREZA – MÃOS NÃO LAVADAS
35

FONTE BÁSICA

KARDEC, Allan. **O Evangelho Segundo o Espiritismo**. Trad. Guillon Ribeiro. 89. ed. Rio de Janeiro: FEB, 1984. **Cap. VIII. Itens 8 a 10**. p. 157-9.

FONTE COMPLEMENTAR

1. XAVIER, Francisco C. *O Verbo é criador*, mens. 97. In:___. **Vinha de Luz**. Pelo espírito Emmanuel. 7. ed. Rio de Janeiro: FEB, 1983. p. 207-8.

OBJETIVO

Alertar os participantes para a necessidade de distinguir a pureza exterior da interior, destacando aquilo em que consiste a verdadeira pureza.

CONCLUSÃO

Não é o que nos entra pela boca que nos faz mal; é o que sai da boca, porque provém do coração: maus pensamentos, blasfêmias, maledicências etc. Não bastam as aparências da pureza: Deus quer a verdadeira pureza do nosso coração.

OBSERVAÇÃO

O dirigente, ao ler o texto, deverá certificar-se do completo entendimento do vocabulário pelos participantes.

INDICAÇÃO DO TEXTO, PERGUNTAS, RESPOSTAS E DESTAQUES

LER O ITEM 8, PAUSADAMENTE

1 Por que Jesus deu tão pouca importância ao fato de se lavar as mãos antes das refeições?

Para chamar a nossa atenção sobre a importância maior de lavar o nosso coração, livrando-o das impurezas (mazelas) que ainda lhe são tão características.

> *"Indispensável cuidar do coração, como fonte emissora do verbo, para que não percamos a harmonia necessária à própria felicidade." (Emmanuel/Vinha de Luz – mens. 97)*

2 Quer dizer que a higiene do corpo é secundária?

Não. Tanto a do corpo como a da alma são merecedoras de nossa atenção. Entretanto, face a nossa grande necessidade de evolução, maior ênfase deve ser dada à "higiene" da alma.

> *Que adianta uma pessoa estar limpa e bem vestida, porém ser grosseira e maledicente?*

3 Como interpretar as palavras de Jesus: "Não é o que entra pela boca que macula o homem; o que sai da boca do homem é o que o macula"?

O que nos entra pela boca objetiva apenas alimentar-nos materialmente e só a nós atinge. Entretanto, as expressões que emitimos refletem o nosso íntimo, revelam a nossa conduta moral, o que somos interiormente e, de acordo com essa emissão, podemos apregoar o bem ou o mal.

> *"O que sai do coração e da mente, pela boca, é força viva e palpitante, envolvendo a criatura para o bem ou para o mal, conforme a natureza da emissão." (Emmanuel/Vinha de Luz – mens. 97)*

4 "Arrancada será toda planta que meu Pai celestial não plantou." Qual o significado dessas palavras de Jesus?

Significa que a lei de Deus é uma só e cujos mandamentos Jesus, sabiamente, enumerou em Seu Evangelho para servir de roteiro único a todos nós. As distorções, acréscimos e desvios àquela lei, frutos da ignorância e imprevidência dos homens, são as plantas que o tempo e o progresso se incumbirão de arrancar.

> *Com o passar dos tempos os homens foram desvirtuando o Evangelho da sua verdadeira essência, adaptando-o aos seus caprichos mesquinhos. Contidos tais caprichos, voltará ele à sua feição normal.*

LER O ITEM 9

5   Por que o fariseu se preocupou com o fato de Jesus não ter lavado as mãos antes do jantar?

Porque os fariseus, longe de se preocuparem com os verdadeiros mandamentos de Deus e com as coisas do espírito, davam mais valor à aparência e aos regulamentos terrenos, estatuídos pelos homens, dos quais se tornaram escravos, em razão do orgulho que os caracterizava.

> *Para eles – os fariseus – era mais fácil a prática dos atos exteriores, do que ter que se reformar interiormente, uma vez que sequer conseguiam praticar o que pregavam.*

6   Que lição está contida na advertência de Jesus ao fariseu?

A advertência nos revela que, enquanto nos preocupamos com a aparência exterior, o nosso coração está cheio de ódio e maldade, que precisam ser eliminados tanto quanto a sujeira do prato que utilizamos.

> *Não significa que devamos desprezar a etiqueta. Os bons costumes devem ser respeitados e praticados. Apenas, é preciso evitar a hipocrisia das aparências cordiais e atitudes agressivas.*

LER O ITEM 10

7   Qual a finalidade da religião?

Esclarecer a criatura sobre os princípios evangélicos e conduzi-la a Deus. Mas, para isso, é preciso que ela pratique o bem apontado pela religião.

> *Religião não salva ninguém; o que salva o homem são suas atitudes voltadas para o bem. A religião apenas abre o caminho para a conquista das virtudes que a Deus conduzem.*

8   Os rituais, tão comuns em algumas religiões, são realmente necessários?

Não, porque tornam mecânicos os atos de adoração a Deus, bloqueando a aprendizagem maior de suas leis.

> *"Nula é a crença na eficácia dos sinais exteriores, se não obsta a que se cometam assassínios, adultérios, espoliações, que se levantem calúnias, que se causem danos ao próximo."*

DESTAQUES COMPLEMENTARES

DESTAQUES COMPLEMENTARES

ESCÂNDALOS
36

FONTE BÁSICA

KARDEC, Allan. **O Evangelho Segundo o Espiritismo**. Trad. Guillon Ribeiro. 89. ed. Rio de Janeiro: FEB, 1984, **Cap. VIII, Itens 11 e 12**. p. 159-60.

FONTES COMPLEMENTARES

1. XAVIER, Francisco C. *No domínio das provas*; mens. 20. In:__. **Livro da Esperança**. Pelo espírito Emmanuel. 7. ed. Uberaba: CEC, 1984. p. 73-4.

2.__. *Reencarnação*; mens. 108. In:__. **Caminho, Verdade e Vida**. Pelo espírito Emmanuel. 10. ed. Rio de Janeiro: FEB, 1983. p. 231-2.

OBJETIVO

Esclarecer os participantes quanto ao sentido evangélico em que é empregada, no texto, a palavra "escândalo", bem como os efeitos decorrentes do ato escandaloso para aquele que o pratica e para aquele que lhe sofre a repercussão.

CONCLUSÃO

Constitui escândalo tudo o que resulta dos vícios e das imperfeições humanas, toda reação má de um para o outro, com ou sem repercussão, e que, certamente, resultará na aplicação de corretivos dolorosos, pela Providência Divina, àquele por quem venha o escândalo.

OBSERVAÇÃO

O dirigente, ao ler o texto, deverá certificar-se do completo entendimento do vocabulário pelos participantes.

INDICAÇÃO DO TEXTO, PERGUNTAS, RESPOSTAS E DESTAQUES

LER OS DOIS PRIMEIROS PARÁGRAFOS DO ITEM 11

1   Qual o significado de "escândalo", abordado no texto?

É todo procedimento contra a moral; é tudo que leva o homem à queda: o mau exemplo, princípios falsos, abusos de poder etc.

> *"Ai do mundo por causa dos escândalos", ou seja: infeliz é o mundo de hoje porque nele ainda impera o mal.*

2   Por que "é necessário que venham os escândalos"?

Porque "estando em expiação na Terra, os homens se punem a si mesmos pelo contacto de seus vícios, cujas primeiras vítimas são eles próprios e cujos inconvenientes acabam por compreender."

> *A providência divina se utiliza das nossas próprias imperfeições, decorrentes do mau uso de nosso livre arbítrio, para fazer com que nos ajustemos às suas leis.*

3   Porque Jesus disse: "(...) ai do homem por quem o escândalo venha"?

Porque aquele que provoca o escândalo denota ser um espírito ainda imperfeito, carente de evolução, cujos atos maldosos de hoje refletirão amanhã sob a forma de duras provações reparadoras, necessárias para o seu ajustamento às leis divinas.

> *Entre sofrer as repercussões do escândalo e dar-lhes causa, é preferível estar na primeira situação. Feliz, portanto, é aquele a quem o escândalo é dirigido, pois está saldando seus débitos para com a Providência.*

4   Qual a razão de existir escândalos no mundo?

A causa toda reside na imperfeição dos homens, que os torna propensos a praticar o mal. O mundo só é mal em razão da maldade daqueles que o habitam.

> *Estando a causa nos homens, é necessário que estes se aperfeiçoem para que o mundo se torne melhor. Dia virá em que o mundo, transformado pelo amor, se tornará habitat da felicidade plena.*

LER O QUARTO PARÁGRAFO DO ITEM 11

5   Uma vez que o instinto de conservação nos induz a preservar o nosso corpo, como entender a colocação do Mestre?

Devemos entendê-la no sentido figurado, não levando ao pé da letra suas palavras. Significa que devemos destruir em nós tudo aquilo de mal que exista e seja causa de escândalo.

> *"Quer dizer também que, para o homem, mais vale ter cortada uma das mãos do que servir essa mão de instrumento para uma ação má."*

6 Em que sentido devemos entender a expressão "fogo eterno"?

É outra expressão que devemos entender no sentido figurado. Foi um recurso utilizado por Jesus, usando palavras conhecidas pelos homens, para descrever o ponto extremo do sofrimento que padece aquele que se desvia do caminho do bem.

> *" ... os processos purificadores permanecerão igualmente como o fogo material, que existirá na Terra enquanto seu concurso perdurar no tempo, como utilidade indispensável à vida física." (Emmanuel/**Caminho, Verdade e Vida** – mensagem 108)*

LER O ITEM 12

7 O que dizer dos que só praticam escândalos às escondidas, tolhidos pela posição social de destaque que ocupam?

São falsos moralistas, ainda mais culpados perante Deus, pelos bons exemplos que deveriam dar, em face da responsabilidade de que são investidos.

> *"Muitas pessoas se contentam em evitar o escândalo, porque este lhes faria sofrer o orgulho, lhes acarretaria a perda de consideração da parte dos homens."*

8 O escândalo é só o que chama a atenção pública?

Não. Todos os nossos vícios e imperfeições que venham a prejudicar nosso próximo constituem também escândalos.

> *"Já não é somente o que afeta a consciência de outrem, é tudo o que resulta dos vícios e das imperfeições humanas, toda reação má de um indivíduo para outro, com ou sem repercussão."*

DESTAQUES COMPLEMENTARES

DESTAQUES COMPLEMENTARES

ESCÂNDALOS
37

FONTE BÁSICA

KARDEC, Allan. **O Evangelho Segundo o Espiritismo**. Trad. Guillon Ribeiro. 89. ed. Rio de Janeiro: FEB, 1984. **Cap. VIII, Itens 13 a 17**. p. 160-1.

FONTES COMPLEMENTARES

1. XAVIER, Francisco C. *No domínio das provas*; mens. 20. In:__. **Livro da Esperança**. Pelo espírito Emmanuel. 7. ed. Uberaba: CEC, 1984. p. 73-4.

2.__. *Reencarnação;* mens. 108. In:__. **Caminho, Verdade e Vida**. Pelo espírito Emmanuel. 10. ed. Rio de Janeiro: FEB, 1983. p. 231-2.

3. XAVIER, Francisco C. & VIEIRA, Waldo. *Perdoa e serve*; mens. 77. In:__. **O Espírito da Verdade**. Por vários espíritos. 5. ed. Rio de Janeiro: FEB, 1985. p. 176-7.

OBJETIVO

Esclarecer como pode o escândalo, a despeito de constituir atitude censurável por parte daquele que lhe dá causa, servir de instrumento de progresso de que se utiliza a Providência Divina para ajustar às suas leis todos os que delas se desviaram.

CONCLUSÃO

O escândalo constitui recurso de que a Providência Divina se utiliza para aplicar corretivos aos que se desviaram do caminho traçado pelo Evangelho. Nem por isso significa que o causador do escândalo fique impune, uma vez que a lei de causa e efeito atinge a todos.

OBSERVAÇÃO

O dirigente, ao ler o texto, deverá certificar-se do completo entendimento do vocabulário pelos participantes.

INDICAÇÃO DO TEXTO, PERGUNTAS, RESPOSTAS E DESTAQUES

LER O ITEM 13

1 O que é escândalo?

É todo procedimento contra a moral; é tudo que leva o homem à queda: o mau exemplo, princípios falsos, abuso de poder etc.

> *"No sentido evangélico (...) não é somente o que afeta a consciência de outrem; é tudo o que resulta dos vícios e das imperfeições humanas, toda reação má de um indivíduo para com outro, com ou sem repercussão."*

2 Por que Jesus disse que é preciso haver escândalo no mundo?

Porque, sendo a Terra habitada por criaturas imperfeitas, é natural e consequente que destas se esperem atos maldosos. Entretanto, esta é uma condição passageira e a Terra será, no futuro, um mundo ditoso.

> *"Árvores más, só maus frutos dão."*

3 Dizendo ser preciso haver escândalo, Jesus deixou implícito que o mesmo é obrigatório?

Não. Sendo ele decorrente da imperfeição dos homens, na medida em que estes se esclarecem, seus atos tendem a se ajustar à lei de Deus.

> *"Deve-se, pois, entender por essas palavras que o mal é uma consequência da imperfeição dos homens e não que haja, para estes, a obrigação de praticá-lo."*

LER OS ITENS 14 E 15

4 Por que "é necessário que o escândalo venha"?

Porque, havendo o homem que expiar seus erros do passado, necessário se torna que ele esteja em contato com aqueles mesmos vícios causadores de sua queda, a fim de ser punido e para que tenha oportunidade de se regenerar.

> *"A reação desses vícios serve, pois, ao mesmo tempo, de castigo para uns e de prova para outros."*

5 Por que Deus permite o escândalo?

Em respeito ao nosso livre-arbítrio e porque sabe que, pelo sofrimento resultante de maus atos, a criatura se cansará e voltará ao caminho do bem.

> *"É assim que do mal tira Deus o bem e que os próprios homens utilizam as coisas más ou as escórias."*

6 O mal deixará de existir na Terra, um dia?

Sim. O mal só existe na Terra devido às nossas imperfeições. Deixará de existir, porém, quando todos nos melhorarmos, ou pelo expurgo para mundo inferiores, daqueles que se mantiverem refratários ao Evangelho.

> *O processo normal de evolução é através do amor. O sofrimento é apenas um recurso temporário, decorrente do mau proceder dos homens.*

LER O ITEM 16

7 Por que é digno de pena aquele que provoca o escândalo?

Porque, sob o influxo da lei de causa e efeito, sofrerá ele o que houver feito sofrer ao próximo. Contudo, a sua resignação diante do sofrimento tornará este mais ameno e suportável.

> *Aquele que causa escândalo serve de instrumento à Providência Divina para esta aplicar corretivos àqueles que erraram no passado. Contudo, nem por isso o escândalo de hoje ficará impune.*

LER O ITEM 17

8 "Se a vossa mão é causa de escândalo, cortai-a." Como devemos interpretar essa expressão de Jesus?

Sem desconsiderarmos que a nossa mão pode, efetivamente, ser objeto de escândalo (estrangulando, usando armas contra alguém, escrevendo algo pernicioso etc.), devemos, das palavras de Jesus, entender que é necessário cada criatura eliminar de si tudo que possa ser objeto de escândalo: sentimento de ódio ou rancor, desejo de vingança, complexo de superioridade etc.

> *"Jesus nada disse de absurdo, para quem quer que apreenda o sentido alegórico de suas palavras."*

DESTAQUES COMPLEMENTARES

DEIXAI QUE VENHAM A MIM AS CRIANCINHAS
38

FONTE BÁSICA

KARDEC, Allan. **O Evangelho Segundo o Espiritismo**. Trad. Guillon Ribeiro. 89. ed. Rio de Janeiro: FEB, 1984. **Cap. VIII itens 18 e 19**. p. 162-3.

FONTES COMPLEMENTARES

1. XAVIER, Francisco C. *Criança*; mens. 157. In:__. **Fonte Viva**. Pelo espírito Emmanuel. 12. ed. Rio de Janeiro: FEB, 1984. p. 353-4.

2. XAVIER, Francisco C. & VIEIRA, Waldo. *Por amor à criança*; mens. 56. In:__. **O Espírito da Verdade**. Por vários espíritos. 5. ed. Rio de Janeiro: FEB, 1985. p. 136-7.

OBJETIVO

Esclarecer aos participantes a extensão do ensino contido no chamamento **deixai que venham a mim as criancinhas**, dando ênfase ao significado do termo **criancinhas**.

CONCLUSÃO

O termo **criancinhas** se estende aos infelizes, fracos, escravizados e viciados de qualquer idade, aos quais Jesus concita a atenção e benevolência dos homens, e para os quais promete Ele o consolo e amparo de que são carentes. Para Deus, nosso Pai, somos ainda crianças espirituais, carentes de amor e orientação.

OBSERVAÇÃO

O dirigente, ao ler o texto, deverá certificar-se do completo entendimento do vocabulário pelos participantes.

INDICAÇÃO DO TEXTO, PERGUNTAS, RESPOSTAS E DESTAQUES

LER O ITEM 18

1   A quem mais se referiu Jesus com o termo "criancinhas", além de se reportar a estas propriamente?

Referiu-se, principalmente, aos infelizes, fracos, escravizados e viciados de qualquer idade, porquanto são estes os que mais carecem de auxílio.

> *"Jesus chamava a si a infância intelectual da criatura formada..."*

2   O que pretendia Jesus com o chamamento "Deixai que venham a mim as criancinhas"?

Jesus propôs que se dirigissem a Ele, com esperança e confiança, todos aqueles que, quais frágeis e indefesas crianças, necessitassem do seu amparo, pois Nele encontrariam acolhida.

> *"Queria que os homens a Ele fossem com a confiança daqueles entezinhos de passos vacilantes, cujo chamamento conquistava, para o seu, o coração das mulheres, que são todas mães."*

3   Por que então Jesus não se dirigiu diretamente aos adultos, a quem efetivamente pretendia se referir?

Para que seus ensinamentos fossem melhor assimilados, Jesus usou a criança como modelo, uma vez que esta, pela fragilidade e doçura, mais facilmente despertaria no coração dos homens a conscientização do dever para com o próximo.

> *Esta, como tantas outras verdades eternas apregoadas por Jesus, ficou sob o véu da alegoria, cabendo a nós apreendermos seu real sentido.*
> *"É preciso que o homem siga a lei inteligente que se lhe revela na sua universalidade."*

4   Que papel desempenha o espiritismo, com relação aos ensinamentos do Cristo?

O espiritismo vem cumprir a promessa de Jesus, esclarecendo-nos o sentido exato de suas parábolas, abrindo novos horizontes para a descoberta das verdades eternas, ínsitas em seu Evangelho.

> *"(...) São chegados os tempos em que, explicados, os erros se tornarão verdades (...) A manifestação espírita alarga os horizontes e aqui está o seu enviado, que vai resplandecer como o sol no cume dos montes."*

LER O ITEM 19

5   Qual a essência do ensinamento estudado neste trecho?

O amor e a caridade, que constituem o bálsamo suavizante e cicatrizante de todas as chagas morais de que somos portadores.

> *"Se possuis esse fogo divino, o que podereis temer?"*

6 Como conseguir esses veículos de felicidade?

Destruindo, primeiramente, o foco maior e causador de toda nossa degradação moral: o orgulho; depois, agindo consoante a recomendação e o exemplo do Cristo. Em resumo: tornando-nos quais criancinhas, no dizer de Jesus.

> *Ninguém pode doar amor e praticar a caridade sem, antes, tornar-se humilde ante os desígnios de Deus.*

7 Por que razão ainda nos mantemos arredios a essa conquista?

Porque a nossa vontade ainda não é suficiente o bastante para fazer com que germine a semente do amor que trazemos conosco e que só frutifica com muito empenho nosso em prol do seu cultivo.

> *"Mas, faze que o amor divino não lhe fique amodorrado na alma, que incessantemente faça subir aos teus pés o testemunho do seu reconhecimento."*

DESTAQUES COMPLEMENTARES

INJÚRIAS E VIOLÊNCIAS
39

FONTE BÁSICA

KARDEC, Allan. **O Evangelho Segundo o Espiritismo**. Trad. Guillon Ribeiro. 89. ed. Rio de Janeiro: FEB, 1984. **Cap. IX, Itens 1 a 5**. p. 167-9.

FONTES COMPLEMENTARES

1. FRANCO, Divaldo P. *Inquietação e Crueldade*; mens. 44. In:__. **Lampadário Espírita**. Pelo espírito Joanna de Ângelis. 3. ed. Rio de Janeiro: FEB, 1978. p. 181-4.

2. XAVIER, Francisco C. *Diante da Paz*. In:__. **Caminho de Volta**. Por vários espíritos. 7. ed. São Bernardo do Campo: GEEM, 1984. p. 111-2.

3.__. *Paciência e Caminho*. In:__. **Amanhece**. Por vários espíritos. 6. ed. São Bernardo do Campo: GEEM, 1983. p. 131-2.

4.__. *Pacificação*; mens. 21. In:__. **Livro da Esperança**. Pelo espírito Emmanuel. 7. ed. Uberaba: CEC, 1984. p. 75-6.

5.__. *Viver em Paz*; mens. 26. In:__. **Segue-me!** Pelo espírito Emmanuel. 5. ed. Matão: O Clarim, 1982. p. p. 87-8.

6. XAVIER, Francisco C. & VIEIRA, Waldo. *Colher e Garganta*; mens. 15. In:__. **O Espírito da Verdade**. Por vários espíritos. 5. ed. Rio de Janeiro: FEB, 1985. p. 44-5.

7. Op. cit. , *Na viagem da Vida*; mens. 49. p. 119-20.

8. Op. cit. , *Perigo*; mens. 39. p. 97-8.

9.__. *Perdão e Nós*; mens. 33. In:__. **Estude e Viva**. Pelos espíritos Emmanuel e André Luiz. 5. ed. Rio de Janeiro: FEB, 1982. p. 188-9.

10. Op. cit. , *Resignação e Resistência*; mens. 33. p. 190-1.

OBJETIVO

Esclarecer qual deve ser o nosso comportamento perante as injúrias e violências de que somos vítimas, e mostrar qual a recompensa que teremos, sendo brandos e pacíficos.

CONCLUSÃO

A violência, sentimento contrário à lei de Deus, que é de paz, constitui um desregramento transitório. Deixará de existir na Terra na medida em que adotarmos, para neutralizá-la, a brandura, a mansuetude, a afabilidade, a moderação e a paciência, sentimentos que nos farão merecedores de habitar este planeta depois que ele houver se transformado, pelo amor, num mundo melhor.

OBSERVAÇÃO

O dirigente, ao ler o texto, deverá certificar-se do completo entendimento do vocabulário pelos participantes.

INDICAÇÃO DO TEXTO, PERGUNTAS, RESPOSTAS E DESTAQUES

LER OS ITENS 1 A 3

1 Quem são os considerados "brandos e pacíficos"?

São aqueles que, reconhecendo a necessidade de disseminar a paz entre os homens, a exemplo do Cristo, propagam a tranquilidade nos corações revoltados e violentos, estabelecendo a concórdia entre eles.

> *"(...) a paz começa em nós e por nós. Os pacificadores são aqueles que aceitam em si o fogo das dissensões, de modo a extingui-lo com os recursos da própria alma, doando tranquilidade a todos que lhes compartilham a marcha." (Emmanuel/**Caminhos de Volta** – Diante da Paz).*

2 Por que aos "brandos e pacíficos" será permitido possuir a Terra?

Porque estes, sim, terão cumprido as recomendações do Mestre e, portanto, contribuído para que a paz na Terra se estabeleça. Por conseguinte, são eles os legítimos detentores do privilégio de habitá-la.

> *A vontade do Pai é que façamos da brandura um guia para nossos atos; violência não se ajusta com felicidade.*

3 O que significa "possuir a Terra"?

Significa herdar do Pai Maior a glória de ainda permanecer ligado a esse planeta depois que ele haja se transformado, pelo amor, num mundo melhor.

> *"Tal a condição da Terra quando, de acordo com a lei do progresso e a promessa de Jesus, se houver tornado mundo ditoso, por efeito do afastamento dos maus."*

4 Que lição podemos tirar das máximas citadas?

Que a paz do mundo só será garantida quando cada um, mantendo a paz dentro de si, adotar por conduta a brandura e a mansuetude, únicos remédios eficazes contra a violência e capazes de eliminar do seu comportamento toda atitude descortês para com o próximo.

> *"Por essas máximas, Jesus faz da brandura, da moderação, da mansuetude, da afabilidade e da paciência, uma lei. Condena, por conseguinte, a violência, a cólera e até toda expressão descortês que alguém possa usar para com seus semelhantes."*

LER O ITEM 4

5 Afinal, o que há de tão ruim em alguém se colocar em cólera?

A cólera, além de consistir numa atitude antifraterna das mais censuráveis para com o semelhante, provoca sérios desajustes orgânicos naquele que a cultiva, fazendo deste a sua principal vítima.

> *"(...) a cólera é tempestade magnética no mundo da alma, e qualquer palavra que arremessamos no momento da cólera é semelhante ao raio fulminatório que ninguém sabe onde vai cair." (Emmanuel /**Livro da Esperança** – nº 24)*

6 Mas como pode uma simples palavra revestir-se de tanta gravidade que mereça tão severa reprovação?

É que toda palavra ofensiva exprime um sentimento contrário à lei do amor e da caridade que deve presidir as relações entre os homens e manter entre eles a concórdia e a união.

> *"Evidente se torna que aqui, como em todas as circunstâncias, a intenção agrava ou atenua a falta."*

LER O ITEM 5

7 Como sobreviver com brandura num mundo de violência?

Cumprindo o nosso papel, segundo as recomendações do Mestre: agindo com brandura, moderação e paciência, e tendo sempre a certeza de que, àquele que está com Deus, nada sucederá de sofrimento.

> *Nossa vida está sujeita a leis imutáveis de sabedoria e amor. A violência é um desregramento transitório que a dor corrigirá.*

8 Mas e se, mesmo com nossos atos de brandura, recebermos em troca pedradas de violência?

Nossa ação de brandura transformará essas pedras em flores de esperança aos infelizes protagonistas da violência, sob os acordes da justiça e da bondade de Deus, cuja atuação é individualizada para cada ser humano.

Os bens da Terra, hoje, ainda são dominados pelos fortes e violentos, em prejuízo dos que são brandos e pacíficos. Mas a perseverança destes se encarregará de conter o egoísmo daqueles.

DESTAQUES COMPLEMENTARES

A AFABILIDADE E A DOÇURA
40

FONTE BÁSICA

KARDEC, Allan. **O Evangelho Segundo o Espiritismo**. Trad. Guillon Ribeiro. 89. ed. Rio de Janeiro: FEB, 1984. **Cap. IX, Item 6**. p. 169-70.

FONTES COMPLEMENTARES

1. XAVIER, Francisco C. *Amenidades*; mens. 22. In:__. **Livro da Esperança**. Pelo espírito Emmanuel. 7. ed. Uberaba: CEC, 1984. p. 77-8.

2.__. *Diálogo Curativo*. In:__. **Caminhos de Volta**. Por vários espíritos. 7. ed. São Bernardo do Campo:GEEM, 1984. p. 120-1.

3. XAVIER, Francisco C. & VIEIRA, Waldo. *Se você pensar*; mens. 73. In:__. **O Espírito da Verdade**. Por vários espíritos. 5. ed. Rio de Janeiro: FEB, 1985. p. 168-9.

OBJETIVO

Demonstrar aos participantes em que consiste a afabilidade e a doçura, e analisar os efeitos dessas virtudes no relacionamento com as pessoas.

CONCLUSÃO

A benevolência para com os semelhantes é fruto do amor ao próximo e se manifesta pela afabilidade e doçura, virtudes que concorrem para a melhoria do relacionamento com as pessoas. Daí a necessidade de cultivá-las e aplicá-las em nosso comportamento diário.

OBSERVAÇÃO

O dirigente, ao ler o texto, deverá certificar-se do completo entendimento do vocabulário pelos participantes.

INDICAÇÃO DO TEXTO, PERGUNTAS, RESPOSTAS E DESTAQUES

LER TODO O ITEM 6

1   Em que consiste a afabilidade e a doçura?

São atitudes pelas quais a criatura manifesta exteriormente a benevolência para com os seus semelhantes.

> *A benevolência, por sua vez, denota a extensão do sentimento de amor ao próximo que essa criatura possui.*

2   Quer dizer, então, que toda criatura afável e doce é benevolente e ama o próximo?

Não. Muitas vezes essas atitudes não passam de aparência que, cedo ou tarde, são desmascaradas pelo verdadeiro caráter do indivíduo, que vem à tona.

> *"A educação e a frequentação do mundo podem dar ao homem o verniz dessas qualidades."*

3   A cortesia estaria nessa linha de raciocínio?

Sim. Embora seja ela um primeiro passo direcionado ao bom relacionamento entre as pessoas, pode consistir em atitude visando à obtenção de vantagens e satisfação de interesses outros, que não os de doação desinteressada.

> *"Quantos há cuja fingida bonomia não passa de máscara exterior, de uma roupagem cujo talhe primoroso dissimula as deformidades interiores."*

4   Quer dizer que as palavras não valem?

Não é bem assim. As palavras têm o seu valor, desde que ditas de coração e acompanhadas de gestos que a justifiquem, principalmente de atitudes de auxílio ao próximo.

> *"O mundo está cheio dessas criaturas que têm nos lábios o sorriso e no coração o veneno; ... cuja língua, de ouro quando falam pela frente, se muda em dardo peçonhento, quando estão por trás."*

5   Como agir com as pessoas que fingem bondade?

Reconhecendo pessoas assim, usemos da compreensão e bondade para com elas, perdoando-as e auxiliando-as, através do bom exemplo que possamos oferecer, a se compenetrarem do erro que cometem.

> *Nunca, porém, devemos assumir atitudes de crítica ou comportamento voltado para o julgamento do próximo. O Evangelho é para aplicarmos a nós mesmos, não aos outros.*

6   Como reconhecer as pessoas nas quais a afabilidade e a doçura não são fingidas?

Reconhecemos essas pessoas observando-lhes as atitudes na sociedade e na intimidade. A pessoa em quem essas virtudes são verdadeiras, nunca se desmente.

> *"Esse, ademais, sabe que, se pelas aparências se consegue enganar os homens, a Deus ninguém engana."*

7 Devemos, então, adotar um tratamento afável, ainda que isso contrarie o nosso íntimo?

Sim, porque demonstra disciplina. Devemos, entretanto, nos conscientizar de que, em última análise, acabamos sempre refletindo no exterior o que somos interiormente. Daí o nosso dever de melhorar o íntimo, não as aparências.

> *Se formos afáveis não pelas aparências, mas pelo que somos intimamente, seremos tratados com afabilidade e concorreremos para a melhoria do relacionamento entre as pessoas.*

RELER O SEGUNDO PARÁGRAFO

8 Que dizer sobre criaturas que fazem do lar arena de tirania?

São dignas de pena. Tumultuam, desarmonizam e prejudicam seus lares sem qualquer proveito. Ao contrário do que pensam, só agravam os problemas porventura existentes.

> *Criaturas assim são quais vasos de veneno a espalhar a inquietude e o sofrimento.*

---- DESTAQUES COMPLEMENTARES ----

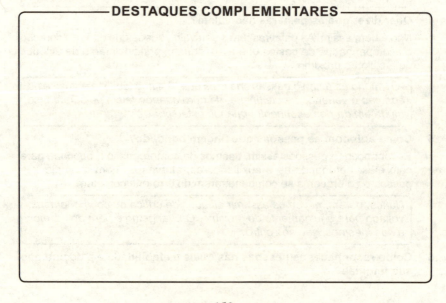

A PACIÊNCIA
41

FONTE BÁSICA

KARDEC, Allan. **O Evangelho Segundo o Espiritismo**. Trad. Guillon Ribeiro. 89. ed. Rio de Janeiro: FEB, 1984. **Cap. IX, Item 7**. p. 170.

FONTES COMPLEMENTARES

1. FRANCO, Divaldo P. *Vida Sadia*; mens. 23. In:__. **Luz Viva**. Pelos espíritos Joanna de Ângelis e Marco Prisco. 2. ed. Salvador: Liv. Espírita "Alvorada", 1988. p. 137-8.

2. XAVIER, Francisco C. *Nos domínios da paciência*; mens. 23. In:__. **Livro da Esperança**. Pelo espírito Emmanuel. 7. ed. Uberaba: CEC, 1984. p. 79-80.

3.__. *Paciência e Caminho*. In:__. **Caminhos de Volta**. Por vários espíritos. 7. ed. São Bernardo do Campo: GEEM, 1984. p. 117-8.

4. XAVIER, Francisco C. & PIRES, J. Herculano. *Lembrança de companheiro*. In:__. **Astronautas do Além**. Por vários espíritos. 4. ed. São Bernardo do Campo: GEEM, 1980. p. 150-1.

5.__. *Problemas de parentela*. In:__. **Diálogo dos Vivos**. Por vários espíritos. 2. ed. São Bernardo do Campo: GEEM, 1976. p. 133-4.

6. Op. cit. , Receitas de Acertar. p. 132.

7. XAVIER, Francisco C. & VIEIRA, Waldo. *Desportos*; mens. 13. In:__. **Estude e Viva**. Pelos espíritos Emmanuel e André Luiz. 5. ed. Rio de Janeiro: FEB, 1982. p. 86.

8. Op. cit. , *Doações Espirituais*; mens. 13. p. 84-5.

9.__. *Simpatia e Bondade*; mens. 4. In:__. **O Espírito da Verdade**. Por vários espíritos. 5. ed. Rio de Janeiro: FEB, 1985. p. 20-1.

OBJETIVO

Analisar, junto aos participantes, em que consiste a paciência, mostrando de que forma ela ameniza as nossas dores e sofrimentos.

CONCLUSÃO

A paciência é uma virtude que nos faz olhar para o alto e nos coloca acima de nossos problemas, permitindo-nos visualizar sua solução sem atropelos. No Cristo temos o modelo e o maior exemplo da paciência.

OBSERVAÇÃO

O dirigente, ao ler o texto, deverá certificar-se do completo entendimento do vocabulário pelos participantes.

INDICAÇÃO DO TEXTO, PERGUNTAS, RESPOSTAS E DESTAQUES

LER O ITEM 7

1 Por que a dor é uma bênção?

Porque ela é o veículo através do qual nos regeneramos perante os erros do passado, em razão dos nossos desvios da rota da felicidade.

> *Por isso, diante do sofrimento, ao invés de nos afligirmos, é mais lícito bendizer a Deus pela oportunidade de resgate que nos concede.*

2 Sendo uma bênção, como explicar o fato de a dor se tornar insuportável, levando as pessoas ao desespero?

Deus não põe fardos pesados em ombros frágeis. Desse modo, a dor está sempre na proporção das forças e capacidade de cada um. Logo depende igualmente, de cada um a iniciativa de buscar o meio para suportá-la, sem o que esta sempre parecerá maior do que é na realidade.

> *Deus, contudo, não desampara ninguém que O procura. A dificuldade toda está em nós, para chegarmos até Ele.*

3 Por que a vida é tão dolorosa na Terra?

Porque nós a tornamos assim em razão de nosso procedimento, competindo-nos agora restituir-lhe a condição de reino de paz e felicidade. Ser feliz é ser bom, e ninguém impede alguém de sê-lo.

> *O Evangelho é lição de amor para todas as criaturas; no entanto, insistimos em querer aplicá-lo aos outros. Aí está o erro.*

4 Acerca desse problema, qual o caminho que nos oferece o Evangelho?

O Evangelho nos lembra que a prece, aliada à fé, constitui remédio eficaz para obtermos de Deus forças para suportarmos nossas dores. Mas isso não basta: é necessário também saber esperar e, à frente das tribulações, cultivar a paciência.

> *"Em todos os obstáculos por vencer e em todas as sombras por extinguir – engajemos a paciência a serviço do coração." (Emmanuel/**Astronautas do além** – Lembrança de Companheiro).*

5 Por que a paciência é uma caridade?

Porque praticamos, também, a caridade quando perdoamos "aos que Deus nos colocou em nosso caminho para serem instrumentos do nosso sofrer e para nos porem à prova a paciência."

> *"Paciência, no fundo, é resignação quando as injúrias sejam desferidas contra nós em particular..." (Emmanuel/**Livro da Esperança** – nº 23).*

6   De que forma a paciência constitui o remédio que ameniza as dores?

A paciência nos propicia a serenidade capaz de nos fazer ver que, a par do sofrimento, há um número bem maior de bênçãos, dádivas e compensações que emanam do Pai, diante das quais as nossas dores passam a ser bem menores e menos significativas, conquanto ainda nos afetem.

> *"O fardo parece menos pesado, quando se olha para o alto, do que quando se curva para a terra a fronte."*

7   Em termos de paciência, de que modo o Cristo nos serve de modelo?

Jesus, que nada tinha para se penitenciar, sofreu muito mais que cada um de nós que, ao contrário, temos muito o que expiar do nosso passado. De exemplo maior de paciência não se tem conhecimento.

> *"Jesus foi a paciência sem limites; no entanto, embora suportasse, sereno, todos os golpes que lhe foram endereçados, pessoalmente preferiu aceitar a morte na cruz a ter de aplaudir o erro ou acumpliciar-se com o mal." (Emmanuel/**Livro da Esperança** – nº 23).*

DESTAQUES COMPLEMENTARES

OBEDIÊNCIA E RESIGNAÇÃO
42

FONTE BÁSICA

KARDEC, Allan. **O Evangelho Segundo o Espiritismo**. Trad. Guillon Ribeiro. 89. ed, Rio de Janeiro: FEB, 1984. **Cap. IX, Item 8**. p. 170-1.

FONTES COMPLEMENTARES

1. FRANCO, Divaldo P. *Resitência ao mal*; mens. 24. In:__. **Lampadário Espírita**. Pelo espírito Joanna de Ângelis. 3. ed. Rio de Janeiro: FEB, 1978. p. 103-6.

2.__. *Vida Sadia*; mens. 23. In:__. **Luz Viva**. Pelos espíritos Joanna de Ângelis e Marco Prisco. 2. ed. Salvador: Liv. Espírita "Alvorada", 1988. p. 137-8.

OBJETIVO

Definir para os participantes o significado de obediência e resignação, enfatizando a importância dessas virtudes para o nosso aprimoramento espiritual.

CONCLUSÃO

A obediência e a resignação são duas virtudes que refletem o nosso ajustamento às leis divinas e nos permitem saldar mais rapidamente as faltas do passado, propiciando-nos o progresso e a nossa aproximação de Deus.

OBSERVAÇÃO

O dirigente, ao ler o texto, deverá certificar-se do completo entendimento do vocabulário pelos participantes.

INDICAÇÃO DO TEXTO, PERGUNTAS, RESPOSTAS E DESTAQUES

LER O ITEM 8

1   Em que consiste a obediência aludida no texto?

É o cumprimento da lei de Deus. Pelo estudo do Evangelho e pela prática do mesmo, vamos ficando mais obedientes ao Pai, mais brandos e, consequentemente, mais felizes.

> *"A obediência é consentimento da razão."*

2   O que é resignação?

São os bons sentimentos que alimentamos em nosso coração. É compreender a necessidade de não nos revoltarmos, de sermos bons, a fim de sermos felizes.

> *"A resignação é o consentimento do coração."*

3   De que modo Jesus exemplificou a obediência e a resignação?

Cumprindo a vontade de Deus, junto a nós, compreendendo nossa fraqueza, sofrendo pacientemente as nossas agressões, perdoando-nos.

> *"Ninguém ascende no rumo de Deus, sem o esforço sacrificial de si mesmo. A marcha evolutiva é de todos , mas a opção da estrada é de cada um." (Marco Prisco/**Luz Viva** – nº 23).*

4   Obediência e resignação equivalem à negação do sentimento e da vontade?

Não. Ao contrário, quando nos mostramos obedientes aos mandamentos divinos e resignados diante da nossa prova, estamos impondo o nosso sentimento de amor a Deus ao próximo e a nós mesmos, e exercendo a nossa vontade em dominar as nossas más tendências.

> *Perante a visão acanhada dos homens, essas visões podem equivaler à negação do sentimento e da vontade; contudo, perante Deus, a quem devemos realmente prestar contas, essas virtudes representam disciplinamento da nossa vontade, no atendimento aos seus desígnios.*

5   Como podemos aprender e desenvolver em nós essas duas virtudes?

A perfeita assimilação do Evangelho de Jesus, por cada um de nós –, seja pela própria conscientização, pelo exemplo das pessoas de bem, pelas boas leituras ou, ainda, pela orientação das religiões que conduzem ao bem –, nos levará a desenvolver essas e outras virtudes. Em último caso, a dor, decorrente dos nossos desvios, também contribuirá.

> *"Por essa razão, em nossa família fraternal encontraremos sempre neste ou naquele irmão infeliz, o necessitado em forma de algoz ou travestido em piedoso censor, fiscalizando nossos atos e palavras ..." (Joanna de Ângelis/**Lampadário Espírita** – nº 20).*

6   A dor é, então, um ensinamento?

Sim. Quando nos deixamos levar pelo orgulho e pelo egoísmo, damos as costas para Deus, que nos adverte, pela dor, a fim de voltarmos ao bom caminho.

> *"Somos espíritos enfermos em tratamento de emergência nas mãos de Jesus, o Amigo Incomparável e Constante." (Joanna de Ângelis/* **Lampadário Espírita** *– nº 20).*

7   Qual a consequência para aquele que não adota essas virtudes como conduta?

Terá retardado o seu progresso e deixará de contribuir para o daqueles que lhe compartilham o lugar na sociedade. Entretanto, a lei do progresso, que deve ser obedecida por todos, impõe ao espírito rebelde e preguiçoso a retomada ao caminho do bem, através de duros sacrifícios.

> *"Adiar a dívida significa reencontrá-la mais tarde com juros adicionados em caráter de cobrança em moratória." (Joanna de Ângelis/* **Lampadário Espírita** *– nº 20).*

DESTAQUES COMPLEMENTARES

A CÓLERA
43

FONTE BÁSICA

KARDEC, Allan. **O Evangelho Segundo o Espiritismo**. Trad. Guillon Ribeiro. 89. ed. Rio de Janeiro: FEB, 1984. **Cap. IX, Item 9**. p. 171-2.

FONTES COMPLEMENTARES

1. FRANCO, Divaldo P. *Perante a prole*; mens. 17. In:__. **Lampadário Espírita**. Pelo espírito Joanna de Ângelis. 3. ed. Rio de Janeiro: FEB, 1978. p. 77-80.

2. XAVIER, Francisco C. *Afeição*. In:__. **O Consolador**. Pelo espírito Emmanuel. 9. ed. Rio de Janeiro: FEB, 1982. 2ª parte, Item II. Questão 181. p. 109-10.

3.__. *Bombeiros de Deus*. In:__. **Caminhos de Volta**. Por vários espíritos. 7. ed. São Bernardo do Campo: GEEM, 1984. p. 74-5.

4. XAVIER, Francisco C. & VIEIRA, Waldo. *Em torno da irritação*; mens. 14. In:__. **Estude e Viva**. Pelos espíritos Emmanuel e André Luiz. 5. ed. Rio de Janeiro: FEB, 1982. p. 88-9.

5. Op. cit. , *Liberte a você*; mens. 14. p. 89-90.

OBJETIVO

Estudar os efeitos danosos que a cólera acarreta ao homem, bem como seus reflexos junto àqueles que o cercam, procurando despertar os participantes para a necessidade de dominá-la.

CONCLUSÃO

A cólera é sentimento que contraria a lei de Deus e se expressa por atitudes rudes e grosseiras, acarretando sérios desajustes orgânicos àquele que a cultiva e fazendo deste a sua principal vítima. Além disso, revela um sentimento antifraterno de quem a ela se predispõe, perante os semelhantes. Trata-se de um mal cuja origem reside no orgulho ferido, que o homem terá de dominar, se deseja ser feliz.

OBSERVAÇÃO

O dirigente, ao ler o texto, deverá certificar-se do completo entendimento do vocabulário pelos participantes.

INDICAÇÃO DO TEXTO, PERGUNTAS, RESPOSTAS E DESTAQUES

LER O ITEM 9

1   O que é a cólera?

É a manifestação de um sentimento que se expressa por atitudes rudes e grosseiras, em represália a uma contrariedade qualquer. É a causadora de muitos danos orgânicos que atingem aquele que a cultiva, além de constituir um comportamento antifraterno perante os que o cercam.

> *"A cólera... nada mais significa que um traço de recordação dos primórdios da vida humana em suas expressões mais grosseiras." (Emmanuel/O Consolador – questão nº 181).*

2   Onde encontramos a causa da cólera?

No orgulho ferido, que faz com que o homem se revolte diante da menor contrariedade e de situações que o obriguem a aceitar-se como um ser ainda imperfeito e, portanto, com graves erros a corrigir.

> *"A energia serena edifica sempre... mas a cólera impulsiva... é um vinho envenenado cuja embriaguez a alma desperta sempre com o coração tocado de amargosos ressaibos."(Emmanuel/O Consolador – questão nº 181).*

3   De que forma a cólera prejudica aquele que a ela se predispõe?

Alterando-lhe as funções orgânicas, debilitando-lhe a saúde e afastando-lhe os amigos, parentes e o auxílio dos bons espíritos.

> *"Se ponderasse que a cólera a nada remedeia, que lhe altera a saúde e compromete até a vida, reconheceria ser ele próprio sua primeira vítima."*

4   Além de si próprio, como o homem colérico prejudica os outros?

As suas atitudes de revolta e rebeldia se refletem naqueles que o cercam, causando-lhes sofrimento e mal estar em razão de vê-lo nesse estado, fazendo-os se sentir infelizes.

> *"Se tem coração, não lhe será motivo de remorso fazer sofrer os entes a quem mais ama? E que pesar moral se, num acesso de fúria, praticasse um ato que houvesse de deplorar toda a sua vida!"*

5   Como defender os valores que julgamos corretos, sem nos encolerizar?

Agindo de conformidade com os mesmos, respeitando nos outros sua forma de pensar, sem perder a confiança em Deus e em sua sabedoria.

> *Para a definição consciente daquilo que realmente é correto, torna-se imprescindível a nossa constante ligação com Jesus.*

6   Mas, e se formos bloqueados em nossa ação, que julgamos acertada, não haveria aí razão justa para nos revoltarmos?

Não. Isso não seria justificativa para a cólera. Tampouco, impor nossa vontade, quando não somos compreendidos, não resolve o problema. O segredo do sucesso está em aguardar pacientes, pois a verdade prevalecerá.

"(...) se a nossa paciência jaz tranquila, na certeza de que temos procurado realizar o melhor ao nosso alcance, no aproveitamento das oportunidades que o Senhor nos concedeu, estejamos serenos na dificuldade e operosos na prática do bem..." (Emmanuel e André Luiz/ **Estude e Viva** *– nº 14).*

DESTAQUES COMPLEMENTARES

A CÓLERA
44

FONTE BÁSICA

KARDEC, Allan. **O Evangelho Segundo o Espiritismo**. Trad. Guillon Ribeiro. 89. ed, Rio de Janeiro: FEB, 1984. **Cap. IX, Item 10**. p. 172-3.

FONTES COMPLEMENTARES

1. FRANCO, Divaldo P. *Perante a prole*; mens. 17. In:__. **Lampadário Espírita**. Pelo espírito de Joanna de Ângelis. 5. ed. Rio de Janeiro: FEB, 1978. p. 77-80.

2. XAVIER, Francisco C. *Afeição*. In:__. **O Consolador**. Pelo espírito de Emmanuel. 9. ed. Rio de Janeiro: FEB, 1982. 2ª parte. Item II, questão 181. p. 109-10.

3.__. *Verbo Nosso*; mens. 24. In:__. **Livro da Esperança**. Pelo espírito Emmanuel. 7. ed. Uberaba: CEC, 1984. p. 81-2.

4. XAVIER, Francisco C. & VIEIRA, Waldo. *Cólera*; mens. 45. In:__. **O Espírito da Verdade**. Por vários espíritos. 5. ed. Rio de Janeiro: FEB, 1985. p. 111-2.

OBJETIVO

Identificar a verdadeira origem da cólera e mostrar as formas de combatê-la.

CONCLUSÃO

A verdadeira origem da cólera está no espírito. Este é que pode estar vicioso, não o corpo. Desculpar-se do proceder colérico, alegando mau funcionamento do organismo, é pretexto que se usa para dissimular as próprias imperfeições. Para combatê-la é necessário o homem reformar-se interiormente, mediante o uso da vontade, inteligência e livre arbítrio, dirigidos para o bem.

OBSERVAÇÃO

O dirigente, ao ler o texto, deverá certificar-se do completo entendimento do vocabulário pelos participantes.

INDICAÇÃO DO TEXTO, PERGUNTAS, RESPOSTAS E DESTAQUES

LER TODO O ITEM 10

1   O que é a cólera?

É a manifestação de um sentimento que se expressa por atitudes rudes e grosseiras, em represália a uma contrariedade qualquer. É a causadora de muitos danos orgânicos que atingem aquele que a cultiva, além de constituir um comportamento antifraterno perante os que o cercam.

> *"A cólera... nada mais significa que um traço de recordação dos primórdios da vida humana em suas expressões mais grosseiras." (Emmanuel/**O Consolador** – questão nº 181).*

2   É o organismo que determina o nosso proceder?

Não. Quem age e determina o proceder é o espírito, não o corpo. Este, constituindo instrumento daquele, poderá dificultar a ação do espírito no bem, jamais, porém, impedi-la.

> *"O corpo não dá a cólera àquele que a tem, do mesmo modo que não dá os outros vícios."*

3   Por que, então, se costuma atribuir ao corpo físico a causa da cólera?

Trata-se de pretexto que o homem usa para desculpar as tendências negativas próprias de seu espírito, sob a alegação de que é impossível reformar a sua própria natureza.

> *Muitos assim pensam por ignorarem que reside no espírito a origem de todas as nossas manifestações e ações.*

4   Podemos afirmar que físico vigoroso é sinônimo de violência e que físico debilitado ou apático é sinônimo de calma?

Não, pois não são esses requisitos que tornam uma pessoa agressiva ou não, mas o seu espírito que, sendo violento, fará o corpo que anima também violento.

> *"(...) persuadi-vos de que um Espírito pacífico, ainda que num corpo bilioso, será sempre pacífico, e que um espírito violento, mesmo num corpo linfático, não será brando."*

5   O que podemos concluir com referência a origem dos nossos acessos de cólera?

Concluímos que esses acessos partem de nosso espírito, e é a este que devemos dirigir os esforços no sentido de combatê-la, esforços estes que, portanto, dependem da nossa iniciativa.

> *"Todas as virtudes e todos os vícios são inerentes ao espírito." Daí, o imperativo do constante esforço no seu burilamento.*

6 De que forma podemos dominar a cólera?

Através da nossa vontade podemos transformar as energias que emitimos, de modo a torná-las mais serenas, dosando, assim, as nossas reações ante aquilo que nos contraria. Por outro lado, as nossas contrariedades são igualmente amenizadas quando usamos de paciência e resignação perante as provações da vida.

> *"A energia serena edifica sempre, na construção dos sentimentos purificadores." (Emmanuel/**O Consolador** – questão nº 181)*

7 Onde buscarmos a força necessária?

No Evangelho de Jesus, onde encontramos repertório inesgotável de ensinamentos voltados para a nossa reforma interior; e na prece, através da qual angariamos o auxílio do Alto e o equilíbrio renovador.

> *Residindo a origem da cólera no orgulho ferido, para dominá-la temos que combater justamente o orgulho, mediante a nossa reforma íntima, sob a égide da doutrina do Mestre.*

────── DESTAQUES COMPLEMENTARES ──────

PERDOAI, PARA QUE DEUS VOS PERDOE
45

FONTE BÁSICA

KARDEC, Allan. **O Evangelho Segundo o Espiritismo**. Trad. Guillon Ribeiro. 89. ed. Rio de Janeiro: FEB, 1984. **Cap. X, Itens 1 a 4**. p . 175-6.

FONTES COMPLEMENTARES

1. XAVIER, Francisco C. *Donativo da Alma*; mens. 25. In:__. **Livro da Esperança**. Pelo espírito Emmanuel. 9. ed. Uberaba: CEC, 1987. p. 83-4.

2. XAVIER, Francisco C. & VIEIRA, Waldo. *De tocaia*; mens. 88. In:__. **O Espírito da Verdade**. Por diversos espíritos. 5. ed. Rio de Janeiro: FEB, 1985. p. 202-3.

3. Op. cit. , *No reino da ação*; mens. 23. p. 60.

4.__. *Hoje e nós*; mens. 1a. In:__. **Estude e Viva**. pelos espíritos Emmanuel e André Luiz. 6. ed. Rio de Janeiro: FEB, 1986. p. 24-5.

5. Op. cit. , *Em tudo*; mens. 1b. p. 25-6.

6. XAVIER, Francisco C. *Perdão*; In:__. **O Consolador**. Pelo espírito Emmanuel. 11. ed. Rio de Janeiro: FEB, 1985. Questões 332-41. p. 190-4.

7. CALLIGARIS, Rodolfo. *A pena de Talião*; In:__. **As Leis Morais**. 3. ed. Rio de Janeiro: FEB, 1983. p. 103-6.

OBJETIVO

Estudar com os participantes as questões da misericórdia e do perdão, ensinados por Jesus, relacionando-as com a lei de causa e efeito, destacando que não há limites para se perdoar.

CONCLUSÃO

Somos regidos pela lei de causa e efeito, que nos faz experimentar as mesmas situações que proporcionamos aos outros; portanto, sejamos misericordiosos, para que possamos obter misericórdia; e perdoemos sempre, para que sejamos perdoados pelos homens e por Deus.

```
┌──────────────── OBSERVAÇÃO ────────────────┐
│                                              │
│   O dirigente, ao ler o texto, deverá certificar-se do completo entendi- │
│   mento do vocabulário pelos participantes.  │
│                                              │
└──────────────────────────────────────────────┘
```

INDICAÇÃO DO TEXTO, PERGUNTAS, RESPOSTAS E DESTAQUES

LER O ITEM 1

1   Por que os misericordiosos obterão misericórdia?

Porque somos regidos pela lei de causa e efeito, estabelecida pela sabedoria divina; assim, do modo como agimos para com os outros, do mesmo modo agirão para conosco.

> *Sendo Deus a suprema misericórdia, quem não for misericordioso estará em sofrimento, por contrariar Sua lei.*

LER O ITEM 2.

2   Como se aplica a lei de causa e efeito, no caso do perdão?

Somente perdoando aos homens é que obteremos o perdão de Deus.

> *Deus nos criou para sermos felizes e onde há ódio não existe felicidade: quem não perdoa não pode ser feliz.*

LER O ITEM 3

3   Que atitude devemos tomar, quando formos ofendidos por alguém?

Devemos procurá-lo em particular, para esclarecer a situação e buscar o entendimento, pondo fim à discórdia.

> *"Se contra vós pecou vosso irmão, ide fazer-lhe sentir a falta em particular, a sós com ele."*

4   De acordo com os ensinamentos de Jesus, até quantas vezes devemos perdoar ao irmão que nos ofende?

Não há limite para o perdão: Jesus nos ensina a perdoar sempre.

> *"Jesus nos ensina que a misericórdia não deve ter limites, quando diz que cada um perdoe seu irmão, não sete vezes, mas setenta vezes sete vezes."*

LER O ITEM 4

5   Em que consiste a misericórdia?

No esquecimento e no perdão das ofensas recebidas – atitudes próprias da alma elevada, que paira acima dos golpes que lhe possam desferir, e é toda calma, mansidão e caridade.

> *"A misericórdia é o complemento da brandura, porquanto aquele que não for misericordioso não poderá ser brando e pacífico."*

6 Quais as características de um espírito que não perdoa as ofensas recebidas?

Este é sempre ansioso, de sombria suscetibilidade, ressentindo-se por tudo e cheio de amargura; vê no próximo o inimigo, nunca o irmão.

> *Lembremo-nos de que o agressor sempre tem razão: se demos motivo, é justo que se ressinta; se não demos, é um infeliz que Deus confia ao nosso amparo.*

7 Para que haja o perdão verdadeiro, basta-nos dizer que perdoamos?

Não. O perdão verdadeiro não é o dos lábios, mas o do coração nobre e generoso, sem pensamento oculto, que evita, com delicadeza, ferir o amor próprio e a suscetibilidade do adversário, ainda quando este último nenhuma justificativa possa ter.

> *É impossível uma reconciliação sincera de parte a parte quando o ofendido estende a mão ao ofensor com arrogância e ostentação.*

8 É vergonhoso buscar a conciliação e a paz, perdoando a quem nos ofende?

Não. A lição de hoje nos ensina que, em qualquer desentendimento, o espírito mais elevado mostra-se mais conciliador e, com esta atitude, obterá sempre a simpatia das pessoas de bem e as graças de Deus.

> *Achamos difícil perdoar porque somos ainda almas inferiores, distanciadas de Deus, que aguarda, compassivo, nossa decisão de cumprir Sua lei de amor.*

DESTAQUES COMPLEMENTARES

DESTAQUES COMPLEMENTARES

RECONCILIAÇÃO COM OS ADVERSÁRIOS
46

FONTE BÁSICA

KARDEC, Allan. **O Evangelho Segundo o Espiritismo**. Trad Guillon Ribeiro. ed. Rio de Janeiro: FEB, 1984. **Cap. X, Itens 5 e 6**. p. 177-8.

FONTES COMPLEMENTARES

1. XAVIER, Francisco C. *Adversários e delinquentes*; mens. 178. In:__. **Palavras de Vida Eterna**. Pelo espírito Emmanuel. 11. ed. Uberaba: CEC, 1988. p. 371-2.

2. Op. cit. , *Perante os inimigos*; mens. 111. p. 238-9.

3.__. *Conciliação*; mens. 120. In:__. **Pão Nosso**. Pelo espírito Emmanuel. 13. ed. Rio de Janeiro, FEB, 1987. p. 251-2.

OBJETIVO

Analisar com os participantes a importância da reconciliação com os adversários e os efeitos da vingança entre desencarnados, ressaltando a prática do perdão como meio de se obter a paz e a felicidade.

CONCLUSÃO

Não adiemos a tarefa de perdoarmos e reconciliarmo-nos com os nossos adversários: façamos de cada instante de nossa vida ocasião de reparar o mal e construir a fraternidade.

OBSERVAÇÃO

O dirigente, ao ler o texto, deverá certificar-se do completo entendimento do vocabulário pelos participantes.

INDICAÇÃO DO TEXTO, PERGUNTAS, RESPOSTAS E DESTAQUES

LER O ITEM 5

1 **O que devemos entender pela expressão usada por Jesus: "Reconciliai-vos (...) enquanto todos estais a caminho"?**

Que devemos nos reconciliar com os nossos adversários enquanto estamos vivendo lado a lado, na condição de espíritos encarnados; somente assim aproveitaremos as oportunidades que a Misericórdia de Deus nos concede, de repararmos as faltas cometidas contra nossos irmãos em encarnações passadas.

> *Muitas das inimizades de hoje são frutos de malquerenças passadas, que nos compete superar pelo perdão e pela conciliação.*

2 **A que prisão se refere Jesus, quando diz: " ... reconciliai-vos (...) para que não sejais metido em prisão"?**

A prisão de que Jesus fala é a situação de sofrimento e aflição experimentada pelo espírito quando, por orgulho e vaidade, não perdoou nem se reconciliou com seu adversário.

> *Somos os carcereiros de nossa própria prisão, e a chave que nos liberta é o perdão, a conciliação com o adversário.*

3 **Como interpretar a frase: "Digo-vos, em verdade, que daí não saireis** enquanto não houverdes pago o último ceitil."?

Que seremos libertados da prisão que nós mesmos criamos, pelo orgulho e vaidade, quando houvermos perdoado nosso inimigo e reparado todos os males que lhe causamos.

> *A justiça divina estabelece que toda falta seja reparada; portanto, só estaremos realmente livres quando a menor dívida contraída para com o próximo for resgatada.*

LER O ITEM 6

4 **A morte nos livra dos nossos inimigos?**

Não. "Os espíritos vingativos perseguem, muitas vezes, com seu ódio, no além-túmulo, aqueles contra os quais guardam rancor."

> *O provérbio "morto o animal, morto o veneno", torna-se falso quando aplicado ao homem.*

5 **Como age o Espírito mau para com o inimigo encarnado?**

"O espírito mau espera que o outro, a quem ele quer mal, esteja preso ao seu corpo e, assim, menos livre, para mais facilmente o atormentar, ferir em seus interesses ou nas suas mais caras afeições."

> *"O obsediado e o possesso são, pois, quase sempre, vítimas de uma vingança, cujo motivo se encontra em existências anteriores, e à qual o que a sofre deu lugar pelo seu proceder."*

6   Por que permite Deus que tais vinganças ocorram?

Para que a pessoa tenha ocasião de expiar o mal praticado ou de se reabilitar com relação às suas atitudes do passado, através das quais tenha faltado com a indulgência, a caridade e o perdão.

> *Somos sempre julgados segundo nossas ações; assim, experimentaremos sempre as situações boas ou más que houvermos propiciado aos outros.*

7   Como devemos tratar nossos adversários, se quisermos assegurar a tranquilidade futura?

Devemos reparar, quanto antes, os agravos que causamos ao próximo; perdoar os inimigos e reconciliarmo-nos com eles, a fim de que, antes que a morte nos chegue, estejam apagados quaisquer motivos de mágoa, rancor ou vingança futuras.

> *"Por essa forma, de um inimigo encarnado neste mundo se pode fazer um amigo no outro."*

8   O que acontece se, a despeito de nossa boa vontade, o adversário não aceita a reconciliação?

Quando a dureza do adversário torna impossível a conciliação, resta-nos pedir a Deus que lhe abrande o coração e Nele confiar, certos de que fizemos nossa parte.

> *"Trabalha, pois, quanto te seja possível, no capítulo da harmonização; mas, se o adversário te desdenha os bons desejos, concilia-te com a própria consciência e espera confiante."*

DESTAQUES COMPLEMENTARES

DESTAQUES COMPLEMENTARES

O SACRIFÍCIO MAIS AGRADÁVEL A DEUS
47

FONTE BÁSICA

KARDEC, Allan. **O Evangelho Segundo o Espiritismo**. Trad. Guillon Ribeiro, 89. ed. Rio de Janeiro: FEB, 1984, **Cap. X, Itens 7e 8**. p. 178.

FONTES COMPLEMENTARES

1. FRANCO, Divaldo P. *Influenciações*; mens. 28. In:__. **Lampadário Espírita**. Pelo espírito Joanna de Ângelis. 3. ed. Rio de Janeiro: FEB, 1978. p. 119-21.

2. XAVIER, Francisco C. *Anote Hoje*. In:__. **Amanhece**. Por diversos espíritos. 4. ed. São Bernardo do Campo: GEEM, 1976. p. 45.

3. XAVIER, Francisco C. & VIEIRA, Waldo. *Indulgência*; mens. 62. In:__. **O Espírito da Verdade**. Por diversos autores. 5. ed. Rio de Janeiro: FEB, 1985. p. 147-8.

OBJETIVO

Permitir que os participantes identifiquem o sacrifício que mais agrada a Deus e esclarecer como devemos agir para que os nossos atos, simbolizando sacrifícios, sejam aceitos por nosso Pai.

CONCLUSÃO

O sacrifício mais agradável a Deus é o que o homem faz do próprio ressentimento, reconciliando-se com o seu irmão antes de elevar em prece o pensamento ao Pai.

OBSERVAÇÃO

O dirigente, ao ler o texto, deverá certificar-se do completo entendimento do vocabulário pelos participantes.

INDICAÇÃO DO TEXTO, PERGUNTAS, RESPOSTAS E DESTAQUES

LER O ITEM 7

1   O que Jesus nos recomenda fazer, antes de reverenciar a Deus com nossos atos de sacrifício?

Ele recomenda que nos reconciliemos com nosso irmão, antes de efetivar qualquer tipo de sacrifício em reverência ao Pai.

> *Reconciliai-vos com vosso irmão, antes de apresentar a Deus a vossa oferenda.*

2   Por que, somente após reconciliar-se com seu irmão, deve o homem apresentar a Deus sua oferenda?

Porque o amor a Deus e ao próximo são inseparáveis e constituem um único mandamento, de tal modo que quem guarda rancor do próximo encontra-se irremediavelmente afastado de Deus.

> *" (...) deixai a vossa dádiva junto ao altar e ide, antes, reconciliar-vos com vosso irmão; depois, então, voltai a oferecê-la."*

LER O ITEM 8

3   Qual o sacrifício mais agradável a Deus?

O que o homem faz do próprio ressentimento, ao se aproximar daquele a quem ofendeu ou por quem foi ofendido, num ato de humildade e amor.

> *Antes de se apresentar a Deus para ser por Ele perdoado, precisa o homem haver perdoado e reparado o agravo que tenha feito a qualquer de seus irmãos.*

4   Por que Jesus se refere sempre a "oferendas"?

Porque, quando de sua passagem na Terra, era costume entre os judeus oferecer bens materiais a Deus, como forma de Lhe demonstrar respeito e amor.

> *"Os judeus ofereciam sacrifícios materiais; cumpria-Lhe conformar Suas palavras aos usos ainda em voga."*

5   Em nossos dias, ainda oferecemos a Deus sacrifícios materiais?

Não. Hoje oferecemos a Deus a nossa prece, nossos sentimentos, intenções, boas obras, nossa alma, enfim; portanto, devemos nos libertar de qualquer pensamento de ódio ou mágoa em relação ao próximo.

> *"O cristão não oferece dons materiais, pois que espiritualizou o sacrifício (...) Ele oferece sua alma a Deus e essa alma tem de ser purificada."*

6 Por que é tão difícil aproximarmo-nos do nosso irmão, em busca de reconciliação?

Porque esta atitude exige renúncia, desprendimento, humildade – virtudes frontalmente contrárias ao egoísmo, orgulho e vaidade que ainda carregamos em nós.

> *Sejamos, a cada dia, operários da harmonia e da concórdia, removendo desentendimentos, eliminando rancores e construindo a paz.*

7 E se o nosso irmão estiver distante de nós, de sorte que não possamos nos aproximar dele?

Resta-nos pedir a Deus por ele: pela sua felicidade e bem-estar, pela sua paz e progresso, pois para a oração não existe distância.

> *Só a incompreensão e o desamor separam os homens. A boa vontade e o amor os aproximam, a despeito das distâncias materiais.*

8 O fato de nos recolhermos em prece, num templo religioso ou em outro lugar qualquer, nos aproxima de Deus?

Nem sempre. Não é o ato em si que nos aproxima de Deus, mas os sentimentos que carregamos no coração, com relação ao nosso irmão.

> *"Entrando no templo do Senhor, o homem deve deixar de fora todo sentimento de ódio e de animosidade, todo mau pensamento contra seu irmão. Só então os anjos levarão sua prece aos pés do Eterno."*

DESTAQUES COMPLEMENTARES

O ARGUEIRO E A TRAVE NO OLHO
48

FONTE BÁSICA

KARDEC, Allan. **O Evangelho Segundo o Espiritismo**. Trad. Guillon Ribeiro. 89. ed. Rio de Janeiro: FEB, 1984. **Cap. X, Itens 9 e 10**. p. 179.

FONTES COMPLEMENTARES

1. XAVIER, Francisco C. *Busquemos o melhor*; mens. 113. In:___. **Fonte Viva**. Pelo espírito Emmanuel. 15. ed. Rio de Janeiro: FEB, 1987. p. 259- 60.

2.___. *Observemos amando*; mens. 35. In:___. **Palavras de Vida Eterna**. 6. ed. Uberaba: CEC, 1984. p. 87-8.

OBJETIVO

Estudar com os participantes os ensinamentos de Jesus acerca da inconveniência de se apontar as falhas do próximo, destacando a necessidade de o homem examinar, em primeiro lugar, suas próprias ações e ser sempre compreensivo e indulgente para com as faltas alheias.

CONCLUSÃO

Antes de julgar os atos do próximo, examinemos com honestidade nossas próprias ações; e, então, perceberemos que também cometemos faltas e necessitamos da indulgência e da compreensão de todos.

OBSERVAÇÃO

O dirigente, ao ler o texto, deverá certificar-se do completo entendimento do vocabulário pelos participantes.

INDICAÇÃO DO TEXTO, PERGUNTAS, RESPOSTAS E DESTAQUES

LER O ITEM 9

1 O que Jesus quis ensinar, quando disse: "(...) como é que vedes um argueiro no olho do vosso irmão quando não vedes uma trave no vosso olho"?

Ele nos ensinou que, antes de criticar os defeitos e as faltas cometidas por nosso próximo, devemos examinar nossa própria conduta, fazendo uma severa crítica do nosso modo de proceder.

> *É para dentro de nós mesmos que devemos voltar nossa atenção, no sentido de conhecer o nosso íntimo e, assim, corrigir os defeitos e imperfeições.*

2 Que mais nos ensina Jesus, quando diz que primeiro devemos retirar a trave de nosso olho, para que possamos tirar o argueiro do olho do nosso irmão?

Jesus nos mostra que, se ainda encontramos dificuldade para nos livrar de nossos defeitos e vícios – que constituem a trave em nosso olho – não devemos, consequentemente, ser rigorosos ao exigir dos outros que superem suas próprias fraquezas.

> *Devido à nossa imperfeição, nos é muito difícil superar as fraquezas e vícios. Lembremo-nos de que com o nosso irmão sucede o mesmo.*

LER O ITEM 10

3 É comum vermos as faltas dos outros, antes de percebermos os erros que nós mesmos cometemos?

É prática muito comum, fruto do orgulho e vaidade do homem, pois apenas quem não comete erros está apto a apontar as falhas do próximo.

> *As pessoas de maior progresso espiritual e que menos erros cometem, ao invés de julgar com rigor as faltas alheias, são as mais indulgentes e compreensivas para com as fraquezas do próximo.*

4 Que atitudes devemos adotar, antes de nos tornar juízes das ações do próximo?

Devemos tentar perceber o nosso íntimo como se fosse uma imagem projetada num espelho, como se estivéssemos examinando uma outra pessoa, e refletir se temos autoridade moral para reprová-lo ou se merecemos críticas mais duras.

> *Se, antes de criticarmos as ações alheias, fizermos nosso autojulgamento, perceberemos que, tal como nós, o nosso irmão precisa mais de auxílio que de censura.*
> *Antes de criticar os outros perguntemos a nós mesmos: "Que pensaria eu, se visse alguém fazer o que faço?"*

5 Qual a principal causa que impede ao homem julgar a si próprio, antes que aos outros?

O orgulho, que o induz a dissimular para si mesmo seus defeitos, tanto morais quanto físicos, e a reconhecer-se sempre superior aos outros.

> *A humildade é a chave que abre ao homem o entendimento de si próprio e o reconhecimento de suas próprias fraquezas, tornando-o tolerante para com as fraquezas alheias.*

6 Uma pessoa verdadeiramente caridosa costuma apontar os defeitos do próximo?

Não. Apontar as faltas do próximo é atitude avessa à caridade, pois esta tem, como principal característica, a indulgência do homem para com seus irmãos.

> *A caridade é sempre humilde. Caridade orgulhosa é um contra-senso, visto que esses dois sentimentos se neutralizam um ao outro.*

7 Por que é difícil ao homem reconhecer e valorizar as qualidades alheias?

Porque o orgulho e a vaidade tornam-no presunçoso, a ponto de atribuir importância exagerada à própria personalidade e acreditar na supremacia de suas qualidades.

> *Como poderá o vaidoso ressaltar em outrem o bem que o eclipsaria em vez do mal que o exalçaria?*

8 Qual o principal empecilho para o progresso do espírito e de que modo devemos combatê-lo?

O orgulho, por ser o pai de todos os vícios e a negação de muitas virtudes. Devemos combatê-lo através da humildade, que nos faz reconhecer as próprias faltas, e da prática cotidiana da indulgência e da caridade.

> *Quanto mais reconhecermos nossas próprias faltas, tanto mais indulgentes seremos para com os outros.*

DESTAQUES COMPLEMENTARES

DESTAQUES COMPLEMENTARES

NÃO JULGUEIS,
PARA NÃO SERDES JULGADOS
49

FONTE BÁSICA

KARDEC, Allan. **O Evangelho Segundo o Espiritismo**. Trad. Guillon Ribeiro. 89. ed. Rio de Janeiro: FEB, 1984. **Cap. X, Itens 11 a 13.** p. 179-80.

FONTES COMPLEMENTARES

1. FRANCO, Divaldo P. *Maledicência*; mens. 30. In:___. **Lampadário Espírita.** Pelo espírito Joanna de Ângelis. 3. ed. Rio de Janeiro: FEB, 1978. p. 127-9.

2. XAVIER, Francisco C. *Consultas*; mens. 43. In:___. **Caminho, Verdade e Vida**. Pelo espírito Emmanuel. 8. ed. Rio de Janeiro: FEB, 1980. p. 101-2.

3.___. *E o adultério?*; mens. 85. In:___. **Pão Nosso.** Pelo espírito Emmanuel. 13. ed. Rio de Janeiro: FEB, 1987. p. 181-2.

4. Op. cit. , *Preserva a ti próprio*; mens. 50. p. 111-2.

5.___. *Não peques mais*; mens. 8. In:___. **Segue-me!...** Pelo espírito Emmanuel. 5. ed. Matão: O Clarim, 1982. p. 51-2.

6.___. *A superior justiça*; mens. 8. In:___. **Há flores no caminho**. Pelo espírito Amélia Rodrigues. 1. ed. Salvador: Alvorada, 1982. p. 55-9.

OBJETIVO

Refletir com os participantes sobre os ensinamentos de Jesus a respeito do julgar as ações do próximo, ressaltando que só a autoridade moral nos habilita a criticar os outros, e enfatizando a prática da indulgência como dever de todos.

CONCLUSÃO

Antes de atribuir a alguém uma falta, vejamos se a mesma censura não nos pode ser feita. Antes de julgar alguém com severidade, procuremos ser tão indulgentes para com ele quanto o seríamos para conosco.

OBSERVAÇÃO

O dirigente, ao ler o texto, deverá certificar-se do completo entendimento do vocabulário pelos participantes.

INDICAÇÃO DO TEXTO, PERGUNTAS, RESPOSTAS E DESTAQUES

LER O ITEM 11

1   Por que Jesus nos ensina a não julgar o próximo?

Para que não sejamos igualmente julgados, pois agirão para conosco do mesmo modo que agirmos para com os outros.

> *"(...) empregar-se-á convosco a mesma medida de que vos tenhais servido para com o outros."*

LER O ITEM 12

2   Jesus recomendou aos escribas e fariseus a observância da lei de Moisés, que mandava apedrejar as adúlteras?

Não. Ele transferiu aos seus inquisidores a responsabilidade de castigá-la, condicionando a aplicação da pena à autoridade moral que cada um detivesse.

> *Ainda que as leis humanas apontem os preceitos legais a seguir, devemos sempre analisá-los à luz das nossas próprias ações; só então perceberemos se temos ou não autoridade moral para aplicá-los a outrem.*

3   Por que os mais velhos se afastaram em primeiro lugar?

Porque, tocados pela palavra de Jesus, refletiram sobre as inúmeras faltas cometidas ao longo da vida e reconheceram-se mais pecadores que os jovens, sentindo-se, portanto, incapazes de condenar um ato que talvez já houvessem praticado.

> *A vida é sábia mestra que nos ensina as lições da humildade e da indulgência, levando-nos, de um lado, ao reconhecimento das próprias faltas, e de outro, à compreensão das faltas alheias.*

4   Naquela ocasião, qual dentre os presentes possuía condições morais para julgar a mulher adúltera?

Apenas Jesus. Ele foi o espírito mais elevado que já existiu na Terra e apenas Ele, dentre todos os presentes naquela ocasião, poderia julgá-la e condená-la.

> *Jesus esteve entre nós para dar testemunho do bem e nos ensinar uma nova moral, baseada no amor ao próximo: o que não queremos para nós não desejemos ao nosso irmão.*

5 Como agiu, no entanto, Jesus, com a pecadora?

Ele não criticou seu procedimento, não a tratou com desprezo nem lhe exigiu arrependimento. Limitou-se a dizer que, como os demais, também não a condenava, e a mostrar-lhe que nada estava perdido, pois havia uma vida nova pela frente, desde que buscasse a prática do bem.

> *"Também eu não te condenarei. Vai-te e de futuro não tornes a pecar."*

LER O ITEM 13

6 O que Jesus nos ensina, quando diz: "Aquele dentre vós que estiver sem pecado, atire a primeira pedra"?

Ele nos ensina que não devemos julgar com mais severidade os outros do que julgamos a nós mesmos; nem condenar em outrem aquilo de que já nos absolvemos.

> *Antes de atribuirmos a alguém uma falta, vejamos se a mesma censura não nos pode ser feita.*

7 Devemos tomar ao pé da letra o ensinamento de Jesus, jamais criticando ou manifestando censuras às ações alheias?

Certamente que não. Haverá ocasiões em nossa vida em que a crítica às ações alheias será necessária, sob pena de estarmos, com o nosso silêncio e a nossa omissão, contribuindo para prejudicar a outrem, disseminando o mal entre as pessoas ou retardando o progresso do próximo.

> *Reprovar a conduta perversa de alguém constitui, em certas ocasiões, um dever, porque um bem deverá daí resultar, e porque, a não ser assim, jamais na sociedade se reprimiria o mal.*

8 Quando a crítica é desnecessária?

Quando tem como propósito desacreditar a pessoa cujos atos se critica, sem qualquer intuito de auxiliar-lhe o progresso ou evitar a prática do mal.

> *Este propósito nunca tem escusa, porquanto se trata de maledicência e maldade de quem critica.*

DESTAQUES COMPLEMENTARES

PERDÃO DAS OFENSAS
50

FONTE BÁSICA

KARDEC, Allan. **O Evangelho Segundo o Espiritismo**. Trad. Guillon Ribeiro. 89. ed. Rio de Janeiro: FEB 1984. **Cap. X, Item 14**. p. 181-2.

FONTES COMPLEMENTARES

1. CALLIGARES, Rodolfo. *A pena de Talião*. In:__. **As Leis Morais**. 3. ed. Rio de Janeiro: FEB, 1983. p. 103-6.

2. XAVIER, Francisco C. *Perdão*. In:__. **O Consolador**. Pelo espírito Emmanuel. 11. ed. Rio de Janeiro: FEB, 1985. Questões 332 a 341. p. 190-4.

3. XAVIER, Francisco C. & VIEIRA, Waldo. *As estatuetas*; mens. 30. In:__. O **Espírito da Verdade**. Por espíritos diversos. 5. ed. Rio de Janeiro: FEB, 1985. p. 77-8.

OBJETIVO

Estudar com os participantes a prática do perdão, ensinada por Jesus.

CONCLUSÃO

Na prática do perdão, o maior beneficiado é quem perdoa, pois este obtém as bênçãos de Deus e restabelece a sua paz interior, através da harmonia com o próximo.

OBSERVAÇÃO

O dirigente, ao ler o texto, deverá certificar-se do completo entendimento do vocabulário, por parte dos participantes.

INDICAÇÃO DO TEXTO, PERGUNTAS, RESPOSTAS E DESTAQUES

LER O ITEM 14

1 De acordo com os ensinamentos de Jesus, até quantas vezes devemos perdoar nosso irmão?

Devemos perdoar infinitamente, pois não há limites para o perdão. Ao dizer que devemos perdoar não sete vezes, mas setenta vezes sete vezes, Jesus ensina-nos a não contar as ofensas recebidas nem os perdões concedidos.

> *"(...) perdoarás cada ofensa tantas vezes quantas ela te for feita (...) serás brando e humilde de coração, sem medir tua mansuetude."*

2 O perdão faz parte das leis de Deus?

Certamente. O perdão faz parte da lei do amor, de tal modo que, se não perdoarmos ao nosso próximo, também não seremos perdoados.

> *Jesus nos ensina: "Pai, perdoa-nos as nossas ofensas, assim como nós perdoamos a quem nos tem ofendido."*

3 Como devemos agir para aplicar este ensinamento em nossa vida?

Perdoando sempre. Sendo indulgentes, caridosos, generosos, pródigos em amor ao próximo. E tudo quanto fizermos, Deus nos concederá em dobro.

> *"Dai, que o Senhor vos reconstituirá; perdoai, que o Senhor vos perdoará; abaixai-vos, que o Senhor vos elevará; humilhai-vos, que o Senhor fará vos assenteis a Sua direita."*

4 E se a ofensa for muito grave, que atitude devemos tomar?

Mais do nunca devemos perdoar, porquanto o mérito do perdão é proporcional à gravidade da ofensa: nenhum mérito existe em relevar os agravos de nosso irmão, se não passam de fatos irrelevantes.

> *"Perdoai aos vossos irmãos como precisais que eles vos perdoem."*

5 Qual a responsabilidade que possuem, com referência ao perdão, aqueles que conhecem os ensinamentos de Jesus a respeito?

Tendo a bênção do esclarecimento, mais responsáveis se tornam em dar testemunho destes ensinamentos, não apenas por palavras, mas sobretudo através de atos.

> *"Olvidai o mal que vos hajam feito e não penseis senão numa coisa: no bem que podeis fazer."*

6 Existe o verdadeiro perdão quando se guarda rancor de alguém?

Não. O perdão verdadeiro é aquele que sai de um coração manso, livre de ódios e ressentimentos. Somente este é agradável a Deus.

> *Cuidai, portanto, de afastar dos vossos pensamentos todo sentimento de rancor, pois Deus sabe o que se passa no fundo do coração de cada um de seus filhos.*

7 Qual o pensamento que deve embalar o sono de um verdadeiro cristão?

O de que, no decorrer daquele dia, nada fez contra seu irmão e, se acaso foi ofendido por alguém, já o perdoou.

> *"Feliz, pois, daquele que pode todas as noites adormecer, dizendo: Nada tenho contra o meu próximo."*

DESTAQUES COMPLEMENTARES

PERDÃO DAS OFENSAS
51

FONTE BÁSICA

KARDEC, Allan. **O Evangelho Segundo o Espiritismo**. Trad. Guillon Ribeiro. 89. ed. Rio de Janeiro: FEB, 1984. **Cap. X, Item 15**. p. 182-3.

FONTES COMPLEMENTARES

1. CALLIGARIS, Rodolfo. *A pena de Talião*. In:__. **As Leis Morais**. 3. ed. Rio de Janeiro: FEB, 1984. p. 103-6.

2. XAVIER, Francisco C. *Perdão*. In:__. **O Consolador**. Pelo espírito Emmanuel. 11. ed. Rio de Janeiro: FEB, 1985. Questões 332 a 341. p. 190-4.

3. XAVIER, Francisco C. & VIEIRA, Waldo. *Perdoa, sim!?*; mens. 47. In:__. **O Espírito da Verdade**. Autores diversos. 5. ed. Rio de Janeiro: FEB, 1985. p. 115-6.

OBJETIVO

Analisar com os participantes a necessidade de se perdoar sempre, mesmo quando se é ofendido, destacando que apenas o perdão verdadeiro traz o esquecimento da ofensa e é agradável a Deus.

CONCLUSÃO

Perdoemos sempre, para que Deus nos perdoe, pois o rigor que usarmos para com o próximo será igualmente usado para conosco.

OBSERVAÇÃO

O dirigente, ao ler o texto, deverá certificar-se do completo entendimento do vocabulário pelos participantes.

INDICAÇÃO DO TEXTO, PERGUNTAS, RESPOSTAS E DESTAQUES

LER O ITEM 15

1 Devemos perdoar indistintamente a todos quantos nos ofendam?

Sim. Devemos perdoar sempre e a todos, amigos e inimigos, pois perdoar aos amigos é dar-lhes uma prova de amizade, e perdoar aos inimigos é pedir perdão para si próprio.

> *"Perdoar as ofensas é mostrar-se melhor do que era."*

2 Como a atitude de perdoar ou não se reflete em nossa vida?

Se perdoarmos, também seremos perdoados. Se, ao contrário, formos duros, exigentes, inflexíveis e usarmos de rigor até por uma ofensa leve, o mesmo tratamento receberemos.

> *"Como quererei que Deus esqueça de que a cada dia maior necessidade tendes de indulgência?" "Ai daquele que diz: 'Nunca perdoarei', pois pronuncia a sua própria condenação."*

3 A certeza que sempre nos acode de que fomos ofendidos e temos a razão do nosso lado, torna-nos propensos a perdoar?

Não. Este procedimento endurece-nos o coração, pois nosso orgulho e nossa vaidade levam-nos a crer que sempre estamos certos. Por isso, ao enfrentar tais situações, consultemos o nosso íntimo e, se formos honestos, admitiremos que, em grande parte das vezes, fomos o agressor.

> *Se, nesta luta que começa com uma alfinetada e acaba com uma ruptura, fomos nós quem atiramos a primeira pedra, cabe-nos ser indulgentes com a suscetibilidade do próximo.*

4 E se fomos realmente ofendidos, como devemos agir?

Analisemos se não exaltamos os ânimos por meio de represálias, contribuindo para que degenerasse em querela grave um desentendimento que poderia ser facilmente superado.

> *"Se de vós dependia impedir as consequências de um desentendimento e não impedistes, sois culpados."*

5 Que atitude devemos tomar quando, examinando a fundo nossa consciência, de nada nos censurarmos?

Sejamos indulgentes para com as fraquezas do nosso irmão e usemos de clemência para com ele, rogando a Deus, em nome de Jesus, pelo seu esclarecimento e progresso espiritual.

> *"Admitamos, finalmente, que de nenhuma censura vos reconheceis merecedores: mostrai-vos clementes e, com isso, só fareis que o vosso mérito cresça."*

6   É possível perdoar alguém e alegrar-se por algum mal que lhe advenha?

Neste caso não há perdão verdadeiro, pois quem assim age guarda rancor do próximo e alimenta no coração sentimento de vingança.

> *O perdão é ato de amor; por isso, quem perdoa alguém sinceramente não pode regozijar-se com o seu sofrimento.*

7   Perdoar é simplesmente afastar-se do agressor?

Não. Aquele que diz perdoar desde que jamais se aproxime do inimigo, não perdoou verdadeiramente: guarda ainda no coração ódio e ressentimento.

> *"O rancor é sempre sinal de baixeza e inferioridade."*

8   Qual o verdadeiro perdão?

Aquele que lança um véu sobre o passado, esquece as mágoas e elimina as queixas, possibilitando uma convivência fraterna.

> *"O esquecimento completo e absoluto das ofensas é peculiar às grandes almas."*

9   Como podemos vivenciar este ensinamento no dia a dia?

Buscando libertar-nos dos sentimentos de ódio e mágoa que guardamos do nosso próximo, através do perdão sincero; e, paralelamente, evitando que simples dissensões derivem para malquerenças e inimizades, pela vivência constante da fraternidade, ensinada no Evangelho de Jesus.

> *"Quando transportarmos para a vida prática os luminosos ensinamentos do Cristo, preferindo perdoar a usar de represálias, retribuindo ao mal com o bem, a paz e a alegria farão morada permanente em nossos corações."* *(R. Calligaris/**As Leis Morais** – A Pena de Talião).*

DESTAQUES COMPLEMENTARES

DESTAQUES COMPLEMENTARES

A INDULGÊNCIA
52

FONTE BÁSICA

KARDEC, Allan. **O Evangelho Segundo o Espiritismo**. Trad. Guillon Ribeiro. 89. ed. Rio de Janeiro: FEB, 1984. **Cap. X, Item 16**. p. 184.

FONTES COMPLEMENTARES

1. XAVIER, Francisco C. **À margem do sexo**; mens. 26. In:__. **Vida e Sexo**. Pelo espírito Emmanuel. 9. ed. Rio de Janeiro: FEB, 1986. p. 109-11.

2. Op. cit. , **Desajustes**. p. 53-6.

3.__. **Falar**; mens. 26. In:__. **Livro da Esperança**. Pelo espírito Emmanuel. 7. ed. Uberaba: CEC, 1984. p. 85-6.

4. XAVIER, Francisco C. & PIRES, J. Herculano. **A lâmpada acesa**. In:__. **Astronautas do Além**. Espíritos diversos. 4. ed. São Bernardo do Campo: GEEM, 1980. p. 103-4.

5. Op. cit. , **Apoio a bênção**. p. 101-2.

6. XAVIER, Francisco C. & VIEIRA, Waldo. **Acidentados da alma**. mens. 17. In:__. **Estude e Viva**. Pelos espíritos Emmanuel e André Luiz. 5. ed. Rio de Janeiro: FEB, 1982. p. 102-3.

7.__. **Deus te abençoe**; mens. 6. In:__. **O Espírito da Verdade**. Espíritos diversos. 5. ed. Rio de Janeiro: FEB, 1985. p. 25-6.

OBJETIVO

Despertar os participantes para o efeito salutar que a indulgência propicia àquele que a cultiva, bem como aos que o cercam, concitando-os a desenvolvê-la dentro de si.

CONCLUSÃO

A indulgência é sentimento doce e fraternal que todo homem deve alimentar para com seus irmãos. No campo da indulgência, todos somos carentes, em face das nossas imperfeições. Daí, o dever de todos em cultivá-la.

OBSERVAÇÃO

O dirigente, ao ler o texto, deverá certificar-se do completo entendimento do vocabulário pelos participantes.

INDICAÇÃO DO TEXTO, PERGUNTAS, RESPOSTAS E DESTAQUES

LER TODO O ITEM 16

1   O que é indulgência?

É uma das virtudes que caracterizam o verdadeiro cristão e que se expressa pela postura complacente, compreensiva, que se adota perante as faltas e imperfeições do próximo.

Ser indulgente é saber relevar, perdoar, esquecer, dissimular, diante de tudo que possa ser reprovável no comportamento dos semelhantes.

2   Que benefícios proporcionamos ao próximo, sendo indulgentes?

A indulgência que demonstramos em nosso comportamento pode sensibilizar o coração das pessoas, concitando-as a se melhorar e a proceder também com indulgência, e isto propicia a que se regenerem de suas possíveis faltas.

A nossa indulgência tem ainda o efeito salutar de fazer com que o próximo se sinta merecedor da solidariedade alheia, e isto o torna feliz.

3   E quanto a nós próprios, que benefícios ela nos proporciona?

A conquista do coração do próximo, de sua amizade, além do bem estar que experimentamos, decorrente da certeza de que procuramos cumprir o mandamento divino contido no "amai-vos uns aos outros..."

A pessoa indulgente torna-se simpática, angariando o reconhecimento daqueles que a cercam, e isto é motivo de júbilo para ela.

4   Sendo indulgentes, não estaremos acobertando o erro, que deve ser corrigido?

É evidente que o erro deve ser corrigido. Entretanto, a justiça divina age com misericórdia, permitindo que o pecador se regenere por si mesmo. A nossa indulgência para com ele o auxiliará a despertar para essa realidade.

Se Deus é indulgente para conosco, com mais razão ainda devemos sê-lo com relação ao nosso próximo.

5   É difícil ser indulgente?

Sim. Em face do estágio evolutivo em que nós nos encontramos, ainda é mais fácil criticar os atos do próximo do que elogiar algum comportamento seu. Daí, a necessidade urgente de cultivar essa virtude.

> *"Hoje a evolução nos força a compreender que somos todos interligados por dependências de ordem moral e espiritual. Precisamos compreender os outros, entender as situações alheias e auxiliar sempre para sermos também auxiliados." (Irmão Saulo/**Astronautas do Além** – A Lâmpada Acesa).*

6 Por que não devemos ser indulgentes para com nós mesmos?

Porque os nossos defeitos requerem atenção persistente e rigorosa. Quando somos indulgentes conosco, estamos na realidade dissimulando as nossas imperfeições e persistindo no erro. Busquemos, então, perquirir a própria consciência, a fim de avaliar o que há de ruim em nós que precisa ser corrigido.

> *Prescreve-nos o Evangelho que devemos, no próximo, enaltecer-lhe as qualidades; em nós, buscar o que há de ruim, e corrigir.*

7 Que sentimento desperta a indulgência?

A indulgência atrai, ergue, acalma e aquieta corações tumultuados pela consciência culpada.

> *A expectativa de compreensão minimiza o amargor do erro.*

8 E o rigor, que sentimentos atrai?

O desânimo, o afastamento, a tristeza e a irritação.

> *A expectativa de reprimenda conduz à hipocrisia proposital.*

DESTAQUES COMPLEMENTARES

A INDULGÊNCIA
53

FONTE BÁSICA

KARDEC, Allan. **O Evangelho Segundo o Espiritismo**. Trad. Guillon Ribeiro. 89. ed. Rio de Janeiro: FEB, 1984. **Cap. X, Item 17**. p. 185-6.

FONTES COMPLEMENTARES

1. FRANCO, Divaldo P. *Tolerância*; mens. 13. In:__. **Estudos Espíritas**. Pelo espírito de Joanna de Ângelis. 4. ed. Rio de Janeiro: FEB, 1987. p. 107-11.

2. XAVIER, Francisco C. *Na luz da indulgência*; mens. 27. In:__. **Livro da Esperança**. Pelo espírito Emmanuel. 7. ed. Uberaba: CEC, 1984. p. 87-9.

3. XAVIER, Francisco C. & VIEIRA, Waldo. *A reivindicação*; mens. 102. In:__. **O Espírito da Verdade**. Por espíritos diversos. 5. ed. Rio de Janeiro: FEB, 1985. p. 231-2.

OBJETIVO

Informar os participantes acerca da finalidade da indulgência, como deve ser exercida perante o próximo, e de que forma ela se reverte em benefício daquele que a pratica.

CONCLUSÃO

A indulgência é remédio salutar que ministramos ao nosso próximo e que tem por efeito clarear-lhe o raciocínio, renovar-lhe o modo de pensar, amparar-lhe a caminhada. Ela se reverte em benefício de nós mesmos, através da indulgência que Deus e nossos semelhantes têm para conosco.

OBSERVAÇÃO

O dirigente, ao ler o texto, deverá certificar-se do completo entendimento do vocabulário pelos participantes.

INDICAÇÃO DO TEXTO, PERGUNTAS, RESPOSTAS E DESTAQUES

LER O ITEM 17

1   O que é indulgência?

É uma das virtudes que caracterizam o verdadeiro cristão e que se expressa pela postura complacente, condescendente, compreensiva, que se adota perante as faltas e imperfeições do próximo.

> *Ser indulgente é saber relevar, perdoar, esquecer, dissimular, diante de tudo que possa ser reprovável no comportamento dos semelhantes.*

2   Por que é necessário julgar com severidade as nossas próprias ações?

Porque a nossa felicidade só é edificada mediante ações voltadas para o bem. Daí, a necessidade de julgar com bastante rigor os nossos atos, a fim de corrigir os desvios e selecionar aqueles que efetivamente nos conduzem ao bom caminho, tomando-os por conduta.

> *Quanto às ações do próximo, compete-nos apenas relevá-las, deixando a Deus o encargo de julgá-las.*

3   Com quem, em especial, devemos usar de indulgência?

Com todos os nossos irmãos, sem qualquer distinção. Esse sentimento doce e fraternal, que deve nortear o nosso comportamento, é para ser estendido a todos os que nos compartilham a existência.

> *Jesus, ao nos prescrever que amássemos uns aos outros, não estabeleceu quaisquer condições ou limites para isso.*

4   Por que devemos ser indulgentes para com os outros?

Porque precisamos igualmente de indulgência, já que não somos perfeitos. Ademais, o nosso Pai, pela sua infinita bondade, usa constantemente de indulgência para conosco.

> *A indulgência de que Deus se utiliza para conosco constitui o efeito reversivo da indulgência que usamos para com os nossos semelhantes.*

5   Que efeito produzirá nossa indulgência no próximo?

A nossa reação pacífica e compreensiva diante de suas faltas poderá contribuir para sensibilizar-lhe o coração, concitando-o a corrigir-se e a trilhar o caminho do bem.

> *A indulgência para com o próximo tem como função clarear-lhe o raciocínio, renovar-lhe o modo de pensar e de ser e amparar-lhe a caminhada.*

6   Perdoar é suficiente para nos libertar?

Não. É um grande passo, porém não suficiente. A lei de Deus, que é de amor, nos impõe o dever de não só perdoar, mas, acima de tudo, de auxiliar os nossos inimigos, através da oração, de pensamentos fraternos e de atos que lhes ajudem a encontrar a felicidade.

Muitos criminosos se regeneram sob o amparo e a orientação caridosa de suas ex-vítimas, movidos que são pelo influxo da lei de amor.

DESTAQUES COMPLEMENTARES

A INDULGÊNCIA
54

FONTE BÁSICA

KARDEC, Allan. **O Evangelho Segundo o Espiritismo**. Trad. Guillon Ribeiro. 89. ed. Rio de Janeiro, 1984. **Cap. X, Item 18**. p. 186-7.

FONTES COMPLEMENTARES

1. FRANCO, Divaldo P. *Tolerância*, mens. 13. In:__. **Estudos Espíritas**. Pelo espírito Joanna de Ângelis. 4. Rio de Janeiro: FEB, 1987. p. 107-11.

2. XAVIER, Francisco C. *À margem do sexo*; mens. 26. In:__. **Vida e Sexo**. Pelo espírito Emmanuel. 9. ed. Rio de Janeiro: FEB, 1986. p. 109-11.

3.__. *Na luz da Indulgência*; mens. 27. In:__. **Livro da Esperança**. Pelo espírito Emmanuel. 7. ed. Uberaba: CEC, 1984. p. 87-9.

4. XAVIER, Francisco C. & PIRES J. Herculano. *Apoio e Bênção*. In:__. **Astronautas do Além**. Espíritos diversos. 4. ed. São Bernardo do Campo: GEEM, 1980. p. 101-2.

5. Op. cit. , *A lâmpada acesa*. p. 103-4.

6. XAVIER, Francisco C. & VIEIRA, Waldo. *Acidentes da alma*; mens. 17. In:__. **Estude e Viva**. Pelos espíritos Emmanuel e André Luiz. 5. ed. Rio de Janeiro: FEB, 1982. p. 102-3.

OBJETIVO

Evidenciar a importância da indulgência como sublime forma de se praticar a caridade e como instrumento que nos induz a cuidar mais dos nossos defeitos que dos alheios.

CONCLUSÃO

É impossível amar a Deus sem praticar a caridade, e não se pode pensar em caridade esquecendo-se de ser indulgente para com os defeitos dos outros. A prática dessa virtude nos leva a considerar com mais rigor os nossos defeitos e a enaltecer as virtudes do próximo.

OBSERVAÇÃO

O dirigente, ao ler o texto, deverá certificar-se do completo entendimento do vocabulário pelos participantes.

INDICAÇÃO DO TEXTO, PERGUNTAS, RESPOSTAS E DESTAQUES

LER TODO O ITEM 18

1 O que é indulgência?

É uma das virtudes que caracterizam o verdadeiro cristão e que se expressa pela postura complacente, condescendente, compreensiva, que se adota perante as faltas e imperfeições do próximo.

Ser indulgente é saber relevar, perdoar, esquecer, dissimular, diante de tudo que possa ser reprovável no comportamento dos semelhantes.

2 É difícil sermos indulgentes para com o próximo?

Sim, levando-se em conta o mundo em que vivemos, onde o mal ainda sobrepuja o bem, razão por que é mais cômodo destacar os erros do próximo do que procurar suas virtudes.

Enxergar a maldade não exige de nós muito esforço, tal a forma como a ela nos habituamos.

3 Por que insistimos em evidenciar os erros dos outros, quando reconhecemos que somos portadores de graves erros também?

Porque o nosso comportamento é ainda, todo ele, sedimentado no orgulho, que nos faz alimentar a pretensão inútil de nos colocar em posição de vantagem e de superioridade, rebaixando o nosso irmão, sempre, ao nível de alguém menor ou pior que nós.

Enquanto o orgulho ainda estiver ditando as regras de nosso comportamento, só teremos olhos para exalçar os erros alheios, fingindo não lhes anotar as qualidades, porquanto estas, certamente, tendem a nos colocar em posição inferior, ferindo-nos o amor próprio.

4 O que está reservado às pessoas que se julgam superiores às demais, acreditando-se no direito de apontar as falhas alheias?

A justiça divina encarregar-se-á delas, fazendo-as reconhecer, muitas vezes pela dor, que o caminho da felicidade passa obrigatoriamente pelo próximo, a quem devemos todo o nosso respeito e atenção, sem jamais julgá-lo em posição inferior.

À medida que evolui, o espírito se conscientiza de que a sua felicidade está na razão direta da felicidade que proporciona ao semelhante, e toma o amor ao próximo como lema e objetivo de sua vida.

5 Ser indulgente significa fechar os olhos para os defeitos alheios?

Não. O significado de indulgência vai além: significa que devemos buscar a centelha divina que habita o imo de cada um de nós e, desse modo, revelar e enaltecer os bons sentimentos e as virtudes do próximo.

> *Deixar de praticar o mal não basta para evoluir. É necessário também, e principalmente, que faça todo o bem ao alcance, em favor do próximo. Nisso está o verdadeiro caminho da felicidade plena.*

6   **De que modo a indulgência constitui uma forma de se praticar a caridade?**

A indulgência, tendo por objetivo a prática de atitudes que visam à promoção do bem-estar do próximo, constitui-se, por isso, em uma das sublimes maneiras de se expressar a caridade.

> *"O verdadeiro caráter da caridade é a modéstia e a humildade, que consistem em ver, cada um, apenas superficialmente os defeitos de outrem, e esforçar-se por fazer que prevaleça o que há nele de bom e virtuoso!"*

7   **Os espíritos nos recomendam praticar a caridade, tanto para o próximo como para nós mesmos. De que forma podemos ser caridosos para conosco?**

Reconhecendo os nossos próprios defeitos e corrigindo-os enquanto é tempo, poupando-nos, assim, de dores e sofrimentos maiores.

> *O Espiritismo vem nos lembrar a obrigação que temos de nos corrigir, consoante nos recomenda o Evangelho. Essa responsabilidade, contudo, é bem maior para aquele que já tem noção desse dever.*

―――― DESTAQUES COMPLEMENTARES ――――

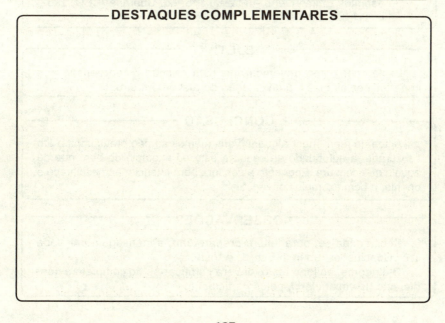

É PERMITIDO REPREENDER OS OUTROS, NOTAR AS IMPERFEIÇÕES DE OUTREM, DIVULGAR O MAL DE OUTREM?

55

FONTE BÁSICA

KARDEC, Allan. **O Evangelho Segundo o Espiritismo**. Trad. Guillon Ribeiro. 89. ed. Rio de Janeiro: FEB, 1984. **Cap. X, Itens 19 a 21**. p. 187-8.

FONTES COMPLEMENTARES

1. XAVIER, Francisco C. *Advertências*. In:__. **Amanhece**. Espíritos diversos. 6. ed. São Bernardo do Campo: GEEM, 1983. p. 75.

2. XAVIER, Francisco C. & VIEIRA, Waldo. *Na hora da crítica*. mens. 22. In:__. **Estude e Viva**. Pelos espíritos Emmanuel e André Luiz. 5. ed. Rio de Janeiro: FEB, 1982. p. 128-9.

3. Op. cit. , *Três conclusões*; mens. 22. p. 129-30.

4.__. *Tolerância e Coerência*; mens. 32. In:__. **Opinião Espírita**. Pelos espíritos Emmanuel e André Luiz. 5. ed. Uberaba: CEC, 1982. p. 111-3.

OBJETIVO

Esclarecer como devemos agir com relação à repreensão das imperfeições alheias e à divulgação do mal de outrem.

CONCLUSÃO

Antes de repreender alguém, verifiquemos se não praticamos o ato censurado: a autoridade de censura está no exemplo do bem que dá aquele que censura. Enquanto a censura bem-intencionada esclarece e orienta, o bom exemplo convence.

OBSERVAÇÕES

Recomenda-se, para leitura preparatória, a mensagem intitulada Três Conclusões, do livro Estude e Viva.

O dirigente, ao ler o texto, deverá certificar-se do completo entendimento do vocabulário, pelos participantes.

INDICAÇÃO DO TEXTO, PERGUNTAS, RESPOSTAS E DESTAQUES

LER A QUESTÃO CONTIDA NO ITEM 19, ABAIXO TRANSCRITA

1 **"Ninguém sendo perfeito, seguir-se-á que ninguém tem o direito de repreender o seu próximo?"**

Não é bem assim. Ocorre que há várias maneiras de se denotar os erros do próximo. Se o fazemos com o sincero propósito de contribuir para o seu progresso e agimos com moderação, é perfeitamente correta a nossa atitude e, além disso, um dever que nos compete cumprir.

> *Nossos atos são julgados levando-se em conta a nossa intenção. Se ao repreender o próximo, guardamos o propósito de denegrir a sua imagem, é claro que a nossa atitude é censurável.*

LER A RESPOSTA DO ITEM 19

2 **Mesmo imbuídos de boa intenção e moderação, que outro fator devemos levar em conta ao censurar o procedimento do próximo?**

Devemos, primeiramente, verificar se não adotamos o mesmo procedimento que reprovamos no próximo. Senão, onde encontrarmos a força moral necessária para repreendê-lo?

> *Devemos tomar para nós os conselhos que dermos aos outros. Em termos de bons procedimentos, ninguém pode exigir de outrem aquilo que não pratica.*

LER A PERGUNTA DO ITEM 20, CONFORME ABAIXO TRANSCRITA, EXPLICANDO-A DE MANEIRA QUE TODOS A ENTENDAM

3 **"Será repreensível notarem-se as imperfeições dos outros, quando daí nenhum proveito possa resultar para eles, uma vez que não sejam divulgadas"?**

Depende da intenção com que repreendemos. É evidente que, se elas existem, nada nos impede de notá-las, e até aí não há mal algum de nossa parte. O que será repreensível é o intuito maldoso de divulgá-las, visando ao rebaixamento do próximo.

> *Com relação às faltas do próximo, recomenda-nos o Evangelho que as levemos em conta, tão somente para nos servir de referência quando da análise de nossas próprias faltas, a fim de corrigirmo-nos. Nunca, porém, com o fito de denegri-lo.*

4 **Existe algum inconveniente de em tudo enxergar somente a manifestação do bem?**

Sim, porque semelhante ilusão prejudicaria o progresso e nos impediria de aproveitar as lições que o mal traz.

> *O uso correto da razão, faculdade que Deus nos concede, indica-nos o certo e o errado, o bem e o mal.*

LER A RESPOSTA DO ITEM 20

5 **Que proveito devemos tirar para nós das imperfeições alheias?**

Elas nos alertam para o dever de nos auto-avaliarmos, a fim de verificar o que temos a corrigir, antes de censurar os outros, sobretudo porque cada um tem o direito de agir como melhor lhe apraz.

> *"Precisamos nutrir o cérebro de pensamentos limpos, mas não está em nosso poder exigir que os semelhantes pensem como nós." (Emmanuel e André Luiz/**Estude e Viva** – nº 22).*

6 **Ler a pergunta contida no item 21. Ler a resposta do item 21.**

> *"Compreender e desculpar sempre, porque todos necessitamos de compreensão e desculpa nas horas de desacerto, mas observar a coerência para que os diques da tolerância não se esbarrondem, corroídos pela displicência sistemática, patrocinando a desordem." (Emmanuel e André Luiz/**Opinião Espírita** – nº 32).*

LER A PERGUNTA E A RESPOSTA CONTIDA NO ITEM 21

7 **Que outra maneira (indireta) existe de repreender o erro do próximo, sem alardear?**

Podemos demonstrar, também, a nossa reprovação ante as imperfeições do próximo, e alertá-lo para isso, através do bom exemplo que possamos dar com o nosso proceder.

> *Enquanto a censura – bem intencionada – consegue esclarecer e orientar, o bom exemplo convence.*

DESTAQUES COMPLEMENTARES

DESTAQUES COMPLEMENTARES

O MANDAMENTO MAIOR
56

FONTE BÁSICA

KARDEC, Allan. **O Evangelho Segundo o Espiritismo**. Trad. Guillon Ribeiro. 89. ed. Rio de Janeiro: FEB, 1984. **Cap. XI, Itens 1 a 4**. p. 189-91.

FONTES COMPLEMENTARES

1. FRANCO, Divaldo P. *Coragem do amor*; mens. 43. In:__. **Lampadário Espírita**. Pelo espírito Joanna de Ângelis. 3. ed. Rio de Janeiro: FEB, 1978. p. 177-80.

2. XAVIER, Francisco C. *A regra áurea*; mens. 41. In:__. **Caminho, Verdade e Vida**. Pelo espírito Emmanuel. 10. ed. Rio de Janeiro: FEB, 1983. p. 97-8.

3. Op. cit. , *O Companheiro*; mens. 20. p. 55-6.

4.__. *Beneficência e Justiça*; mens. 30. In:__. **Livro da Esperança**. Pelo espírito Emmanuel. 6. ed. Uberaba: CEC, 1982. p. 97-8.

5. Op. cit. , *Psicologia da Caridade*; mens. 28. p. 91-2.

6.__. *O Primeiro Passo*; mens. 66. In:__. **Palavras de Vida Eterna**. Pelo espírito Emmanuel. 6. ed. Uberaba: CEC, 1984. p. 149-50.

7.__. *Vozes do Evangelho*; mens. 60. In:__. **O Espírito da Verdade**. Espíritos diversos. 5. ed. Rio de Janeiro: FEB, 1985. p. 143-4.

8. CALLIGARES, Rodolfo. *Parábola do credor incompassivo*. In:__. **Parábolas Evangélicas**. 3. ed. Rio de Janeiro: FEB, 1983. p. 28-31.

OBJETIVO

Identificar o mandamento maior da lei de Deus, esclarecendo em que, de fato, consiste a expressão **Amar o próximo como a si mesmo**, e a que nos conduz essa prática.

CONCLUSÃO

Amar o próximo como a si mesmo é preceito contido no mandamento maior da Lei de Deus. Constitui a expressão mais completa da caridade porque resume todos os deveres do homem para com o próximo, e o meio mais eficaz para se eliminar o orgulho e o egoísmo.

─── OBSERVAÇÃO ───

O dirigente, ao ler o texto, deverá certificar-se do completo entendimento do vocabulário pelos participantes.

INDICAÇÃO DO TEXTO, PERGUNTAS, RESPOSTAS E DESTAQUES

LER O ITEM 1

1   Como interpretar o mandamento maior da lei de Deus?

Esse mandamento está expresso no dever que cada um de nós, seus filhos, temos de amá-lo, com toda força de nosso espírito. Contudo, esse amor só será completo e a lei divina integralmente cumprida, se também, e igualmente, amarmos o nosso próximo como a nós mesmos.

> *Toda a lei e os profetas estão contidos nesses dois mandamentos: "Amar a Deus acima de todas as coisas e aos próximo como a si mesmo."*

2   Porque "o amor ao próximo" está contido na lei de Deus?

Porque, sendo a lei de Deus toda amor e justiça, o nosso Pai, amando igualmente a todos, jamais poderá permitir que cheguemos até Ele sem passar pelo nosso próximo.

> *Independente de religião, o que conta é o amor ao próximo.*

3   É possível amar a Deus sem amar ao próximo?

Não, porque o amor a Deus só se concretiza quando demonstrarmos no relacionamento com o próximo.

> *"Nem todos os que dizem 'Senhor, Senhor' entrarão no reino dos céus."*

LER O ITEM 2

4   Como identificar, nessa regra, o conteúdo da Lei de Deus?

Temos aqui a fraternidade aplicada, pois, se jamais queremos o mal para nós, igualmente não o desejaremos aos outros. Assim, à medida que formos evoluindo rumo ao Pai, levaremos conosco o nosso próximo.

> *"Tratai todos os homens como quererieis que eles vos tratassem."*

LER O ITEM 3

5   Que lição nos transmite essa parábola?

A de que é inútil pedir a Deus perdão de nossos erros quando não perdoamos, igualmente, o nosso próximo e dele guardamos rancor.

> *"É assim que meu Pai, que está no céu, vos tratará, se não perdoardes, do fundo do coração, as faltas que vossos irmãos houverem cometido contra um de vós."*

LER O ITEM 4

6 Na prática, em que consiste "amar o próximo como a si mesmo"?

Consiste em examinar a nossa própria consciência, para saber como gostaríamos que procedessem conosco em cada circunstância e, daí, adotarmos esse procedimento para com o próximo.

> *"Amar o próximo como a si mesmo"(...) é a expressão mais completa da caridade, porque resume todos os deveres do homem para com o próximo. "A prática dessa máxima tende à destruição do egoísmo."*

DESTAQUES COMPLEMENTARES

DAI A CÉSAR O QUE É DE CÉSAR
57

FONTE BÁSICA

KARDEC, Allan. **O Evangelho Segundo o Espiritismo**. trad. Guillon Ribeiro. 89. ed. Rio de Janeiro: FEB, 1984. **Cap. XI, Itens 5 a 7**. p 191-2

FONTES COMPLEMENTARES

1. KARDEC, Allan. *Justiça e direitos naturais*. In: **O Livro dos Espíritos**. trad. Guillon Ribeiro. 66. ed. Rio de Janeiro: FEB, 1987. Parte 3ª, Cap. XI, Questões 873 a 879. p 403-6.

2. XAVIER, Francisco C. *Nós e César*, mens. 102. In: **Pão Nosso**. Pelo espírito Emmanuel. 9. ed. Rio de Janeiro: FEB, 1982. p. 215-6.

OBJETIVO

Analisar com os participantes o ensinamento contido na expressão **"Dai a César o que é de César e a Deus o que é de Deus"**, esclarecendo o sentido que, neste contexto, as palavras **César e Deus** assumem.

CONCLUSÃO

Para cumprir o preceito ensinado por Jesus, **"Dai a César o que é de César e a Deus o que é de Deus"**, devemos não só respeitar as leis humanas cumprindo nossas obrigações com a família, as instituições e a sociedade, como observar os preceitos divinos de amor e caridade, que nos possibilitam o progresso moral e espiritual.

OBSERVAÇÃO

O dirigente, ao ler o texto, deverá certificar-se do completo entendimento do vocabulário pelos participantes.

INDICAÇÃO DO TEXTO, PERGUNTAS, RESPOSTAS E DESTAQUES

LER O ITEM 5

1   Qual era a verdadeira intenção dos fariseus, ao formularem a Jesus a questão do pagamento dos tributos?

(RELER a pergunta contida no 1º parágrafo do item 5)

Eles não queriam, propriamente, conhecer a opinião de Jesus a respeito do pagamento dos tributos. Por trás desta atitude escondiam sua verdadeira intenção: fazer com que Jesus se traísse com as próprias palavras e, assim, tivesse contra ele a autoridade romana.

> *Também nos buscam, às vezes, esses falsos interessados na verdade. Vigiemos, portanto, para que nossas palavras não sejam usadas contra nós próprios.*

2   A resposta de Jesus foi direcionada somente para a questão do pagamento dos tributos?

Não. Como em outras circunstâncias, Jesus aproveitou o momento para não só desmascarar as intenções maliciosas daqueles que formularam a questão, como também transmitir o ensinamento de cunho moral.

> *A superioridade moral de Jesus permitia-lhe perceber o que se passava no íntimo das pessoas.*

3   Qual o verdadeiro sentido da sentença: "Dai a César o que é de César e a Deus o que é de Deus?"

Que o homem deve atender às obrigações decorrentes da vida material, respeitando as leis vigentes e honrando os compromissos assumidos, sem descuidar de cumprir a lei de Deus, através do cultivo dos valores espirituais que o conduzem à perfeição.

> *Dai a César o que é de César significa atender às obrigações que assumimos junto à sociedade da qual fazemos parte: sermos pais dedicados, bons irmãos, cidadãos responsáveis.*
> *Dar a Deus o que é de Deus equivale a cumprir os preceitos divinos do amor e da caridade, indispensáveis ao nosso progresso moral e espiritual.*

LER O ITEM 6

4   Que lição ensinou Jesus, nessa passagem?

Jesus ensinou o princípio de justiça e equilíbrio que deve reger o comportamento do verdadeiro cristão diante da vida, esclarecendo que é necessário atender às exigências passageiras, de ordem material, sem esquecer as obrigações para com a elevação do espírito.

> *Jesus nos deu uma lição de justiça, ao dizer "(...) a cada um o que lhe*
> *é devido".*
> *Não se pode chegar a Deus senão cumprindo as obrigações para com*
> *nosso próximo.*

COMENTAR SOBRE A LEI DE JUSTIÇA (VIDE O LIVRO DOS ESPÍ-RITOS, QUESTÕES 873 A 875).

LER O ITEM 7.

5 Como colocar em prática esse ensinamento de Jesus, "Dai a César o que é de César"?

Cumprindo todos os deveres contraídos para com a família, a autoridade, as instituições e a sociedade e observando o princípio da fraternidade, segundo o qual "***devemos proceder para com os outros como queiramos que os outros procedam para conosco***".

> *"Respeito aos direitos de cada um, como cada um deseja que se respeitem os seus."*
> *"É condenável todo prejuízo material que se possa causar a outrem."*

6 E o ensinamento "Dar a Deus o que é de Deus", como exercitá-lo em nosso dia a dia?

Observando os preceitos divinos de amor e caridade, que nos levam à reforma íntima e nos conduzem ao aprimoramento espiritual.

> *Para que cumpramos a Lei de Deus, é necessário amar o próximo e praticar a caridade.*
> *Para que nos elevemos espiritualmente, necessitamos viver em sociedade, ao lado do nosso próximo.*

DESTAQUES COMPLEMENTARES

A LEI DE AMOR
58

FONTE BÁSICA

KARDEC, Allan. **O Evangelho Segundo o Espiritismo**. Trad. Guilon Ribeiro. 89 ed. Rio de Janeiro: FEB, 1984. **Cap. XI, Item 8**. p. 192-3.

FONTES COMPLEMENTARES

1. FRANCO, Divaldo P. *Viva em Paz*; mens. 17. In:_ **Luz Viva**. Pelo espírito Marco Prisco. 2 ed. Salvador: Liv. Espírita Alvorada, 1988. p. 103-5.

2. XAVIER, Francisco C. *A Regra Áurea*; mens. 41. In: __. **Caminho, Verdade e Vida**. Pelo espírito Emmanuel. 10. ed Rio de Janeiro: FEB, 1983. p. 97-8.

3.__. *Amor e Temor*; mens. 4. In: **Palavras de Vida Eterna**. Pelo espírito Emmanuel. 6. ed Uberaba: CEC, 1984. p. 21-2.

4. Op. Cit, *O amor tudo sofre*; mens. 32. p. 81-2.

5.__. *Ante o poder do amor*; mens. 10. In: __. **Bênção de Paz**. Pelo espírito Emmanuel. 7. ed. São Paulo: GEEM, 1981. P. 55-6.

6.__. *Com Ardente Amor*; mens. 99 In: __. **Pão Nosso**. Pelo espírito Emmanuel. 9 ed. Rio de Janeiro: FEB, 1982. p. 209-10.

7.__. *Na presença do amor*; mens. 159 In: __. **Fonte Viva**. Pelo espírito Emmanuel. 13. ed. Rio de Janeiro: FEB, 1985. p. 357-8.

OBJETIVO

Esclarecer aos participantes em que consiste o nosso aprendizado na Terra, alertando-os quanto à necessidade de vencermos em nós os instintos, em proveito dos sentimentos.

CONCLUSÃO

Todo o nosso aprendizado na Terra visa ao domínio do amor, sentimento por excelência, do qual os instintos e as sensações são fases embrionárias. Quanto mais rapidamente vencermos essas fases, mais cedo compreenderemos e vivenciaremos a lei de amor, que liga todos os seres.

OBSERVAÇÃO

O dirigente, ao ler o texto, deverá certificar-se do completo entendimento do vocabulário pelos participantes.

INDICAÇÃO DO TEXTO, PERGUNTAS, RESPOSTAS E DESTAQUES

LER O ITEM 8
RELER O PRIMEIRO PARÁGRAFO DO ITEM 8

1   Por que o amor constitui a essência da doutrina de Jesus?

Porque sua doutrina, destinada a orientar a elevação espiritual da criatura, resume-se por inteiro no amor, que é o mais elevado dos sentimentos e lição fundamental do nosso aprendizado na Terra.

> *Em sua origem, o homem só tem instintos; quando mais avançado e corrompido, só tem sensações; quando instruído e depurado, tem sentimentos.*

2   Qual o efeito da lei de amor na criatura humana?

Essa lei, quando definitivamente implantada no coração do homem, substitui a personalidade pela fusão dos seres, e extingue as misérias sociais, dando lugar aos sentimentos nobres de fraternidade e respeito pelo semelhante.

> *O homem, então, ama com amplo amor os seus irmãos em sofrimento, desconhecendo a miséria do corpo e da alma.*

RELER O SEGUNDO PARÁGRAFO

3   Em que consiste a reencarnação?

É o triunfo sobre a morte, revelando às criaturas o seu patrimônio intelectual, isto é, o seu aprendizado anterior acumulado, e a certeza de que esse aprendizado não se faz de uma só vez e sim, no decurso de várias vidas.

> *A reencarnação, que o Espiritismo desvendou, é um dos instrumentos de aplicação da lei do amor.*

4   Qual a finalidade da reencarnação?

Assegurar ao espírito oportunidade de progresso espiritual, através do retorno à vida material. Por meio do reencontro com aqueles aos quais se ligou, em outras vidas, a criatura repara os possíveis erros do passado e se exercita na prática do amor, promovendo, assim, sua elevação espiritual.

Através da reencarnação, a Providência Divina concede os meios para o necessário desenvolvimento dos sentimentos que, certamente, resgatarão da matéria o homem.

RELER O ÚLTIMO PARÁGRAFO

5   **Por que é necessário vencer os instintos, em proveito do sentimento?**

Porque a predominância dos instintos nos seres significa atraso e permanência no ponto de partida. É necessário vencer os instintos, acelerando nossa caminhada rumo à meta, que é a prática sublime do amor, o mais puro dos sentimentos.

"Os instintos são a germinação e os embriões do sentimento." "(...) Os seres menos adiantados são os que, emergindo pouco a pouco de suas crisálidas, se conservam escravizados aos instintos."

6   **Qual a melhor maneira de suplantar os instintos e acelerar o nosso progresso?**

Estudando, compreendendo e vivenciando os ensinamentos contidos no Evangelho de Jesus, agora renovados pelo Espiritismo, que nos recomenda: **Amai muito, para seres amados**.

"É então que, compreendendo a lei de amor, que liga todos os seres, buscareis nela os gozos suavíssimos da alma, prelúdios das alegrias celestiais."

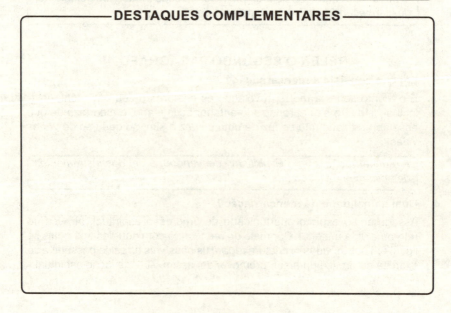

— DESTAQUES COMPLEMENTARES —

A LEI DE AMOR
59

───── **FONTE BÁSICA** ─────

KARDEC, Allan. **O Evangelho Segundo o Espiritismo**. trad Guillon Ribeiro. 89. ed. Rio de Janeiro: FEB, 1984. **Cap. XI, item 9**. P. 193-5.

───── **FONTES COMPLEMENTARES** ─────

1. FRANCO, Divaldo P. *Amor*, mens. 21 In.__. **Estudos Espíritas**. Pelo espírito Joanna de Ângelis. 1. ed. Rio de Janeiro: FEB, 1982 p. 157-61.

2.__. *Coragem do amor*, mens. 43. In.__. **Lampadário Espírita**. Pelo espírito Joanna de Ângelis. 3 ed. Rio de Janeiro, FEB, 1978. p. 177-80.

3. VIEIRA, Waldo. *O efeito do amor*, mens. 2. In_ **Bem Aventurados os Simples**. Pelo espírito Valérium . 5 ed. Rio de Janeiro: FEB, 1982. p. 17-8.

4. XAVIER, Francisco C. & VIEIRA, Waldo. *Dinheiro e Amor*, mens. 9. In: __. **O Espírito da Verdade**. Por vários espíritos. 5 ed. Rio de Janeiro: FEB, 1985. p. 31-2.

5. XAVIER, Francisco C. *Doações*; mens. 58. In: __. **Bênção de Paz**. Pelo espírito Emmanuel. 7. ed. São Paulo: GEEM, 1981. p. 143-4.

6.__. *Meio-Bem*; mens. 29. In: __. **Livro da Esperança**. Pelo espírito Emmanuel. 6 ed. Uberaba: CEC, 1982. p. 93-5.

7.__. *Na ausência do amor*, mens. 158. In: __. **Fonte Viva**. Pelo espírito Emmanuel. 13. ed. Rio de Janeiro: FEB, 1985. p. 355-6.

───── **OBJETIVO** ─────

Destacar os efeitos da lei de amor no coração humano, enfatizando a necessidade que cada um tem de fazer germinar, dentro de si, essa centelha divina.

───── **CONCLUSÃO** ─────

Do amor decorrem todas as virtudes. Todos temos no íntimo essa centelha divina, cabendo-nos fazê-la germinar e desenvolver, ajustando-nos, assim, à lei de amor. Um dia, todos seremos virtuosos e, em consequência, felizes.

OBSERVAÇÃO

O dirigente, ao ler o texto, deverá certificar-se do completo entendimento do vocabulário pelos participantes.

INDICAÇÃO DO TEXTO, PERGUNTAS, RESPOSTAS E DESTAQUES

LER TODO O ITEM 9
RELER O PRIMEIRO E O SEGUNDO PARÁGRAFOS

1   **O que faz desenvolver em nós o amor divino?**

As ações benéficas de pessoas bondosas, cujo amor nos contagia. Em última instância, para os mais rebeldes, o tempo e a dor.

> *"O amor é de essência divina e todos vós, do primeiro ao último, tendes, no fundo do coração, a centelha desse fogo sagrado."*

RELER O TERCEIRO PARÁGRAFO

2   **Que papel exerce a reencarnação, considerando a lei de amor?**

É uma bênção de Deus, através da qual se reúnem inimigos do passado em uma mesma família, a fim de mutuamente se ajustarem diante da lei de amor. É a oportunidade que Deus nos concede de fazer o bem a quem tenhamos feito o mal.

> *A reencarnação é, por isso, um dos instrumentos de aplicação da lei de amor.*

3   **É correto dedicar amor a apenas um círculo íntimo e restrito de parentes e amigos?**

Não. Jesus, ao proclamar o **amai o vosso próximo como a vós mesmos**, não estabeleceu limites para esse amor. Ao contrário, simbolizou no **próximo** a Humanidade inteira.

> *A prática da lei de amor, tal como Deus a entende, consiste em amar a todos os nossos irmãos, indistintamente.*

RELER OS TRÊS ÚLTIMOS PARÁGRAFOS

4   **Qual o efeito da lei de amor para o homem?**

Melhoramento moral para a raça humana e felicidade durante a vida terrestre e após esta. Os mais rebeldes também a ela se ajustarão, ainda que mais tarde, quando observarem os benefícios da prática dessa lei.

> *O Espiritismo contribui para que essa lei seja mais claramente compreendida e seus efeitos rapidamente sentidos.*

5   O endurecimento do coração do homem constitui obstáculo à implantação da lei de amor na Terra?

Não, porque esse endurecimento é temporário. Ao contágio do verdadeiro amor, o coração humano cede, pois que se vê tocado pelo desejo de vivenciar a caridade, a humildade, a paciência e todas as demais virtudes que o amor inspira.

> *A Terra, orbe de provação e de exílio, será então purificada por esse fogo sagrado e verá praticadas, na sua superfície, todas as virtudes filhas do amor.*

6   O que devemos fazer para nos ajustar à lei de amor?

Como primeiro passo, tolerar os que convivem conosco, buscando perdoar quem nos ofende, auxiliando o próximo, na medida de nossas possibilidades, enfim, atendendo fielmente ao chamamento de Jesus, contido no **amai-vos uns aos outros**.

> *Não basta apenas o homem deixar de fazer aos outros aquilo que não quer que lhe façam, mas deve ele também fazer aos outros tudo aquilo que gostaria lhe fizessem.*

DESTAQUES COMPLEMENTARES

A LEI DE AMOR
60

FONTE BÁSICA

KARDEC, Allan. **O Evangelho Segundo o Espiritismo**. Trad. Guillon Ribeiro. 89. ed. Rio de Janeiro: FEB, 1984. **Cap. XI, Item 10**. p. 195-7.

FONTES COMPLEMENTARES

1. FRANCO, Divaldo P. **Equilíbrio pelo Amor**; mens. 16. In:___. **Lampadário Espírita**. Pelo espírito Joanna de Ângelis. 3. ed. Rio de Janeiro: FEB, 1978. p. 73-6.

2. XAVIER, Francisco C. **Chamamento ao Amor**; mens. 121. In:___. **Palavras de Vida Eterna**. Pelo espírito Emmanuel. 6. ed. Uberaba: CEC, 1984. p. 258-9.

3. ___. **Com Ardente Amor**; mens. 99. In:___. **Pão Nosso**. Pelo espírito Emmanuel. 9. ed. Rio de Janeiro: FEB, 1982. p. 209-10.

4. ___. **Dívida de Amor**; mens. 150. In:___. **Vinha de Luz**. Pelo espírito Emmanuel. 7. ed. Rio de Janeiro: FEB, 1983. p. 315-6.

5. ___. **Na presença do Amor**; 159. In:___. **Fonte Viva**. Pelo espírito Emmanuel. 13. ed. Rio de Janeiro: FEB, 1985. p. 357-8.

6. ___. **Progresso e Amor**; mens. 57. In:___. **Bênção de Paz**. Pelo espírito Emmanuel. 7. ed. São Paulo: GEEM, 1984. p. 140-2.

7. XAVIER, Francisco C. & VIEIRA, Waldo. **Na Exaltação do Amor**; mens. 78. In:___. **O Espírito da Verdade**. Espíritos diversos. 5. ed. Rio de Janeiro: FEB, 1985. p. 178-82.

OBJETIVO

Enumerar as qualidades que caracterizam e distinguem aquele que ama, no sentido profundo do termo, e enfatizar por que é necessário que nos elevemos acima da matéria.

CONCLUSÃO

Amar, no sentido profundo do termo, é aceitar os outros como são, fazendo-lhes todo o bem ao nosso alcance.

Amar o próximo é receita infalível de felicidade e condição para que nos elevemos acima da matéria, trilhando o caminho para Deus.

```
┌─────────────────────── OBSERVAÇÃO ───────────────────────┐
│  O dirigente, ao ler o texto, deverá certificar-se do completo entendi-  │
│  mento do vocabulário pelos participantes.                               │
└──────────────────────────────────────────────────────────┘
```

INDICAÇÃO DO TEXTO, PERGUNTAS, RESPOSTAS E DESTAQUES

LER TODO O ITEM 10
RELER O PRIMEIRO PARÁGRAFO.

1   O que significa "elevar-se acima da matéria"?

É não se apegar demasiadamente aos bens deste mundo, dando às coisas materiais valores definitivos, mas encarar a vida como estágio passageiro e purificador da vida espiritual.

> *O corpo material, invólucro terrestre que nos reveste o espírito encarnado, deve ser utilizado tão somente visando ao aprimoramento moral e intelectual deste.*

2   Por que essa elevação é necessária?

Porque a nossa caminhada para Deus está condicionada ao tratamento que dispensamos ao nosso próximo e esse tratamento só é conforme a justiça divina quando nos libertamos das pressões que a matéria nos imprime.

> *Aos bens materiais devemos dar somente o valor relativo que eles merecem. A nossa meta constante deve ser o cultivo dos bens espirituais.*

RELER OS DOIS PARÁGRAFOS SEGUINTES

3   Quais as características do homem que ama, no sentido profundo desse termo?

O homem que ama verdadeiramente se destaca por ser leal, probo, consciencioso; por fazer aos outros o que gostaria que estes lhe fizessem; por procurar suavizar as dores de seus irmãos; e por considerar como sua a grande família humana.

> *"Para todos os sofrimentos, tende, pois, sempre uma palavra de esperança e de conforto, a fim de que sejais inteiramente amor e justiça"*

4   Se considerarmos o período dos últimos cem anos, podemos concluir que a humanidade, hoje, é melhor?

Sem dúvida, sim. Em que pese ela haver caminhado muito pouco em relação ao ponto ideal a atingir, somos forçados a admitir que a humanidade melhorou bastante e tende a melhorar ainda mais, pois tudo na natureza está sob o influxo da lei do progresso.

> *Para essa caminhada atingir mais rapidamente o ponto de chegada é imprescindível a vivência do amai bastante, para serdes amado.*

5   Como esse melhoramento da humanidade ocorre e pode ser percebido?

Através do progresso intelectual e moral atingido pela criatura, que lhe permite aceitar melhor as ideias novas sobre liberdade e fraternidade, que antes rejeitava.

> *O progresso, muitas vezes, se opera através do bem que trabalha em silêncio e no anonimato, e que no decorrer dos anos se faz sentir*

6   Que fazer diante do mal que tenta impedir nosso esforço renovador?

Perseverar no bem, já que temos a compreensão da justiça e da bondade de Deus, dentro de cada um de nós.

> *Não há coração tão endurecido que não ceda, a seu malgrado, ao influxo do amor verdadeiro.*

RELER OS DOIS ÚLTIMOS PARÁGRAFOS

7   Como o Espiritismo contribui para a melhoria da humanidade?

Esclarecendo a criatura sobre os reais valores da vida e, sobretudo, restaurando a simplicidade e a ação consoladora do Evangelho de Jesus.

> *O movimento espírita, em razão do avanço seguro que realiza, contribui para a disseminação e aceitação das ideias de justiça e de renovação, por parte das criaturas de boa vontade.*

DESTAQUES COMPLEMENTARES

O EGOÍSMO
61

FONTE BÁSICA

KARDEC, Allan. **O Evangelho Segundo o Espiritismo**. Trad. Guillon Ribeiro. 89 ed. Rio de Janeiro: FEB, 1984. **Cap. XI, Item 11**. p. 197-8.

FONTES COMPLEMENTARES

1. KARDEC, Allan. *O egoísmo*. In: __. **O Livro dos Espíritos**. Trad. Guillon Ribeiro. 47. ed. Rio de Janeiro: FEB, 1987. Parte 3ª, cap. XII, Questões 913 a 917. p. 418-22.

2. XAVIER, Francisco C. *Ninguém vive para si*; mens. 154. In: __. **Fonte Viva**. Pelo espírito Emmanuel. 13. ed. Rio de Janeiro: FEB, 1985. p. 347-8.

3- __. *O filho egoísta*; mens. 157. In: __. **Pão Nosso**. Pelo espírito Emmanuel. 9 ed. Rio de Janeiro: FEB, 1982. p. 325-6.

4. XAVIER, Francisco C. & VIEIRA, Waldo. *Crises sem dor*; mens. 26. In: __. **Estude e Viva**. Pelos espíritos Emmanuel e André luiz. 3. ed. Rio de Janeiro: FEB, 1972. p. 150-1.

5. Op cit. , *Mortos voluntários*; mens. 26. p. 151-3.

OBJETIVO

Esclarecer em que se apóia o egoísmo, enfatizando o seu efeito danoso para a humanidade, bem como os meios de combatê-lo e sensibilizar os participantes para a necessidade de eliminá-lo da face da terra.

CONCLUSÃO

O egoísmo se baseia no sentimento de interesse pessoal. Constitui a negação da caridade e, por isso, o maior obstáculo ao progresso moral. Para a felicidade dos homens é necessário combatê-lo, através de um processo de reforma íntima que os torne mais sensíveis às necessidades e sofrimentos do próximo.

OBSERVAÇÃO

O dirigente, ao ler o texto, deverá certificar-se do completo entendimento do vocabulário pelos participantes.

INDICAÇÃO DO TEXTO, PERGUNTAS, RESPOSTAS E DESTAQUES

LER O ITEM 11

1   Em que se apóia o egoísmo e por que ele impede o progresso moral?

O egoísmo tem como base o sentimento de interesse pessoal e impede que no coração do homem se desenvolvam outros sentimentos mais nobres, como a fraternidade e a caridade, entravando, assim, o progresso moral.

> *O homem egoísta é, muitas vezes, levado a sê-lo pelo egoísmo dos outros. Se estes pensam apenas em si próprios, ele passa a ocupar-se consigo, mais do que com os outros.*

2   Por que é necessário combater o egoísmo dentro de nós?

Porque, sendo ele a negação da caridade e o causador de todas as misérias do mundo terreno, a felicidade dos homens só será possível quando for eliminado o egoísmo do coração de cada um.

> *O egoísmo é, pois, o alvo para o qual todos os crentes devem dirigir suas forças e sua coragem.*

3   Por que é mais fácil vencer aos outros do que a nós mesmos?

Porque, para vencer aos outros, basta dar vazão aos instintos e à animalidade que ainda predomina em nós; para vencer a nós próprios, no entanto é necessário renunciar aos nossos interesses e caprichos, em benefício do próximo, o que é muito mais difícil.

> *A prática dos sentimentos nobres ainda constitui um grande desafio para todos nós, em face do predomínio dos nossos interesses em relação aos do próximo.*

4   Como devemos entender a atitude de Pilatos, diante de Jesus?

Como uma atitude egoísta, em que prevaleceram o apego e o prestígio do poder, tornando Pilatos indiferente à injustiça contra o Mestre.

> *A indiferença é uma das manifestações do egoísmo, pois nos faz voltar as costas para o próximo.*

5   É possível eliminar o egoísmo da face da Terra?

Sim. O egoísmo, sendo um sentimento resultante da influência da matéria, se enfraquecerá à medida em que a vida moral for predominando sobre a material.

> *O egoísmo se assenta na importância que cada um atribui a si próprio. Destruindo-se essa importância ou, pelo menos, reduzindo-a às suas legítimas proporções, o egoísmo tende a desaparecer.*
> *O mal leva à busca do remédio que, no caso, é a caridade.*

6   Como promovermos a destruição do egoísmo em nós?

Começando por dar exemplo, como fez Jesus; praticando a caridade desinteressada, sem nos importarmos com aqueles que nos tratam com ingratidão; tornando-nos, enfim, mais sensíveis às necessidades e sofrimentos alheios.

Compreendendo o efeito danoso do egoísmo, iniciamos o nosso processo de reforma íntima, colaborando eficazmente para a melhoria da humanidade.

7   A ingratidão não será obstáculo à nossa boa ação?

Não, pois devemos ser caridosos com todos, fazendo o bem indistintamente, e deixar que Deus julgue os nossos atos.

O Cristo não repelia aquele que o buscava, fosse quem fosse; socorria, assim, tanto a mulher adúltera como o criminoso, sem temer que a sua reputação sofresse com isso.

DESTAQUES COMPLEMENTARES

O EGOÍSMO
62

FONTE BÁSICA

KARDEC, Allan. **O Evangelho Segundo o Espiritismo**. trad. Guillon Ribeiro, 89. ed. Rio de Janeiro: FEB, 1984. **Cap. XI, item 12**. p. 198-9

FONTES COMPLEMENTARES

1. KARDEC, Allan. *O egoísmo*; In:__. **O Livro dos Espíritos**. trad. Guillon Ribeiro. 47. ed. Rio de Janeiro, FEB, 1987. Parte 3ª, Cap. XII, Questões 913 a 917. p. 418-22.

2. XAVIER, Francisco C. *A regra áurea*; mens. 41. In:__. **Caminho, Verdade e Vida**. Pelo espírito Emmanuel. 10. ed. Rio de Janeiro: FEB, 1983. p. 97-8.

3. *Beneficência e Justiça*; mens. 30. In:__. **Livro da Esperança**. Pelo espírito Emmanuel. 7 ed. Uberaba: CEC, 1984. p. 97-8.

4. *Ninguém vive para si*; mens. 154. In:__. **Fonte Viva**. Pelo espírito Emmanuel. 13. ed. Rio de Janeiro: FEB, 1985. p 347-8.

5.__. *O filho egoísta*; mens. 157. In : __. **Pão Nosso**. Pelo espírito Emmanuel. 9 ed. Rio de Janeiro: FEB, 1982. p. 325-6.

OBJETIVO

Esclarecer os participantes a respeito dos males que o egoísmo acarreta, alertando-os quanto à necessidade de substituir essa prática pela vivência da caridade e da fraternidade.

CONCLUSÃO

Deus nos criou para a felicidade, fruto do relacionamento fraterno com nosso próximo; o egoísmo faz com que nos enclausuremos em nós mesmos, privando-nos dessa bênção.

OBSERVAÇÃO

O dirigente, ao ler o texto, deverá certificar-se do completo entendimento do vocabulário pelos participantes.

INDICAÇÃO DO TEXTO, PERGUNTAS, RESPOSTAS E DESTAQUES

LER O ITEM 12, COMPLETAMENTE.

1   O que impede a prática da caridade pelos homens?

O egoísmo, que enclausura as pessoas em si mesmas, privando-as de se relacionar fraternalmente com o próximo.

> *O egoísmo é a negação da caridade. Sem a caridade não haverá descanso nem segurança para a sociedade humana.*

2   O que é necessário para que a caridade seja melhor praticada na face da Terra?

É necessário que os homens se amem com mútuo amor, pois só o amor torna os corações sensíveis aos sofrimentos alheios.

> *"Se na Terra a caridade reinasse, o mau não imperaria nela fugiria envergonhado; ocultar-se-ia, visto que em toda parte se acharia deslocado."*

3   O mal desaparecerá, um dia, da Terra?

Certamente que sim. Quando os homens melhor compreenderem as lições e os exemplos do Cristo e se compenetrarem da sua verdadeira função como cristãos, o mal desaparecerá da Terra, dando lugar à caridade.

> *"O Cristo jamais se escusava; não repelia aquele que o buscava, fosse quem fosse."*

4   De que forma podemos contribuir para a implantação do amor e a consequente destruição do egoísmo na face da Terra?

Começando por dar o exemplo, como fez Jesus, sendo caridoso para com todos, fazendo todo o bem que pudermos, inclusive àqueles que nos olham com desdém; tornando-nos, enfim, mais sensíveis às necessidades e sofrimentos alheios.

> *Compreendendo o efeito danoso do egoísmo, iniciamos o nosso processo de reforma íntima, colaborando eficazmente para a melhoria da Humanidade.*

5   A ingratidão das pessoas não será obstáculo à nossa boa ação?

Não. A nós compete, unicamente, fazer o bem não importa a quem; a Deus, que sabe o que vai em nosso íntimo, fica o encargo de fazer toda a justiça.

> *Jesus, ao nos dar a receita do amor, não estabeleceu limites nem condições para a sua prática.*

6   **Qual o maior obstáculo que encontramos para a destruição do egoísmo em nós?**

Nossos interesses e caprichos que, erradamente, sempre colocamos acima dos do próximo.

> *A satisfação desses interesses e caprichos ainda nos impede de reconhecer em nossos semelhantes criaturas que, como nós, aspiram à mesma felicidade.*

7   **Como impedir que nossos interesses e caprichos falem mais alto?**

Através do esforço próprio, muita coragem e tendo a norma cristã como inspiração para todas as lides cotidianas, aprenderemos a dividir o que temos com os nossos semelhantes.

> *Ninguém vive para si: vivemos para nossos familiares, nossos amigos, nossos ideais etc.*

DESTAQUES COMPLEMENTARES

A FÉ E A CARIDADE
63

FONTE BÁSICA

KARDEC, Allan. **O Evangelho Segundo o Espiritismo**. Trad. Guillon Ribeiro, 89 ed. Rio de Janeiro: FEB, 1984. **Cap. XI, item 13**. p. 199- 200.

FONTES COMPLEMENTARES

1. KARDEC, Allan. *Fora da Caridade não há Salvação*. In:__. **O Evangelho Segundo o Espiritismo**. Trad. Guillon Ribeiro. 89 ed. Rio de Janeiro: FEB, 1984. Cap. XV, item 10. p 261-2.

2. Op. cit. ; *Poder da Fé*. Cap. XIX, Itens 1 a 5. p. 313-5.

3. Op. cit. ; *A fé religiosa – Condição da fé inabalável.* Cap. XIX, Itens 6 e 7 p. 315-7.

4. VIEIRA, Waldo. *Numismatas da Caridade*; mens. 38. In: __. **Bem-aventurados os Simples**. Pelo espírito Valérium. 5. ed. Rio de Janeiro: FEB, 1982. P. 97-8.

5. XAVIER, Francisco C. *Homens de Fé*; mens. 9. In: __. **Pai Nosso**. Pelo espírito Emmanuel. 5. ed. Rio de Janeiro: FEB, 1977. p. 29-30.

6.__. *O irmão*; mens. 163. In: __. **Vinha de Luz**. Pelo espírito Emmanuel. 7. ed. Rio de Janeiro: FEB, 1983. p. 341-2.

7.__. *Sentimentos Fraternos*; mens. 10. In: __. **Pão Nosso**. Pelo espírito Emmanuel. 5. ed. Rio de Janeiro: FEB, 1977. p. 31-2.

OBJETIVO

Enfatizar a importância da fé e da caridade como fatores decisivos para a evolução espiritual e condição para manter uma ordem social entre os homens, capaz de torná-los felizes.

CONCLUSÃO

A caridade só é verdadeira e capaz de promover a evolução do espírito quando praticada com abnegação e um constante sacrifício de todo interesse egoístico. Mas, para isso, ela tem que ser inspirada e sustentada na fé, que lhe constitui a mola propulsora.

OBSERVAÇÃO

O dirigente, ao ler o texto, deverá certificar-se do completo entendimento do vocabulário pelos participantes.

INDICAÇÃO DO TEXTO, PERGUNTAS, RESPOSTAS E DESTAQUES

LER TODO O TEXTO

1 Por que a fé é importante para manter entre os homens uma ordem social capaz de torná-los felizes?

Porque a fé nos conduz à caridade, desenvolvendo em nós o espírito de solidariedade, eliminando as divergências que tanto separam as criaturas.

A fé constitui força motriz que impulsiona a caridade, em cujo trabalho o espírito se engrandece e alcança a plenitude da felicidade.

2 Por que é necessário o concurso da fé para a prática da verdadeira caridade?

Porque a prática desta exige muita abnegação e sacrifício de todo interesse egoístico, devotamentos esses que só a fé tem o poder de inspirar.

"A fé raciocinada, por se apoiar nos fatos e na lógica, nenhuma obscuridade deixa. A criatura crê porque tem certeza, e ninguém tem certeza senão porque compreendeu."

3 É lícito ao homem procurar ocupar-se unicamente com a sua felicidade?

Não. Embora seja natural que o homem busque ser feliz, procurando vencer as vicissitudes da vida, ele só atingirá a perfeição e a felicidade na medida em que também se preocupar com a do seu semelhante, exercitando-se na caridade.

"Sem levar em conta as vicissitudes ordinárias da vida, a diversidade dos gostos, dos pendores e das necessidades, é esse também um meio de vos aperfeiçoardes, exercitando-vos na caridade."

4 Podemos dizer que as dificuldades da vida estão vinculadas à falta de caridade?

Sim, e nela, unicamente, está a solução. Quando nos voltamos para o bem-estar do próximo, aliviamos nossas dores e concorremos para a paz social.

A maior receita de fraternidade está contida na fórmula sagrada e imutável anunciada por Jesus no amai-vos uns aos outros.

5 Como devemos encarar os gozos materiais?

Unicamente como meio de satisfação das necessidades orgânicas, portanto, efêmeras. Encará-los como fim último é desprezar o real objetivo da vida terrestre: o aperfeiçoamento moral, único que encerra a verdadeira felicidade.

> *Devemos utilizar os recursos e oportunidades de que dispomos, no mundo material, visando tão-somente à nossa melhoria e à do próximo.*

6 O que é necessário para sermos verdadeiros cristãos?

É necessário, tão somente, que sacrifiquemos o nosso egoísmo, nosso orgulho e nossa vaidade, em benefício do próximo.

> *O verdadeiro cristão se distingue pelo muito que ama o seu próximo.*

DESTAQUES COMPLEMENTARES

CARIDADE PARA COM OS CRIMINOSOS
64

FONTE BÁSICA

KARDEC, Allan. **O Evangelho Segundo o Espiritismo**. Trad. Guillon Ribeiro. 89 ed. Rio de Janeiro: FEB, 1984. **Cap. XI, Itens 14 e 15**. p. 200-2.

FONTES COMPLEMENTARES

1. FRANCO, Divaldo P. *Seja Compreensivo*; mens. 9. In: __. **Luz Viva**. Ditado pelos Espíritos Joanna de Ângelis e Marco Prisco. 2. ed. Salvador: liv. Espírita "Alvorada", 1988. p. 59-60.

2. Op. cit. , *A Pena Capital*; mens. 18. p. 109-11.

3. Op. cit. , *Frutos da Delinquência*; mens. 20. p. 122-3.

4.__. *Fé*; mens. 14. In: __. **Estudos Espíritas**. Ditado pelo Espírito Joanna de Ângelis. 1. ed. Rio de Janeiro: FEB, 1982. p 113-6.

5. Op. cit. *Esperança*; mens. 15. p. 117-20.

6. Op. cit. *Caridade*: mens. 16. p. 121-6.

7. Op. cit. , *Amor*; mens. 21. p. 157-61.

OBJETIVO

Transmitir aos participantes como deve ser nossa conduta com relação aos criminosos, ressaltando nossa atitude diante de um malfeitor que corre risco de vida.

CONCLUSÃO

A nossa atitude diante de um criminoso deverá ser de benevolência, de amor, de consolação e de encorajamento. Se tivermos oportunidade de salvá-lo diante da morte, não deveremos desperdiçá-la. Ele é tanto nosso irmão quanto o melhor dos homens.

OBSERVAÇÃO

O dirigente, ao ler o texto, deverá certificar-se do completo entendimento do vocabulário pelos participantes.

INDICAÇÃO DO TEXTO, PERGUNTAS, RESPOSTAS E DESTAQUES

LER O ITEM 14. DEPOIS, RELER O PRIMEIRO E SEGUNDO PARÁGRAFOS

1 **Como fazer caridade a um criminoso?**

Não lhe desejando mal, não julgando seus atos, visitando-o no presídio, levando-lhe uma mensagem que poderá conduzi-lo à regeneração.

> *A violência é fruto do desamor, do egoísmo e da indiferença para com o próximo.*

RELER OS DOIS PARÁGRAFOS SEGUINTES

2 **O crime desaparecerá da Terra, um dia?**

Sim. Quando os homens aprenderem a ser irmãos, obedecendo aos ensinos de Jesus, não estabelecendo diferença entre si e a ninguém desprezando. É com esta finalidade que estamos na Terra.

> *"Permite Deus que entre vós se achem grandes criminosos, para que vos sirvam de ensinamentos."*

RELER O ÚLTIMO PARÁGRAFO

3 **Como devemos considerar os criminosos?**

São doentes da alma, como somos também, e irmãos nossos, criados, como nós, para a perfeição.

> *Devemos orar com fé pelos criminosos, pois o arrependimento pode tocar-lhes o coração.*

LER O ITEM 15

4 **Devemos expor a própria vida para salvar um criminoso?**

Sim. Livrar um malfeitor da morte, além de constituir um ato de caridade, representa para ele uma oportunidade de reerguimento moral.

> *Um homem verdadeiramente caridoso não se furta a dar sua própria vida por alguém, mesmo sendo por um malfeitor, pois este também é filho de Deus.*

5 **A "morte" seria um bem para o criminoso?**

Só a Deus cabe julgar. Mas podemos acreditar que, a partir do ato salvacionista, a vida do malfeitor poderia reformular-se para melhor, e conquistaríamos um amigo para a eternidade, disposto a ouvir nossas propostas renovadoras.

> Sem a caridade das almas nobres, o malfeitor demoraria muito mais para renovar-se.
> Socorre-se um inimigo; deve-se, portanto, socorrer o malfeitor, que é o inimigo da sociedade.

6 Pode um homem vir a se arrepender de seus atos pecaminosos se tiver, diante da morte iminente, a chance de ser salvo?

É possível, pois, nesse instante, o homem perdido vê surgir diante de si todo o seu passado, fazendo-o enxergar a chance de redimir-se vivendo mais algum tempo na recuperação renovadora.

> Ao salvar um malfeitor da morte, não devemos indagar se ele vai agradecer ou não; devemos seguir a voz do nosso coração.

---- DESTAQUES COMPLEMENTARES ----

RETRIBUIR O MAL COM O BEM
65

FONTE BÁSICA

KARDEC, Allan. **O Evangelho Segundo o Espiritismo**. Trad. Guillon Ribeiro. 89. ed Rio de Janeiro: FEB, 1984. **Cap. XII, itens 1 a 4** . p. 203-6.

FONTES COMPLEMENTARES

1. FRANCO, Divaldo P. *Perante inimigos*; mens. 3. In:___. **Luz Viva**. Pelos espíritos Joanna de Ângelis e Marco Prisco. 2. ed. Salvador: Liv. Espírita Alvorada, 1984. p. 23-5.

2. XAVIER, Francisco C. *Além dos outros*; mens. 96. In:___. **Fonte Viva**. Pelo espírito Emmanuel. 12. ed. Rio de Janeiro: FEB, 1984. p. 221-2.

3.___. *Credores diferentes*; mens. 41. In: __. **Vinha de Luz**. Pelo espírito Emmanuel. 7. ed. Rio de Janeiro: FEB, 1983. p. 93-4.

4. Op. cit. *Cristãos*; mens. 161. p. 337-8.

5. Op. cit. , *Que fazeis de especial?*; mens. 60. p. 133-4.

6.___. *Inimigos*; mens. 137. In: __. **Pão Nosso**. Pelo espírito Emmanuel. 5. ed. Rio de Janeiro: FEB, 1977. p. 285-6.

7. XAVIER, Francisco C VIEIRA, Waldo. *Ambiente espiritual*; mens. 35. In:__. **Estude e Viva**. Pelos espíritos Emmanuel e André Luiz. 3. ed. Rio de Janeiro: FEB, 1972. p. 200-01.

8.___. *Crítica*; mens. 43. In: __. **Espírito da Verdade**. Pelo espírito André Luiz. 5. ed. Rio de Janeiro: FEB, 1977. p. 107-8.

9.___. *Necessitados difíceis*; mens. 36. In: __. **Opinião Espírita**. Pelos espíritos Emmanuel e André Luiz. 5 ed. Uberaba: CEC, 1982. p. 123-5.

OBJETIVO

Enfatizar a importância de retribuir o mal com o bem, destacando qual deve ser o nosso comportamento diante daqueles que se apresentam como nossos inimigos.

CONCLUSÃO

Não existe mérito algum em só amar aqueles que nos amam, visto que os maus também fazem o mesmo. O verdadeiro mérito está em fazer o bem a quem nos faz o mal; em perdoar e amar os nossos inimigos; em fazer, enfim, o bem a todos, indistintamente, sem esperar retribuição alguma.

OBSERVAÇÃO

O dirigente, ao ler o texto, deverá certificar-se do completo entendimento do vocabulário pelos participantes.

INDICAÇÃO DO TEXTO, PERGUNTAS, RESPOSTAS E DESTAQUES

LER O ITEM 1.

1   **Que recompensa teremos em retribuir o mal com o bem?**

A recompensa de estar com Deus e experimentar uma sensação de paz interior e de indescritível felicidade, estado natural daqueles que fielmente cumprem as leis divinas.

> *O pensamento malévolo cria uma corrente fluídica que impressiona penosamente; o benévolo, ao contrário, nos envolve num agradável bem estar.*

2   **Por que devemos amar, inclusive, os nossos inimigos?**

Primeiro, porque eles nos servem para provar nossa paciência, resignação e capacidade de perdoar; segundo, porque é nosso dever ajudar a se reerguerem, para a senda divina, os irmãos que dela se desviaram.

> *O amor aos inimigos representa uma das maiores vitórias alcançadas contra o egoísmo e o orgulho.*

LER O ITEM 2

3   **Por que não há mérito em só amarmos os que nos amam?**

Porque, quando amamos só os que nos amam, o fazemos por mero dever de retribuição, sem nenhum esforço de nossa parte. Consequentemente, não existe aí progresso algum.

> *Os malfeitores e criminosos também amam aqueles que lhes são caros. Deus ama a todos nós indistintamente, bons e maus.*

4   **Qual deve ser, então, o nosso comportamento no relacionamento diário com as pessoas que nos rodeiam?**

Devemos tratar a todos, inclusive aqueles com quem não nos afinamos, com a mesma dignidade e respeito que gostaríamos nos dispensassem; fazer aos outros todo o bem ao nosso alcance; e auxiliar sem esperar coisa alguma.

Jesus nos recomendou que amássemos o nosso próximo como a nós mesmos.

LER O ITEM 3

5 Amando os inimigos não estaremos apoiando a perversidade e a continuidade do mal?

Não, pois esse amor não tem por fim aprovar suas atitudes, mas sensibilizá-los para a necessidade de se reformarem intimamente. Para isso, é indispensável a nossa paciência e disposição sincera e fraternal em ajudá-los.

O próprio malfeitor se corrigirá do mal, através do sofrimento que experimenta, decorrente de sua má conduta.

6 De que forma podemos amar os inimigos?

Não lhes guardando ódio, rancor ou desejo de vingança; perdoando-lhes o mal que nos causem; experimentando júbilo, em vez de pesar, com o bem que lhes advenha; enfim, retribuindo-lhes sempre o mal com o bem, sem a intenção de os humilhar.

Amar os inimigos não é dedicar-lhes extrema afeição, mas não lhes desejar nada que não quiséssemos para nós próprios.
Embora seja difícil amar os inimigos, devemos nos esforçar para dar-lhes o mesmo tratamento que dispensamos aos amigos.

LER O ITEM 4.

7 O que dizer dos que veem no inimigo um ser nocivo, indigno de merecer o seu perdão?

São pessoas incrédulas, que desconhecem a harmonia e a justiça que presidem as leis divinas, as quais nos colocam em convívio com aqueles a quem ofendemos no passado e que, hoje, nos servem de instrumento de evolução.

O inimigo é a mão que Deus nos dá para demonstrarmos paciência e resignação.

DESTAQUES COMPLEMENTARES

OS INIMIGOS DESENCARNADOS
66

FONTE BÁSICA

KARDEC, Allan. **O Evangelho Segundo o Espiritismo**. Trad. Guillon Ribeiro. 89. ed. Rio de Janeiro: FEB, 1984. **Cap. XII, itens 5 e 6**. p. 206-7.

FONTES COMPLEMENTARES

1. FRANCO, Divaldo P. *As obsessões*; mens. 29. In:__. **Lampadário Espírita**. Pelo espírito Joanna de Ângelis. 3. ed. Rio de Janeiro: FEB, 1978. p. 123-5

2. Op. cit. *Desobsessão*, mens. 19. p. 83-6

3. Op. cit. *Influenciações*; mens. 28. p. 119-21.

4. XAVIER, Francisco C. *Inimigos*; mens. 137. In:__. **Pão Nosso**. Pelo espírito Emmanuel. 9. ed. Rio de Janeiro: FEB, 1982. p. 285-6.

5. XAVIER, Francisco C. & VIEIRA, Waldo. *Nossos irmãos*; mens. 83. In:__. **O Espírito da Verdade**. Pelo espírito Albino Teixeira. 5. ed. Rio de Janeiro: FEB, 1985. p. 206-7.

6.__. *Em torno da obsessão*; mens. 23. In:__. **Estude e Viva**. Pelos espíritos Emmanuel de André Luiz. 3. ed. Rio de Janeiro: FEB, 1972. p. 134-5.

7. Op. cit. , *Na cura da obsessão*; mens. 23. p. 135-7.

OBJETIVO

Esclarecer aos participantes as consequências da inimizade após a morte, bem como a importância e a necessidade da indulgência para com os inimigos; concitá-los a observar o preceito de Jesus, **Amai os vossos inimigos**.

CONCLUSÃO

O ódio transpõe o túmulo. O inimigo desencarnado, portanto, é alguém que ofendemos em vidas passadas e que hoje nos alcança para o necessário reajuste. No preceito de Jesus **Amai os vossos inimigos**, encontramos o caminho para a reconciliação com o adversário.

OBSERVAÇÃO

O dirigente, ao ler o texto, deverá certificar-se do completo entendimento do vocabulário pelos participantes.

INDICAÇÃO DO TEXTO, PERGUNTAS, RESPOSTAS E DESTAQUES

LER O ITEM 5

1 Há criaturas destinadas, definitivamente, ao mal?

Não. Toda maldade é passageira. Portanto, chegará o momento em que a criatura má reconhecerá seus erros e retomará o caminho do bem.

"(...) a maldade não é um estado permanente dos homens; ela decorre de uma imperfeição temporária."

2 A morte de um inimigo nos livra de sua presença?

Livra-nos apenas de sua presença material, pois, mesmo desencarnado, ele pode continuar a nos perseguir com seu ódio.

Assim como o amor une os espíritos, também o ódio os mantêm ligados, mesmo após a morte.

3 Qual a real consequência da vingança?

Ligar ainda mais o algoz à vítima, pelos laços do ódio, até que se ajustem pela lei de Deus, que é de perdão e fraternidade.

A vingança fortalece o ódio, perpetuando uma inimizade por várias encarnações.
Extinguir o ódio derramando o sangue do inimigo é radicalmente falso, pois o sangue alimenta o ódio, mesmo no além túmulo.

4 Como devemos agir para evitar que malquerenças e inimizades perdurem depois da morte?

Observando o preceito de Jesus, de amar os nossos inimigos, procedendo para com eles com a mesma retidão que gostaríamos fosse usada para conosco.

"Não há coração tão perverso que (...) não se mostre sensível ao bom proceder."
Mediante o bom procedimento pode-se fazer de um inimigo um amigo, antes e depois de sua morte.

5 Que consequência nos traz alimentar o ódio contra o nosso inimigo?

O ódio que nutrimos pelo inimigo provoca neste um sentimento de igual intensidade contra nós, constituindo-se em instrumento de que Deus se utiliza para esclarecer aquele que não perdoou.

> *Devemos nos reconciliar o mais cedo possível com o nosso adversário, para que as discórdias não se perpetuem em existências futuras.*

LER O ITEM 6

6 Como se manifesta a ação dos inimigos desencarnados?

Atuam em nossa mente, aproveitando-se de nossas fraquezas e possibilitando diversos tipos de obsessão e subjugação.

> *O obsediado e o possesso são quase sempre vítimas de uma vingança, cujo motivo se encontra em existência anterior, em razão de seu mau proceder. Essa é a causa da maioria dos sofrimentos que o homem experimenta.*

7 Como libertar-se da ação nociva dos inimigos desencarnados?

Pela reforma íntima, à luz do Evangelho de Jesus, e através da prática do perdão e da caridade, em sua mais ampla acepção.

> *O Evangelho é abençoada escola de regeneração para todas as nossas faltas. Essas atitudes, além de impedi-los de praticar o mal contra nós, os reconduzem ao caminho do bem.*

DESTAQUES COMPLEMENTARES

SE ALGUÉM VOS BATER NA FACE DIREITA, APRESENTAI-LHE TAMBÉM A OUTRA.

67

FONTE BÁSICA

KARDEC, Allan. **O Evangelho Segundo o Espiritismo**. Trad. Guillon Ribeiro. 89 ed. Rio de Janeiro: FEB, 1984. **Cap. XII, itens 7 e 8**. p. 208-9

FONTES COMPLEMENTARES

1. FRANCO, Divaldo P. *Equilíbrio pelo amor*; mens. 16. In:__. **Lampadário Espírita**. Pelo espírito Joanna de Ângelis. 3. ed. Rio de Janeiro: FEB, 1978. p. 73-6.

2. CALLIGARIS, Rodolfo. *A pena de Talião*; In:__. **As Leis Morais**. 3. ed. Rio de Janeiro: FEB, 1977. p. 103-6.

3. XAVIER, Francisco C. *Atritos físicos*; mens. 63. In:__. **Vinha de Luz**. Pelo Espírito Emmanuel. 6. ed. Rio de Janeiro: FEB, 1981. p. 139-40.

4. Op. cit. , *Cristãos*; mens. 161. p. 337-8.

5. Op. cit. , *Resistência ao mal*; mens. 62. p. 137-8.

6.__. *Inimigos*; mens. 137. In:__. **Pão Nosso**. Pelo espírito Emmanuel. 9. ed. Rio de Janeiro: FEB, 1982. p. 285-6.

7. XAVIER, Francisco C. & VIEIRA, Waldo. *Esperando por ti*; mens. 71. In:__. **O Espírito da Verdade**. Espíritos diversos. 5. ed. Rio de Janeiro: FEB, 1977. p. 165.

8. Op. cit. , *Jesus sabe*; mens. 65. p. 153-4.

OBJETIVO

Mostrar aos participantes o que Jesus nos ensina através do preceito que intitula o tema. Esclarecer, ainda, de que modo a fé na vida futura nos encoraja a suportar os insultos sem revidá-los.

CONCLUSÃO

Oferecer a outra face é não revidar as ofensas recebidas; é libertar, tanto o agressor quanto nós mesmos, do desejo de vingança.

Quanto maior for nossa fé na vida futura, mais nos elevaremos, pelo pensamento, acima das coisas materiais, e menos nos magoarão as coisas da Terra.

───── OBSERVAÇÃO ─────

O dirigente, ao ler o texto, deverá certificar-se do completo entendimento do vocabulário pelos participantes.

INDICAÇÃO DO TEXTO, PERGUNTAS, RESPOSTAS E DESTAQUES

LER OS ITENS 7 E 8

1   A lei de Moisés estimula os homens ao perdão?

Não. Sua lei, destinada a espíritos ainda atrasados e endurecidos, estimulava a vingança, com o célebre preceito: "olho por olho e dente por dente."

> *"Moisés (...) dava ao ofendido o direito de tirar desforra, pessoalmente e na proporção da ofensa recebida."*

2   Que novos ensinamentos trouxe Jesus à Humanidade?

Ele nos ensinou, com seu próprio exemplo, a mansidão, a generosidade, a tolerância, a paciência e o perdão.

> *"Se alguém vos bater na face direita, apresentai-lhe também a outra." "Se alguém vos quiser tomar a túnica, também entregueis o manto."*

3   Como, usualmente, agem as pessoas em nossos dias, quando recebem uma ofensa?

Com espírito de vingança, retribuindo uma injúria com outra, uma ofensa com outra, acreditando que, agindo assim, procedem com justiça.

> *A justiça de Deus dispensa o nosso concurso; pela lei do retorno, o malfeitor terá contra si os efeitos do mal que praticou.*

4   Por que, ao orgulhoso, o preceito de Jesus parece covardia?

Porque, como sua visão não ultrapassa o presente, acredita que há mais coragem em vingar-se do que em suportar um insulto.

> *A fé na vida futura aplaca o orgulho e a vaidade, tornando menos difícil praticar o preceito cristão de retribuir o mal com o bem.*
> *"Somente a fé na vida futura e na justiça de Deus (...) pode dar ao homem forças para suportar com paciência os golpes que lhe sejam desferidos nos interesses e no amor próprio."*

5   Devemos seguir ao pé da letra este preceito, não resistindo nem nos defendendo do mal que nos queiram fazer?

Certamente que não, pois, como se sabe, Jesus costumava falar em linguagem figurada. Ademais, se assim fosse, Deus não nos teria dotado de instinto de conservação, que nos leva a evitar os perigos e a nos proteger das agressões.

> *Se deixássemos o campo livre para os maus, bem depressa todos os bons seriam suas vítimas.*

6 Qual, então, o verdadeiro sentido deste ensinamento?

Jesus quis, com estas palavras, condenar todas as formas de vingança, ensinando-nos a pagar o mal com o bem.

> *Maior glória lhe advém de ser ofendido do que de ofender, de suportar pacientemente uma injustiça do que de praticar alguma.*

7 Como podemos obter forças para praticar o perdão, ensinado por Jesus?

Buscando nos elevar sempre, pelo pensamento, acima da vida material, pois só assim sofreremos menos pelo mal que praticarem contra nós e, com mais facilidade, perdoaremos.

> *O estudo do Evangelho de Jesus e a prece nos auxiliam a encontrar a força necessária para a prática sublime de retribuir o mal com o bem.*

DESTAQUES COMPLEMENTARES

A VINGANÇA
68

FONTE BÁSICA

KARDEC, Allan. **O Evangelho Segundo o Espiritismo**. Trad. Guillon Ribeiro. 89. ed. Rio de Janeiro: FEB, 1984. **Cap. XII, Item 9**. p. 209-11.

FONTES COMPLEMENTARES

1. CALLIGARIS, Rodolfo. **A Vingança**; mens. 60. In:__. **Páginas de Espiritismo Cristão**. 1. ed. Rio de Janeiro: FEB, 1966. p. 191-3.

2. PERES, Ney Prieto. **Vingança**. In:__. **Manual Prático do Espírita**. 1. ed. São Paulo: Editora Pensamento, 1984. p. 89-91.

OBJETIVO

Esclarecer em que consiste a vingança, quais as consequências para aquele que se vinga e como devemos agir para nos libertar deste sentimento.

CONCLUSÃO

A vingança, fruto do atraso moral do homem, é condenável, pois consiste na manifestação de um coração rancoroso. Este sentimento, contrário à lei de Deus, deixará de existir na Terra quando o homem, usando os recursos do Evangelho e da prece, se esforçar por perdoar as ofensas recebidas.

OBSERVAÇÃO

O dirigente, ao ler o texto, deverá certificar-se do completo entendimento do vocabulário pelos participantes.

INDICAÇÃO DO TEXTO, PERGUNTAS, RESPOSTAS E DESTAQUES

LER O ITEM 9.

1   Em que consiste a vingança?

É uma manifestação de desamor, decorrente do estado de atraso moral em que ainda se encontram os homens que dela se utilizam e os espíritos que a inspiram.

> *"A vingança é um dos últimos remanescentes dos costumes bárbaros que tendem a desaparecer dentre os homens."*
> *A vingança é uma inspiração que se torna mais cruel quando associada à falsidade e à baixeza.*

2   Por que a vingança é condenável?

Porque, sendo ela a manifestação de um coração ressentido pelo ódio e que guarda mágoa do semelhante, torna-se contrária à Lei de Deus, que é toda de amor.

> *Jesus nos aconselhou a perdoar setenta vezes sete vezes; prescreveu, também, que devemos amar o nosso inimigo. A vingança é a negação desses ensinamentos.*

3   A vingança não seria uma forma de aplicação da justiça?

Não. Aquele que faz justiça com as próprias mãos arca com a responsabilidade do respectivo resgate. Fazer justiça, compete unicamente a Deus.

> *A justiça divina dispõe de recursos que dispensam nossa atuação.*

4   Como Jesus reprovou a vingança?

Aconselhando-nos a perdoar e amar os inimigos, e a fazer o bem a todos, indistintamente.

> *Aquele que perdoa é bem visto aos olhos de Deus e se torna, por isso, merecedor, também, do seu perdão.*

5   Como devemos agir se o sentimento de vingança for mais forte que o desejo de perdoar?

Devemos empreender todo o nosso esforço por desenvolver os sentimentos de fraternidade e tolerância, buscando no Evangelho e na prece o amparo e a inspiração para nos libertarmos do desejo de vingança.

> *A nobreza da alma, cuja principal característica é perdoar indistintamente as ofensas, é conquista de grande esforço.*

6   Qual a consequência da vingança para quem a pratica?

Aquele que se vinga, além de aumentar seus débitos para com a justiça divina, deixa escapar a oportunidade de se regenerar através do perdão ao agressor, com quem terá, inevitavelmente, de se reconciliar um dia.

> *O vingador é alguém que carrega um pesado fardo de dores, do qual só se libertará quando iniciar a prática do perdão.*

DESTAQUES COMPLEMENTARES

O ÓDIO
69

FONTE BÁSICA

KARDEC, Allan. **O Evangelho Segundo o Espiritismo**. Trad. Guillon Ribeiro. 89 ed. Rio de Janeiro: FEB, 1984. **Cap. XII, Item 10**. p. 211.

FONTES COMPLEMENTARES

1. XAVIER, Francisco C. *Inimigos*; mens. 137. In:__. **Pão Nosso**. Pelo espírito Emmanuel. 9. ed. Rio de Janeiro: FEB, 1982. p. 285-6.

2.__. *Perdão*. In:__. **O Consolador**. Pelo espírito Emmanuel. 6. ed. Rio de Janeiro: FEB, 1976. 3ª Parte, Cap. III, Pergs. 332 a 341. p. 190-4.

3.__. *Resistência ao mal*; mens. 62. In:__. **Vinha de Luz**. Pelo espírito Emmanuel. 6. ed. Rio de Janeiro: FEB, 1981. p. 137-8.

4. PERES, Ney Prieto. *Ódio, remorso, vingança, agressividade*. In:__. **Manual Prático do Espírita**. 1. ed. São Paulo: Editora Pensamento, 1984. p. 85-95.

OBJETIVO

Esclarecer a origem do ódio e seu efeito maléfico para aquele que odeia, bem como indicar o caminho e os meios de eliminá-lo do coração do homem, sensibilizando os participantes para a necessidade de cada um vencê-lo dentro de si.

CONCLUSÃO

O ódio é fruto da condição inferior em que ainda se encontra o homem. Odiar é ferir-se a si próprio; é um mal que atinge diretamente quem odeia.

Devemos vencê-lo dentro de nós, para desfrutarmos a verdadeira felicidade, cujo caminho é o exemplo de Jesus, contido no seu Evangelho.

OBSERVAÇÃO

O dirigente, ao ler o texto, deverá certificar-se do completo entendimento do vocabulário pelos participantes.

INDICAÇÃO DO TEXTO, PERGUNTAS, RESPOSTAS E DESTAQUES

LER O ITEM 10

1 De onde provém o ódio?

Da condição inferior em que ainda se encontra o homem, cujo orgulho fala muito alto, impedindo-o de ver, naquele que lhe inspira ódio, alguém que necessita do seu perdão, compreensão e cooperação.

> *"O ódio é o gérmen do amor que foi sufocado e desvirtuado por um coração sem Evangelho."*
> *"Só a evangelização do homem espiritual poderá conduzir as criaturas a um plano superior de compreensão..." (Emmanuel/**O Consolador** – questão 339).*

2 Quem é a principal vítima do ódio?

É aquele que alimenta este sentimento, visto que o caminho para se conquistar a felicidade passa, obrigatoriamente, pelo próximo, a quem devemos amar incondicionalmente, e não odiar.

> *"Amai-vos uns aos outros e sereis felizes."*

3 Por que devemos amar com mais intensidade aqueles que nos inspiram indiferença, ódio ou desprezo?

Porque estes são os que mais necessitam da nossa compreensão, além de constituírem a mão que nos dá o ensejo de demonstrar nossa paciência e resignação.

> *O irmão que nos inspira o sentimento de ódio constitui o meio e a oportunidade que Deus nos dá para nos regenerarmos do mal que tenhamos feito.*

4 Quem na Terra nos deu o maior exemplo de amor?

Jesus, que se entregou ao sacrifício da própria vida para dar testemunho do seu amor por todos nós.

> *Jesus é o exemplo mais perfeito que Deus tem oferecido ao homem, para lhe servir de guia e modelo. (**O Livro dos Espíritos** – questão 625).*

5 Por que é necessário amar os que nos ultrajam e perseguem, mesmo que isso seja penoso?

Porque, assim fazendo, demonstramos nossa superioridade moral em relação a eles, compelindo-os a seguirem nosso exemplo. É assim que seguimos a lição do Mestre, que nos recomenda retribuir o mal com o bem.

> *"Se os odiásseis, como vos odeiam, não valeríeis mais do que eles." O bem é o único dissolvente do mal.*

6   O que ocorre aos que violam a lei de amor?

Sofrerão a corrigenda necessária, através de duras provas restauradoras, porquanto Deus pune, nesta ou em outra vida, todos os que violam a lei de amor, uma vez que esta deve presidir todo o nosso relacionamento com o próximo.

> *A harmonia que preside as leis de Deus impõe que a violação de uma delas determine a observância e o cumprimento de outra, que leve à reparação da falta cometida. É assim que Deus nos impulsiona ao progresso.*

7   O que ocorrerá se não vencermos o ódio dentro de nós?

Não poderemos desfrutar da verdadeira felicidade, que só é permitida aos que se ajustam à lei de amor, apregoada por Jesus.

> *"O amor aproxima de Deus a criatura e o ódio a distancia Dele."*

DESTAQUES COMPLEMENTARES

FAZER O BEM SEM OSTENTAÇÃO
70

FONTE BÁSICA

KARDEC, Allan. **O Evangelho Segundo o Espiritismo**. Trad. Guillon Ribeiro. 89 ed. Rio de Janeiro: FEB, 1984. **Cap. XIII, Itens 1 a 3**. p. 219-21.

FONTES COMPLEMENTARES

1. XAVIER, Francisco C. **Beneficência e Justiça**; mens. 30. In:___. **Livro da Esperança**. Ditado pelo espírito Emmanuel. 6. ed. Uberaba: CEC, 1982. p. 97-8.

2.___. **Onde o repouso?**; mens. 11. In:___. **Segue-me!**... Ditado pelo espírito Emmanuel. 5. ed. Matão: O Clarim, 1982. p. 57-8.

3.___. **Reparemos nossas mãos**; mens. 37. In:___. **Palavras de Vida Eterna**. Ditado pelo Espírito Emmanuel. 6. ed. Uberaba: CEC, 1984. p. 91-2.

4. Op. cit. , **Mãos em Serviço**; mens. 147. p. 310-11.

5. XAVIER, Francisco C. & VIEIRA, Waldo. **Benefício Oculto**; mens. 79. In:___. **O Espírito da Verdade**. Ditado pelo espírito André Luiz. 5. ed. Rio de Janeiro: FEB, 1985. p. 183-4.

6. ROUSTAING, J. B. **Humildade e desinteresse – Segredo na prática das boas obras**. In:___. **Os Quatro Evangelhos**. 6. ed. Rio de Janeiro: FEB, 1983. IV. item 90. p. 444-5.

OBJETIVO

Estimular os participantes a refletirem em torno da obrigação de auxiliar o próximo, ressaltando as atitudes que devemos evitar e as que devemos cultivar, ao praticarmos o bem.

CONCLUSÃO

Fazer o bem é dever de todos nós. Portanto, não há razão para buscarmos aplausos para os nossos atos. O verdadeiro bem age em silêncio, com a aprovação agradecida do beneficiado, o agrado de Deus e a satisfação interior de quem o pratica.

OBSERVAÇÃO

O dirigente, ao ler o texto, deverá certificar-se do completo entendimento do vocabulário pelos participantes.

INDICAÇÃO DO TEXTO, PERGUNTAS, RESPOSTAS E DESTAQUES

LER OS ITENS 1 A 3. DEPOIS, RELER O ITEM 1

1 Que significam as palavras de Jesus "(...) não saiba a vossa mão esquerda o que faz a direita"?

Que devemos fazer o bem pela satisfação de auxiliar o irmão necessitado, e não como meio de chamar atenção sobre nós mesmos.

"Tende cuidado em não praticar as boas obras diante dos homens, para serem vistas..."
"Não saber a mão esquerda o que dá a mão direita é uma imagem que caracteriza, admiravelmente, a beneficência modesta."

2 Por que Jesus afirma que os que alardeiam a caridade praticada já receberam sua recompensa?

Porque, quem assim age, o faz movido por orgulho e vaidade, a fim de merecer os elogios das pessoas. E, sendo esse o seu propósito, o reconhecimento público já lhe basta, porque seu orgulho foi satisfeito.

"Quando derdes esmolas, não trombeteeis..."
"A prática do bem com ostentação é demonstração real de inferioridade moral."

3 Como devemos agir para auxiliar o próximo?

Ajudando nosso irmão discretamente, em segredo; cuidando em ocultar nosso gesto e dando graças a Deus pela oportunidade que nos concede, de praticar a caridade.

Na prática da caridade, o maior beneficiado não é quem a recebe, mas aquele que a pratica.

4 O bem, feito com ostentação, consegue auxiliar o necessitado?

Materialmente, é possível que sim. Moralmente, porém, causa mais mal do que bem, uma vez que o beneficiado sente mais carência de solidariedade quando o humilhamos com nosso auxílio ruidoso.

"A verdadeira caridade... é delicada e engenhosa no dissimular o benefício, no evitar até as simples aparências capazes de melindrar." A prática da caridade, sendo dever de todos nós, dispensa qualquer ato de reconhecimento ou recompensa.

RELER O ITEM 2

5 Como Jesus nos ensina, nesta passagem, a fazer o bem sem ostentação?

Atendendo, de imediato, à súplica do leproso, curando-o e recomendando-lhe que guardasse silêncio sobre o acontecido.

"Abstém-te de falar disto a quem quer que seja."

6 Se o bem deve ficar oculto, por que Jesus mandou que o ex-leproso se apresentasse aos sacerdotes?

Para que ele, de acordo com o costume da época, pudesse novamente ser registrado no rol dos vivos, voltando ao convívio da família e da sociedade.

Jesus, além de atender ao pedido do enfermo, curando-o, preocupou-se em reintegrá-lo à vida familiar e social, das quais fora banido em razão da doença.

DESTAQUES COMPLEMENTARES

OS INFORTÚNIOS OCULTOS
71

FONTE BÁSICA

KARDEC, Allan. **O Evangelho Segundo o Espiritismo**. Trad. Guillon Ribeiro. 89 ed. Rio de Janeiro: FEB, 1984. **Cap. XIII, Item 4**. p. 222-3.

FONTES COMPLEMENTARES

1. XAVIER, Francisco C. & VIEIRA, Waldo. *Mensagem de companheiro*; mens. 12a. In:__. **Estude e Viva**. Ditado pelos espíritos Emmanuel e André Luiz. 3. ed. Rio de Janeiro: FEB, 1972. p. 78-9.

2. Op. cit. , *Provas irreveladas*; mens. 12b. p. 80-1.

3. FRANCO, Divaldo P. *Não estás a sós*; mens. 8. In:__. **Lampadário Espírita**. Ditado pelo espírito Joanna de Ângelis. 3. ed. Rio de Janeiro: FEB, 1978. p. 43-4.

4. RIGONATTI, Eliseu. *Esmolas*. In:__. **O Evangelho dos Humildes**. 1. ed. São Paulo: Ed. Pensamento, s. d. Cap. VI, itens 1 a 4. p. 42-3.

5. ROUSTAING, J. B. *Humildade e desinteresse – Segredos na prática das boas obras*. In:__. **Os Quatro Evangelhos**. 6. ed. Rio de Janeiro: FEB, 1983. IV. Item 90, p. 444-5.

6. KARDEC, Allan. *Caridade e Amor ao Próximo*. In:__. **O Livro dos Espíritos**. Trad. Guillon Ribeiro. 57. ed. Rio de Janeiro: FEB, 1983. Cap. XI, questões 886 a 888-a. p. 407-9.

OBJETIVO

Chamar a atenção dos participantes para os inúmeros infortúnios ocultos que, a par das grandes calamidades, acontecem diariamente ao nosso lado, e que nos pedem a colaboração silenciosa e fraterna.

CONCLUSÃO

A verdadeira caridade vai em busca do infortúnio para minorá-lo, e o faz com respeito e em silêncio.

OBSERVAÇÃO

O dirigente, ao ler o texto, deverá certificar-se do completo entendimento do vocabulário pelos participantes.

INDICAÇÃO DO TEXTO, PERGUNTAS, RESPOSTAS E DESTAQUES

LER TODO O ITEM 4. DEPOIS, RELER O PRIMEIRO PARÁGRAFO

1 Para fazermos o bem devemos esperar que o necessitado nos procure?

Não. Se quisermos praticar a verdadeira caridade, devemos socorrer nosso irmão em aflição, sem esperar que ele se humilhe, vindo até nós.

> *"Esses infortúnios discretos e ocultos são os que a verdadeira generosidade sabe descobrir, sem esperar que peçam assistência."*

RELER O SEGUNDO PARÁGRAFO

2 Quais as características da caridade, expostas neste parágrafo?

A humildade, que nos leva a fazer o bem; a espontaneidade; a discrição; o desinteresse; o amor ao próximo. (Explicar cada característica)

> *"Não lhes pergunta qual a crença que professam nem quais suas opiniões, pois considera como seus irmãos e filhos de Deus todos os homens."*

3 Devemos divulgar os atos de caridade que praticamos?

Não. Jesus nos ensina a dar com a esquerda, de modo que a direita não venha a saber. Em outras palavras: fazer a caridade sem ostentação.

> *A prática da verdadeira caridade dispensa a identificação do benfeitor e do favorecido.*

RELER O TERCEIRO PARÁGRAFO

4 Por que, no exemplo dado, se ressaltam os trajes e os gestos da senhora?

Porque, no exercício da caridade, devemos cuidar para que nossos trajes e gestos não venham a insultar a miséria ou a humilhar aquele que a recebe.

> *A caridade não consiste apenas na doação de bens materiais: "dispensar cuidados é também dar alguma coisa."*

RELER O ÚLTIMO PARÁGRAFO

5 Qual a melhor recompensa que podemos obter, praticando a verdadeira caridade?

A paz de nossa consciência, decorrente da certeza de que agimos conforme a lei de Deus.

> *"Ela não deseja outra aprovação, além da de Deus e de sua consciência."*

6 Qual o modelo a ser seguido, na prática da caridade?

Jesus, cujos ensinamentos e testemunhos estão contidos no Evangelho.

> *Jesus é o tipo mais perfeito que Deus ofereceu ao homem, para lhe servir de guia e modelo.*

DESTAQUES COMPLEMENTARES

O ÓBOLO DA VIÚVA
72

FONTE BÁSICA

KARDEC, Allan. **O Evangelho Segundo o Espiritismo**. Trad. Guillon Ribeiro. 89 ed. Rio de Janeiro: FEB, 1984. **Cap. XIII, Itens 5 e 6**. p. 223-5.

FONTES COMPLEMENTARES

1. XAVIER, Francisco C. & VIEIRA, Waldo. *Oração da Migalha*; mens. 31. In:__. **O Espírito da Verdade**. Ditado pelo espírito Meimei. 5. ed. Rio de Janeiro, FEB, 1985. p. 79-80.

2.__. *O poder da migalha*; mens. 20. In:__. **Estude e Viva**. Ditado pelos espíritos Emmanuel e André Luiz. 3. ed. Rio de Janeiro: FEB, 1972. p. 116-7.

3. XAVIER, Francisco C. *Deveres Humildes*; mens. 34. In:__. **Livro da Esperança**. Ditado pelo espírito Emmanuel. 6. ed. Uberaba: CEC, 1982. p. 105-6.

4.__. *Estejamos Contentes*; mens. 9. In:__. **Fonte Viva**. Ditado pelo espírito Emmanuel. 13. ed. Rio de Janeiro: FEB, 1985. p. 31-2.

OBJETIVO

Levar os participantes a refletir sobre os recursos verdadeiramente necessários à prática da caridade, incentivando-os a identificar os meios de que dispõem para atender os irmãos necessitados.

CONCLUSÃO

Todos somos chamados e sempre dispomos de meios para servir ao nosso próximo. O mérito da nossa ajuda, entretanto, não tem qualquer relação com o seu valor material, mas com a generosidade e o desprendimento que acompanham o gesto.

OBSERVAÇÃO

O dirigente, ao ler o texto, deverá certificar-se do completo entendimento do vocabulário pelos participantes.

INDICAÇÃO DO TEXTO, PERGUNTAS, RESPOSTAS E DESTAQUES

LER O ITEM 5

1   Por que Jesus valorizou o óbolo da viúva?

Porque sua dádiva, aparentemente de pequeno valor, foi retirada, com sacrifício e amor, do pouco que possuía, enquanto que os ricos davam com abundância do muito que lhes sobrava.

> *"(...) ela deu do que lhe faz falta, deu mesmo tudo o que tinha para o seu sustento."*

2   O que Jesus nos ensina, nesta passagem?

Que o valor material da oferta não é importante, quando se pratica a caridade: o fundamental é o sentimento de amor e desprendimento que acompanha o gesto.

> *"Em verdade vos digo que esta pobre viúva deu muito mais do que todos."*
> *Sob uma oferta material insignificante pode esconder-se um tesouro de sentimentos.*

LER O PRIMEIRO PARÁGRAFO DO ITEM 6

3   A falta de recursos materiais constitui impedimento para a prática da caridade?

Certamente que não. Aquele que dispõe de poucos recursos deve procurar no seu trabalho, pelo emprego de suas forças, de sua inteligência, de seus talentos, os meios de que carece para realizar seus generosos propósitos.

> *Muitas vezes, sob a desculpa de não possuir bens, cultivamos a indiferença e o egoísmo, voltando as costas aos irmãos necessitados.*

4   Aquele que se acha incapaz de ajudar o próximo com o pouco que tem, o fará se tiver muito?

É quase certo que não. Se conservamos nosso coração fechado quando estamos perto dos necessitados, fechá-lo-emos ainda mais quando nosso orgulho e vaidade forem estimulados pela ambição, cobiça e febre de ter sempre mais.

> *"Não haverá quem, desejando fazer o bem aos outros, muito estimaria poder começar por fazê-lo a si próprio... ?"*

5   Por que não devemos pedir bens materiais a Deus?

Porque pedimos sempre o supérfluo e Deus nos dá sempre o necessário. O que devemos pedir são os recursos para o trabalho honesto, pois o resto nos virá por acréscimo.

"O óbulo do pobre, do que dá privando-se do necessário, pesa mais na balança de Deus do que o ouro do rico que dá sem se privar de coisa alguma." Dar do que nos sobra é dever. Caridade é repartir ou desprover-se alguém do que tem, para socorrer o semelhante.

LER O SEGUNDO PARÁGRAFO DO ITEM 6

6   Apenas com dinheiro podemos auxiliar o próximo?

Não. Podemos auxiliá-lo prestando um serviço, consolando aflições, minorando sofrimentos físicos e morais, dando ao próximo uma parte do nosso trabalho, do nosso tempo, do nosso repouso, enfim, de tudo o de que dispomos.

"Todo aquele que sinceramente deseja ser útil a seus irmãos, mil ocasiões encontra de realizar seu desejo."

DESTAQUES COMPLEMENTARES

CONVIDAR OS POBRES E OS ESTROPIADOS – DAR SEM ESPERAR RETRIBUIÇÃO

73

FONTE BÁSICA

KARDEC, Allan. **O Evangelho Segundo o Espiritismo**. Trad. Guillon Ribeiro. 89. ed. Rio de Janeiro: FEB, 1984. **Cap. XIII, Itens 7 e 8**. p. 225-6.

FONTES COMPLEMENTARES

1. XAVIER, Francisco C. *Eles antes*; mens. 35. In:__. **Livro da Esperança**. Ditado pelo espírito Emmanuel. 6. ed. Uberaba: CEC, 1982. p. 107-9.

2. Op. cit. *Na hora da assistência*; mens. 36. p. 111-2.

3. XAVIER, Francisco C. & VIEIRA, Waldo. *Prece do Pão*; mens. 85. In:__. **O Espírito da Verdade**. Pelo espírito Meimei. 5. ed. Rio de Janeiro: FEB, 1985. p. 196-7.

4. CALLIGARIS, Rodolfo. *Dar sem esperar retribuição*: mens. 9. In:__. **Páginas de Espiritismo Cristão**. 2. ed. Rio de Janeiro: FEB, 1983. p. 32-4.

OBJETIVO

Esclarecer o sentido da expressão "Pobres e Estropiados" e estimular os participantes à prática desinteressada do bem, contida nos ensinamentos de Jesus.

CONCLUSÃO

O convite à participação nos bens de que desfrutamos deve ser inspirado na mais pura fraternidade. Se for motivado pelo desejo de retribuição, é mero comércio e demonstração de orgulho e vaidade.

OBSERVAÇÃO

O dirigente, ao ler o texto, deverá certificar-se do completo entendimento do vocabulário pelos participantes.

INDICAÇÃO DO TEXTO, PERGUNTAS, RESPOSTAS E DESTAQUES

LER O ITEM 7

1   Quem são os pobres e estropiados referidos no texto?

São os nossos irmãos mais necessitados, que não têm condições de retribuir o nosso convite, a nossa doação, a nossa visita, enfim, as nossas atenções.

> *"E sereis ditosos por não terem eles meios de vô-lo retribuir..."*

2   Por que Jesus nos afirma que ficaremos felizes em auxiliar, sem esperar retribuição?

Porque estaremos experimentando a alegria verdadeira do amor puro e desinteressado, que nos eleva e coloca em sintonia com os trabalhadores do bem.

> *A felicidade que experimenta aquele que pratica o bem é retribuição maior que o próprio benefício concedido.*

LER O ITEM 8

3   É correto retribuir os benefícios recebidos?

Sim, pois a gratidão é sempre justa e bem-vinda, e revela elevação espiritual. Apenas, Jesus quis ressaltar que a retribuição não deve ser a mola mestra a nos impulsionar para a prática do bem.

> *Não devemos esperar gratidão pelas boas obras que praticamos. Devemos, no entanto, ser sempre gratos pelos favores recebidos.*

4   A recomendação de Jesus é apenas para as festas?

Não. É para qualquer situação em que nos deparamos com irmãos em dificuldades, sejam materiais ou espirituais.

> *"Por festins deveis entender não os repastos propriamente ditos, mas a participação na abundância de que desfrutais.*

5   Como deve ser a atitude do cristão quando auxilia o irmão necessitado?

Fraterna e discreta, movida pelo sentimento da verdadeira caridade, que nos manda fazer o bem tão somente pelo prazer de o praticar, sem esperar retribuição alguma.

> *"(...) praticam a máxima de Jesus se o fazem por benevolência, sem ostentação, e sabem dissimular o benefício, por meio de uma sincera cordialidade."*

6   Como exercitar esta lição em nossa vivência diária?

Convidando para nossa mesa os irmãos, amigos e parentes menos felizes, e atendendo-os fraternalmente em suas necessidades, ao invés de buscarmos apenas o convívio daqueles que nos podem beneficiar com a retribuição de nossos favores.

> *Encontramos os pobres e os estropiados no seio de nossa própria família.*

DESTAQUES COMPLEMENTARES

A CARIDADE MATERIAL E
A CARIDADE MORAL
74

FONTE BÁSICA

KARDEC, Allan. **O Evangelho Segundo o Espiritismo**. Trad. Guillon Ribeiro. 89. ed. Rio de Janeiro, FEB, 1984. **Cap. XIII, Item 9**. p. 226-8.

FONTES COMPLEMENTARES

1. XAVIER, Francisco C. *Concessões*; mens. 41. In:__. **Livro da Esperança**. Pelo espírito Emmanuel. 6. ed. Uberaba: CEC, 1982. p. 122-3.

2. Op. cit. , *Na intimidade Doméstica*; mens. 40. p. 120-1.

3. Op. cit. , *Nas Sendas do Mundo*; mens. 42. p. 124-6.

4. XAVIER, Francisco C. & VIEIRA, Waldo. *Você e os outros*; mens. 100. In:__. **O Espírito da Verdade**. Pelo espírito André Luiz. 5. ed. Rio de Janeiro: FEB, 1985. p. 227-8.

OBJETIVO

Esclarecer os participantes acerca da caridade material e da caridade moral, enfatizando porque a segunda é mais difícil e meritória do que a primeira e estimulando-os à prática de ambas.

CONCLUSÃO

O preceito de Jesus, "**amai-vos uns aos outros**", manifesta-se na prática da caridade material e moral, sendo que maior valor tem esta última, porque exige de quem a pratica verdadeiro sentimento de fraternidade, espírito de renúncia e tolerância.

OBSERVAÇÃO

Recomenda-se, como leitura inicial, a mens. nº 100, de O Espírito da Verdade.

O dirigente, ao ler o texto, deverá certificar-se do completo entendimento do vocabulário pelos participantes.

INDICAÇÃO DO TEXTO, PERGUNTAS, RESPOSTAS E DESTAQUES

LER O ITEM 9.

1 **Qual a diferença entre caridade material e caridade moral?**

Enquanto a primeira ocupa-se em atender o necessitado com bens materiais, a segunda, que nada custa materialmente falando, consiste em se conviver com o próximo, dispensando-lhe o tratamento e as atenções que gostaríamos nos fossem dispensados.

> *Quando se pratica a caridade material, dá-se do que se tem. Quando se pratica a caridade moral, dá-se do que se é. "Amemo-nos uns aos outros e façamos aos outros o que quereríamos nos fizessem eles."*

2 **De que modo a prática do amor ao próximo tornaria o homem mais feliz na Terra?**

Eliminando o ódio e o ressentimento, e amenizando a pobreza. O rico auxiliaria o pobre com o que lhe fosse supérfluo e mesmo com o que lhe fosse necessário.

> *"Dai, para que Deus, um dia, vos retribua o bem que houverdes feito."*

3 **Dar, mesmo do que nos sobra, não seria estimular a ociosidade do próximo?**

Não, pois nem todo carente é ocioso. Ademais, quando ajudamos alguém, não devemos nos preocupar com a destinação dada ao nosso donativo. Esta é responsabilidade de quem o recebe.

> *Nossas sobras de hoje poderão ser nossas necessidades de amanhã.*

4 **Que reflexo terá a ajuda que prestamos ao próximo, quando nos encontrarmos na vida espiritual?**

Nossa maior alegria será o reconhecimento e a gratidão daqueles a quem tivermos ajudado aqui na Terra.

> *Nossas doações e ajudas geram gratidões e amizades que nos ajudarão, ao retornarmos à vida espiritual.*

5 **Por que não devemos repelir aquele que nos pede ajuda?**

Porque, repelindo um desgraçado, estaremos, talvez, afastando de nós um irmão, um pai, um amigo nosso de outras existências.

> *Muitas vezes nos desesperamos ao reconhecer, no plano espiritual, irmãos nossos de outrora naqueles a quem deixamos de ajudar.*

6 **Por que a caridade moral é mais difícil de se praticar do que a caridade material?**

Porque nos exige verdadeiro sentimento de fraternidade, espírito de renúncia e tolerância, princípios tão contrários ao egoísmo a que ainda estamos presos.

> *"A caridade moral, que todos podem praticar, nada custa (...) porém é a mais difícil de exercer-se."*

7   Como podemos exercitar a caridade moral?

Pelas pequeninas ações de cada dia, como tolerar o semelhante, não desejar mal ao próximo, não revidar as ofensas, saber calar, ignorar a má palavra e o mau procedimento, começando sempre pelos nossos familiares.

> *"Grande mérito há (...) em um homem saber calar, deixando fale outro mais tolo do que ele."*
> *"Não dar atenção ao mau proceder de outrem é caridade moral."*

DESTAQUES COMPLEMENTARES

A CARIDADE MATERIAL E A CARIDADE MORAL
75

FONTE BÁSICA

KARDEC, Allan. **O Evangelho Segundo o Espiritismo**. Trad. Guillon Ribeiro. 89 ed. Rio de Janeiro: FEB, 1984. **Cap. XIII, Item 10**. p. 228-9.

FONTES COMPLEMENTARES

1. XAVIER, Francisco C. **Dinheiro, o Servidor**; mens. 44. In:___. **Livro da Esperança**. Pelo espírito Emmanuel. 6. ed. Uberaba: CEC, 1982. p. 129-30.

2. Op. cit. , **Emprego de Riquezas**; mens. 43. p. 127-8.

3. Op. cit. , **Moeda e Trabalho**; mens. 46. p. 133-4.

4. Op. cit. **Propriedades**; mens. 45. p. 131-2.

5. XAVIER, Francisco C. & VIEIRA, Waldo. **Excesso e você**; mens. 2. In:___. **O Espírito da Verdade**. Pelo espírito André Luiz. 5. ed. Rio de Janeiro: FEB, 1985. p. 17-8.

OBJETIVO

Esclarecer aos participantes que a caridade pode ser vista sob os aspectos material e moral, destacando o valor da caridade moral e exemplificando as principais maneiras de praticá-la.

CONCLUSÃO

A caridade não consiste apenas na doação de bens materiais. Uma prece por quem sofre, um gesto de consolo, um sorriso de esperança, são aspectos morais da caridade, que não têm preço.

OBSERVAÇÃO

Recomenda-se, como leitura inicial, a mens. nº 2, de **O Espírito da Verdade**.

O dirigente, ao ler o texto, deverá certificar-se do completo entendimento do vocabulário pelos participantes.

INDICAÇÃO DO TEXTO, PERGUNTAS, RESPOSTAS E DESTAQUES

LER TODO O ITEM 10

1 **É possível se fazer caridade quando se dispõe de poucos ou mesmo de nenhum bem material?**

Sim. Mesmo aquele que não dispõe de recursos para fazer a caridade material, encontrará mil maneiras de praticar a caridade moral, por meio de pensamentos, palavras e ações.

> *Praticar a caridade material é dar do que nos sobra e até do que nos faz falta.*
> *Praticar a caridade moral consiste em se suportarem, umas às outras, as criaturas.*

2 **Como se pratica a caridade por pensamento?**

Orando por todos os sofredores, encarnados e desencarnados; desejando sempre o bem do próximo.

> *"Uma prece, feita de coração, os alivia."*

3 **Como se pode praticar a caridade por palavras?**

Dando aos nossos familiares e àqueles que convivem conosco um bom conselho, palavras de consolo, estímulo, fé em dias melhores e esperança na misericórdia de Deus.

> *A boca fala do que está cheio o coração. Aquele que tem amor dentro de si o deixa escapar através de palavras fraternas.*

4 **E a caridade moral por meio de ações, como a podemos praticar?**

Oferecendo ao nosso irmão um sorriso; tendo para com ele um gesto afetuoso; dispensando-lhe singelas atenções; prestando-lhe pequenos favores; enfim, buscando tratá-lo como gostaríamos de ser tratados.

> *A caridade moral nada custa, materialmente falando, mas é a mais difícil de se praticar.*

5 **Por que a prece, o bom conselho e o gesto amigo são atos de caridade?**

Porque, ao praticá-los, estamos doando ao próximo sentimentos e fluidos benéficos, que nos exigem, quase sempre, grande esforço de abnegação e renúncia.

> *Elevar o pensamento a Deus, em benefício do próximo, é a forma de praticar a caridade moral.*

6 **Qual a importância da consciência, na prática da caridade?**

A consciência é voz de Deus a nos chamar para que esgotemos todas as nossas possibilidades em favor do próximo, como único caminho para a felicidade.

(Sugere-se, como exercício final, pedir aos participantes sugestões sobre as diversas maneiras de se praticar a caridade moral.)

"Deus, em sua misericórdia infinita, nos pôs no fundo do coração uma centelha vigilante, que se chama consciência..." "Em verdade, devemos a Deus tudo o que temos, mas possuímos o que damos."

DESTAQUES COMPLEMENTARES

A BENEFICÊNCIA
76

FONTE BÁSICA

KARDEC, Allan. **O Evangelho Segundo o Espiritismo**. Trad. Guillon Ribeiro. 89. ed. Rio de Janeiro: FEB, 1984. **Cap. XIII, Item 11**. p. 229-30.

FONTES COMPLEMENTARES

1. KARDEC, Allan. **Da Lei Divina ou Natural**. In:___. **O Livro dos Espíritos**. Trad. Guillon Ribeiro. 47. ed. Rio de Janeiro: FEB, 1979. Parte 3ª, Cap. I, Questões 642 e 643. p. 313.

2. XAVIER, Francisco C. **Caridade Difícil**. In:___. **Amanhece**. Espíritos diversos. ed. São Bernardo do Campo: GEEM. p. 63

3. XAVIER, Francisco C. **Exercício do Bem**; mens. 37. In:___. **Livro da Esperança**. Pelo espírito Emmanuel. 6. ed. Uberaba: CEC, 1982. p. 113-4.

4. XAVIER, Francisco C. & VIEIRA, Waldo. **Na tarefa de ajudar**; mens. 70. In:___. **O Espírito da Verdade**. Espíritos diversos. 5. ed. Rio de Janeiro: FEB, 1985. p. 162-4.

OBJETIVO

Esclarecer aos participantes que a prática da beneficência nos permite tanto auxiliar o próximo como a nós mesmos, pois nos liberta do egoísmo e nos faz experimentar a felicidade máxima possível neste planeta.

CONCLUSÃO

A prática da beneficência pura e desinteressada nos leva a socorrer o irmão necessitado e nos liberta do egoísmo, tornando-nos felizes neste mundo. Constitui-se, por isso, em dever, tanto para com o nosso próximo como para nós mesmos.

OBSERVAÇÃO

O dirigente, ao ler o texto, deverá certificar-se do completo entendimento do vocabulário pelos participantes.

INDICAÇÃO DO TEXTO, PERGUNTAS, RESPOSTAS E DESTAQUES

REFERIR-SE BREVEMENTE AO CAPÍTULO XIII, "FAZER O BEM SEM OSTENTAÇÃO", DO QUAL FAZ PARTE O TEXTO EM ESTUDO.

LER, EM SEGUIDA, TODO O ITEM 11

1 Por que a prática da beneficência nos proporciona as mais doces e verdadeiras alegrias, neste mundo?

Porque nos liberta do egoísmo, aproximando-nos do irmão necessitado e, consequentemente, de Deus. Em decorrência, sentimos uma alegria que nem o remorso, nem a indiferença, perturbam.

> *"Pudésseis, meus amigos, ter por única ocupação tornar felizes os outros." "Quais as festas mundanas que podereis comparar às que celebrais, quando(...) levais a alegria a essas famílias que da vida apenas conhecem as vicissitudes e as amarguras?"*

2 Devemos esperar que o próximo nos peça ajuda?

Não. É dever de todos nós ir ao encontro do infortúnio, das misérias ocultas, aliviando dores e trazendo alegrias aonde antes havia amargura e desespero.

> *"Compreendei as obrigações que tendes para com os vossos irmãos. Ide, ide ao encontro do infortúnio."*

3 Onde está expresso esse dever (de aliviar as dores do nosso irmãos)?

Em todas as palavras e atos do Cristo, nos ensinando o "**amai-vos uns aos outros**"; e, mais claramente, neste preceito:"quando vestirdes a um destes pequeninos, lembrai-vos de que é a mim que o fazeis."

> *"O companheiro que se te afigura incorrigível pelos desgostos que te impõe, é um enfermo da alma, a pedir-te doses reiteradas de compreensão e socorro, de modo a refazer-se."*

4 Qual a importância da caridade para os povos que habitam a Terra?

Esta virtude irá conduzi-los à felicidade, pois, praticando-a, acharão consolação para seus sofrimentos no presente e criarão para si infinitos gozos, no futuro.

> *"Caridade(...) tu lhes serás a consolação, o prelibar das alegrias de que fruirão mais tarde, quando se acharem reunidos no seio do Deus de amor."*

5 Onde devemos buscar a nossa paz?

É na caridade que devemos buscar a paz do coração, o contentamento da alma, o remédio para as aflições da vida.

> *"(...) quando estiverdes a ponto de acusar a Deus, lançai um olhar para baixo de vós... e vêde... Quanto bem a fazer..."*

6   De que modo podemos praticar a beneficência?

De vários modos: socorrendo crianças sem família ou idosos esquecidos e abandonados; visitando enfermos e solitários; concedendo nossa simpatia, amor e recursos materiais aos que deles necessitem.

> *"Colhereis nesse mundo bem doces alegrias e, mais tarde... só Deus o sabe!..."*

DESTAQUES COMPLEMENTARES

A BENEFICÊNCIA
77

FONTE BÁSICA

KARDEC, Allan. **O Evangelho Segundo o Espiritismo**. Trad. Guillon Ribeiro. 89. ed. Rio de Janeiro: FEB, 1984. **Cap. XIII, Item 13**. p. 232-4.

FONTES COMPLEMENTARES

1. XAVIER, Francisco C. *Estímulo fraternal*; mens. 73. In:__. **Fonte Viva**. Pelo espírito Emmanuel. 13. ed. Rio de Janeiro: FEB, 1985. p. 173-4.

2. XAVIER, Francisco C. VIEIRA, Waldo. *Os outros*; mens. 7. In:__. **O Espírito da Verdade**. Espíritos diversos. 5. ed. Rio de Janeiro: FEB, 1985. p. 27-8.

OBJETIVO

Esclarecer aos participantes que a caridade é obrigação de cada um de nós e que todos podemos praticá-la, seja qual for a nossa condição social e econômica. Ressaltar que sua prática é fonte de satisfação interior e caminho que nos conduz a Deus.

CONCLUSÃO

Praticando todo o bem que estiver ao nosso alcance, experimentaremos as suaves alegrias da paz interior e seguiremos, mais rapidamente, a estrada que nos conduz a Deus.

OBSERVAÇÃO

O dirigente, ao ler o texto, deverá certificar-se do completo entendimento do vocabulário pelos participantes.

INDICAÇÃO DO TEXTO, PERGUNTAS, RESPOSTAS E DESTAQUES

ESCLARECER QUE O PRESENTE TEXTO FAZ PARTE DO CAP. XIII, "NÃO SAIBA A VOSSA MÃO ESQUERDA O QUE DÊ A VOSSA MÃO DIREITA", FAZENDO LIGEIRO COMENTÁRIO A RESPEITO. EM SEGUIDA, LER TODO O ITEM 13.

1   A quem cabe socorrer os necessitados?

Além do Estado, a quem incumbe esta responsabilidade, cabe a todos nós socorrermos os necessitados, sobretudo aqueles irmãos que estão mais perto de nós. A ajuda aos nossos irmãos independe da condição social e econômica de quem ajuda.

> *"Oh! meus amigos, que de misérias, que de lágrimas, quanto tendes de fazer para secá-las todas."*

2   O infortunado pela miséria não é vítima da própria indolência?

Nem sempre. Na maioria das vezes são espíritos em provações dolorosas, que não conseguem evitar a miséria nem superá-la, necessitando do nosso auxílio fraterno.

> *"(...) vi pobres mães cujos filhos passavam privações... vi pobres velhos sem trabalho... eles, que nunca mendigaram, implorar a piedade dos transeuntes."*

3   Como devemos agir ao socorrer os necessitados?

Procurando fazer por eles o que gostaríamos nos fosse feito se estivéssemos em igual situação, agindo sempre discretamente com respeito e amor.

> *"Não vos digo o que deveis fazer; deixo aos vossos bons corações a iniciativa. Se eu vos ditasse o proceder, nenhum mérito vos traria a vossa boa ação."*

4   Sendo a miséria do mundo tão grande, de que adiantará uma ação individual se não poderá resolvê-la?

É bem verdade que as pequenas ações individuais não resolverão a miséria do mundo. Mas, através delas, as dores de um infortunado podem ser minoradas, a fome de um carente saciada, a solidão de um irmão atenuada.

> *Não pretendemos acabar com a miséria do mundo, mas contribuir para minorá-la, fazendo nossa parcela de caridade, por menor que seja e da melhor maneira possível, sem nos importar com a dos outros.*

5   Qual a recompensa daqueles que se fazem instrumentos da caridade?

A alegria do bem praticado, pois quem faz a verdadeira caridade nada mais almeja como retribuição, senão a satisfação daqueles a quem auxilia.

> *A caridade é uma fonte inesgotável: quanto mais a praticamos, mais generosos nos tornamos e com maior facilidade atendemos os irmãos em aflição. Embora devamos fazer o bem sem esperar recompensa, ao que assim age, a vida reserva os deleites da paz de espírito, o abrandamento das próprias provas e os méritos decorrentes.*

6 Qual a importância da beneficência para o nosso progresso espiritual?

Além de se constituir em auxílio ao próximo, a beneficência gera felicidade interior e se constitui no melhor caminho para nos aproximar de Deus.

> *"Acompanhai-me, pois, meus amigos, a fim de que eu vos conte entre os que se arrolam sob a minha bandeira. Nada temais; eu vos conduzirei pelo caminho da salvação, porque sou a caridade."*

DESTAQUES COMPLEMENTARES

A BENEFICÊNCIA
78

FONTE BÁSICA

KARDEC, Allan. **O Evangelho Segundo o Espiritismo**. Trad. Guillon Ribeiro. 89 ed. Rio de Janeiro: FEB, 1984. **Cap. XIII, Item 14** . p. 234-5

FONTES COMPLEMENTARES

1. XAVIER, Francisco C. *Caridade e Riqueza*; mens. 49. In:__. **Palavras de Vida Eterna**. Pelo espírito Emmanuel. 6. ed. Uberaba: CEC, 1984. p. 115-6

2.__. *Com caridade*; mens. 31. In:__. **Pão Nosso**. Pelo espírito Emmanuel. 9. ed. Rio de Janeiro: FEB, 1982. p. 73-4.

3. Op. cit. ; *Contribuir*; mens. 58. p. 127-8.

4.__. *Emprego de Riquezas*; mens. 43. In:__. **Livro da Esperança**. Pelo espírito Emmanuel. 6. ed. Uberaba: CEC, 1982. p. 127-8.

5. XAVIER, Francisco C. VIEIRA, Waldo. *Benefício oculto*; mens. 79. In:__. **O Espírito da Verdade**. Espíritos diversos. 5. ed. Rio de Janeiro: FEB, 1985. p. 183-4.

6. Op. cit. ; *História de um pão*, mens. 81. p. 187-9.

OBJETIVO

Esclarecer os participantes sobre as diversas maneiras de se fazer a caridade, ressaltando a assistência espiritual que recebe todo aquele que, ao praticá-la, se torna instrumento de misericórdia de Deus para com os irmãos necessitados.

CONCLUSÃO

Por mais pobres, imperfeitos e cheios de dificuldades que sejamos, sempre poderemos praticar a caridade. Ela nos granjeará a assistência dos bons espíritos e nos fará instrumentos da misericórdia de Deus, para amenizar o sofrimento de nossos irmãos.

OBSERVAÇÃO

O dirigente, ao ler o texto, deverá certificar-se do completo entendimento do vocabulário pelos participantes.

INDICAÇÃO DO TEXTO, PERGUNTAS, RESPOSTAS E DESTAQUES

LER TODO O ITEM 14

1   Qual a diferença entre a caridade e a esmola?

A diferença está na maneira como se pratica uma e outra. A esmola é quase sempre humilhante, tanto para o que dá como para o que recebe. A caridade, ao contrário, se disfarça de mil modos para evitar vexames e liga fraternalmente o benfeitor ao beneficiado.

"Distribui, desse modo, a beneficência do agasalho e do pão, evitando humilhar quem te recolhe os gestos de providência e carinho." (Emmanuel)

2   Como praticar a caridade entre parentes e amigos?

Sendo indulgentes uns para com os outros; perdoando-nos mutuamente as fraquezas, procurando não ofender nem magoar a ninguém; corrigindo o mal pelo exemplo que se dê, na prática do bem.

"Contudo, não olvides estender a caridade do pensamento e da língua, para que o bálsamo do perdão anule o veneno do ódio e para que a força do esquecimento extinga as sombras de todo mal." (Emmanuel)

3   O que se pode observar, no exemplo dado sobre a beneficência?

Que as senhoras que se reúnem são de diferentes idades e trabalham com boa vontade e alegria; que todas têm o mesmo ideal de servir ao próximo e se dedicam a atender aos necessitados sem se preocupar com a crença que professam.

"Vêde como trazem alegres os semblantes e como lhes batem em uníssono os corações."

4   Que lição nos ensinam os necessitados desta estória?

Que devemos ter sempre esperança e paciência, quaisquer que sejam as nossas dificuldades, pois a misericórdia de Deus não tem limite e chegará o dia em que os nossos lamentos se transformarão em bênçãos.

Através da prática da caridade, tornamo-nos instrumentos da misericórdia de Deus, para atenuar o sofrimento do nosso irmão.

5   De que modo os espíritos superiores auxiliam as benfeitoras da estória?

Acompanhando-lhes o trabalho; trazendo-lhes encorajamento e inspiração; transmitindo-lhes ânimo para prosseguirem na tarefa e providenciando-lhes novos necessitados, que as recompensarão em forma de bênçãos.

> *"(...) prometemos às laboriosas obreiras boa clientela, que lhes pagará à vista, em bênçãos, única moeda que tem curso no céu..."*
> *"É dando que se recebe."*
> *Grande auxílio espiritual recebe aquele que ajuda o irmão em sofrimento.*

6 E nós, como podemos praticar a caridade no nosso dia a dia?

Estendendo o nosso afeto, compreensão, paciência e perdão àqueles com quem convivemos mais de perto. Auxiliando sempre os irmãos necessitados, não apenas com bens materiais, mas com as riquezas do nosso coração.

> *"A indulgência, a piedade, o perdão, os conselhos, a paciência, o respeito e a renúncia são atos de benefício ao próximo, que não envolvem bens materiais e cuja prática está ao alcance de todos."*

DESTAQUES COMPLEMENTARES

A PIEDADE
79

FONTE BÁSICA

KARDEC, Allan. **O Evangelho Segundo o Espiritismo**. Trad. Guillon Ribeiro. 89. ed. Rio de Janeiro: FEB, 1984. **Cap. XIII, Item 17**. p. 238-9.

FONTES COMPLEMENTARES

1. XAVIER, Francisco C. PIRES, Herculano. **Compadece-te e Acertarás**. In:__. **Astronautas do Além**. Pelo espírito Emmanuel. 3. ed. São Bernardo do Campo: GEEM, s. d. p. 123-4.

2. XAVIER, Francisco C. VIEIRA, Waldo. **Sê compassivo**; mens. 96. In:__. **O Espírito da Verdade**. Por diversos espíritos. 5. ed. Rio de Janeiro: FEB, 1985. p. 219-20.

OBJETIVO

Levar os participantes a refletir sobre a piedade, alertando-nos de que não devemos fechar o nosso coração diante das misérias dos nossos irmãos. Devemos, ao contrário, estimular e fortalecer este sentimento, que é a mola propulsora da caridade.

CONCLUSÃO

A piedade é o sentimento divino que nos impulsiona ao auxílio do próximo, à caridade. Todos trazemos no coração esta centelha de amor, que precisa do nosso esforço fraterno para expandir-se.

OBSERVAÇÃO

Recomenda-se como leitura inicial, a mensagem "Compadece-te e Acertarás", indicada nas "FONTES COMPLEMENTARES."

O dirigente, ao ler o texto, deverá certificar-se do completo entendimento do vocabulário pelos participantes.

INDICAÇÃO DO TEXTO, PERGUNTAS, RESPOSTAS E DESTAQUES

LER TODO O ITEM 17

1 O que é a piedade?

É a simpatia espontânea e desinteressada que experimentamos ao presenciar o sofrimento do nosso irmão.

> *"A piedade é a virtude que mais vos aproxima dos anjos; é a irmã da caridade, que vos conduz a Deus."*

2 Por que é necessário que tenhamos piedade, diante do sofrimento do próximo?

Porque este sentimento, se sincero e profundo, nos levará à prática da caridade, pois nos sensibilizará ao ponto de desejar minorar-lhe o sofrimento, através dos meios de que dispusermos.

> *A piedade bem sentida é amor, devotamento, esquecimento de si mesmo, abnegação em favor dos desgraçados. A piedade é a mola propulsora da caridade: não a praticamos senão quando nos compadecemos do sofrimento alheio.*

3 Por que é comum refrear este sentimento, evitando encarar o sofrimento alheio?

Porque o egoísmo e o orgulho endurecem o nosso coração, gerando a indiferença, o comodismo, o medo de sermos importunados em nossa tranquilidade ou lesados nos bens materiais.

> *"O sentimento mais apropriado a fazer que progridais, domando em vós o egoísmo e o orgulho, aquele que dispõe vossa alma à humildade, à beneficência e ao amor ao próximo é a piedade."*
> *"Temei conservar-vos indiferentes, quando puderdes ser úteis."*

4 Nossos problemas não são mais importantes do que os do próximo?

Sem dúvida são importantes, mas, muitas vezes, no auxílio ao próximo está o caminho para a solução dos nossos próprios problemas.

> *"É consolando que se é consolado."*

5 Por que Jesus nos orientou para sermos caridosos, não julgando, mas perdoando e auxiliando sempre?

Para que nos livrássemos de experimentar a mesma dor que presenciamos, situação que a Lei de Deus prevê para os insensíveis.

> *Quando o sofrimento alheio não nos sensibiliza, a Orientação Divina estatui venhamos a experimentá-lo igualmente, para avaliar a dor do próximo e nos predispor a ampará-lo. (Caibar Schutel/**O Espírito da Verdade** – nº 26).*

6   Que compensação tem aquele que cultiva a piedade?

Ao contato com a desgraça de outrem, é inevitável que sofra natural abalo. Porém, ao compadecer-se do irmão em sofrimento e dele receber reconhecimento, experimenta penetrante suavidade que lhe enche a alma de alegria.

> *"Quão longe, no entanto, se acha a piedade de causar o distúrbio é o aborrecimento de que se arreceia o egoísta (...) Grande, porém, é a compensação, quando chegais a dar coragem e esperança a um irmão infeliz..."*

7   Ante aos inúmeros problemas que afligem a Humanidade, como escolhermos aquele a quem prestaremos auxílio?

Aquele que está mais próximo de nós, em nome da misericórdia divina.

8   Nossa pequena ação não seria uma gota d'água no oceano?

É possível. No entanto, é de muitas gotas que se forma o oceano.

DESTAQUES COMPLEMENTARES

OS ÓRFÃOS
80

FONTE BÁSICA

KARDEC, Allan. **O Evangelho Segundo o Espiritismo**. Trad. Guillon Ribeiro. 89 ed. Rio de Janeiro: FEB, 1984. **Cap. XIII, Item 18**. p. 239-40.

FONTES COMPLEMENTARES

1. XAVIER, Francisco C. PIRES, J. Herculano. **Filhos adotivos**. In:__. **Astronautas do Além**. Pelo espírito Emmanuel. 3. ed. São Bernardo do Campo: GEEM, s. d. p. 44-5.

2. Op. cit. , **A ilusão do sangue**. p. 46-7.

OBJETIVO

Sensibilizar os participantes quanto à responsabilidade de todos nós para com os órfãos, estimulando-os a reconhecê-los como irmãos em provações difíceis, necessitados do nosso amparo e amor.

CONCLUSÃO

A orfandade é uma das mais difíceis provações por que passa o espírito encarnado. É, também, um desafio a nossa solidariedade cristã. Amparar o órfão é ato que agrada a Deus e, portanto, eleva espiritualmente quem o pratica.

OBSERVAÇÃO

O dirigente, ao ler o texto, deverá certificar-se do completo entendimento do vocabulário pelos participantes.

INDICAÇÃO DO TEXTO, PERGUNTAS, RESPOSTAS E DESTAQUES

LER O ITEM 18.

1   O que significa ser órfão?

Órfão é aquele que perdeu o pai, ou a mãe, ou ambos, necessitando, portanto, de proteção e cuidados dos adultos para se desenvolver.

> *Muitas vezes, entretanto, encontramos órfãos de pais vivos, os quais não atuam com responsabilidade na criação do filho.*

2   Por que Deus permite que haja órfãos?

Para oferecer àqueles que encarnam nesta condição e aos que lhes estão vinculados, oportunidade de:

·   exercitar a fraternidade;

·   resgatar débitos adquiridos em encarnações anteriores;

·   enfrentar provações, para exercitar a humildade e outras virtudes; e

·   servir de auxílio na provação de pais impedidos de procriar.

> *"Deus permite que haja órfãos para que lhes sirvamos de pais."*
> *"Agrada a Deus quem estende a mão a uma criança abandonada, porque compreende e pratica a sua lei."*

3   Como devemos proceder para com os órfãos?

Devemos ampará-los, na medida de nossas possibilidades, visitá-los e assisti-los com amor, bens materiais, palavras e gestos de conforto, adoção etc.

> *"Todo sofredor é vosso irmão e tem direito a vossa caridade."*
> *"Dai delicadamente, juntai ao benefício que fizerdes o mais precioso de todos os benefícios: o de uma boa palavra, de uma carícia, de um sorriso amistoso."*

4   Qual o papel dos orfanatos?

Os orfanatos existem com o objetivo de suprir a falta dos pais, no atendimento às necessidades básicas dos órfãos. Para tanto, é fundamental a nossa participação, através do apoio material e espiritual.

> *Já que não somos capazes de acolher órfãos em nosso lar, pelo menos auxiliemos as instituições que assim fazem.*

5   Podem, muitas vezes, os órfãos estar ligados a nossa vida?

Sim. Muitas vezes são entes queridos de vidas passadas, que vêm buscar nosso apoio para suas provações.

> *"Ponderai, também, que muitas vezes a criança que socorreis vos foi cara noutra encarnação."*
> Se a reconhecêssemos, nossa ação perderia o mérito.

6 A forma pela qual ajudamos os órfãos é também considerada?

Ajudar com má vontade e por obrigação diminui o mérito da nossa ação.

> *Melhor faz quem faz com alegria.*

DESTAQUES COMPLEMENTARES

BENEFÍCIOS PAGOS COM INGRATIDÃO
81

FONTE BÁSICA

KARDEC, Allan. **O Evangelho Segundo o Espiritismo**. Trad. Guillon Ribeiro. 89 ed. Rio de Janeiro: FEB, 1984. **Cap. XIII, Item 19**. p. 240-41.

FONTES COMPLEMENTARES

1. XAVIER, Francisco C. *A água fluída*; mens. 47. In:__. **Segue-me!**... Pelo espírito Emmanuel. 5. ed. Matão: O Clarim, 1982. p. 131-2.

2. Op. cit. , *Direito*; mens. 72. p. 181-2.

3.__. *Na palavra e na ação*; mens. 22. In:__. **Palavras de Vida Eterna**. Pelo espírito Emmanuel. 6. ed. Uberaba: CEC, 1984. p. 57-8.

4.__. *Operemos em Cristo*; mens. 108. In:__. **Vinha de Luz**. Pelo espírito Emmanuel. 6. ed. Rio de Janeiro: FEB, 1981. p. 229. 30.

OBJETIVO

Mostrar aos participantes que apenas a caridade desinteressada é verdadeira e agradável a Deus.

Esclarecê-los de que sua prática constitui para nós ocasião tanto de reparação de faltas anteriores como de progresso espiritual que nos conduz a Deus.

CONCLUSÃO

Aproveitar todas as ocasiões de servir ao próximo é dever de cada um de nós, pois somos devedores uns dos outros e, através da prática desinteressada do bem, não só reparamos faltas de vidas anteriores como aceleramos nossa caminhada de volta ao Pai.

OBSERVAÇÕES

Recomenda-se, como leitura inicial, a mens. nº 108, do livro Vinha de Luz.

O dirigente, ao ler o texto, deverá certificar-se do completo entendimento do vocabulário pelos participantes.

INDICAÇÃO DO TEXTO, PERGUNTAS, RESPOSTAS E DESTAQUES

LER DUAS VEZES A PERGUNTA DO ITEM 19, PARA SUSCITAR O INTERESSE DOS PARTICIPANTES. APÓS ALGUNS MOMENTOS DE REFLEXÃO EM TORNO DO ASSUNTO, LER O RESTO DO TEXTO, PAUSADA E CLARAMENTE.

1   Por que o homem se sente, muitas vezes, decepcionado na prática do bem?

Porque ainda o pratica de forma interesseira, não cristã. Se examinarmos a fundo nossa consciência, verificaremos que sempre esperamos alguma forma de reconhecimento ou recompensa em troca do bem que praticamos.

> *"Nesses, há mais egoísmo do que caridade, visto que fazer o bem apenas para receber demonstrações de reconhecimento, é não o fazer com desinteresse." "E quando fizerdes, por palavras ou obras, fazei tudo em nome do senhor Jesus, dando por Ele graças a Deus Pai." (Colossenses. 3. 17).*

2   Por que Deus permite que sejamos pagos com a ingratidão?

Para experimentar a nossa perseverança no bem. Para que possamos desenvolver a nossa capacidade de fazer o bem, sem visar qualquer espécie de lucro.

> *"Ficai certos de que, se aquele a quem prestais um serviço o esquece, Deus o levará mais em conta do que se, com a sua gratidão, o beneficiado vo-lo houvesse pago."*

3   Por que o benefício jamais se perde?

Porque, ao praticá-lo, trabalhamos igualmente por nós, pois Deus vê a nossa ação e a levará em conta; e pelos outros, visto que o nosso benefício é uma semente que germinará assim que o solo estiver pronto.

> *"Os benefícios acabam por abrandar os mais lerdos corações."*
> *"Também por vós mesmos tereis trabalhado, porquanto granjeareis o mérito de haver feito o bem desinteressadamente."*
> *"Todo aquele que der, ainda que seja somente um copo de água fresca a um destes pequeninos, porque é meu discípulo, em verdade vos digo, não perderá sua recompensa."*

4   Um benefício feito neste mundo pode ser lembrado na vida espiritual?

Sim. Um benefício pode ser esquecido neste mundo, mas, ao libertar-se do corpo material, o espírito que o recebeu dele se lembrará e desejará reparar sua ingratidão, dedicando-se ao seu benfeitor noutra encarnação.

> *"Assim, sem o suspeitardes, tereis contribuído para o seu adiantamento moral..."*

5   Por que temos o dever de ajudar sempre o nosso próximo?

Porque estamos todos ligados por laços de reparação, em função de dívidas contraídas em vidas passadas. Se nos ajudarmos mutuamente, mais rápido será o nosso progresso. Se não o fizermos, faltaremos com compromissos assumidos anteriormente e retardaremos nossa caminhada de volta a Deus.

> *"(...) Se pudésseis apanhar num golpe de vista a imensidade das relações que ligam uns aos outros os seres, para o efeito de um progresso mútuo, admiraríeis muito mais a sabedoria e a bondade do Criador.*

DESTAQUES COMPLEMENTARES

BENEFICÊNCIA EXCLUSIVA
82

FONTE BÁSICA

KARDEC, Allan. **O Evangelho Segundo o Espiritismo**. Trad. Guillon Ribeiro. 89. ed. Rio de Janeiro: FEB, 1984. **Cap. XIII, Item 19**. p. 241.

FONTES COMPLEMENTARES

1. KARDEC, Allan. Retribuir o mal com o bem. In:__. **O Evangelho Segundo o Espiritismo**. Trad. Guillon Ribeiro. 89. ed. Rio de Janeiro: FEB, 1984. Cap. XII, Item 2. p. 203-4.

2. XAVIER, Francisco C. **Beneficência e Justiça**; mens. 30. In:__. **Livro da Esperança**. Pelo espírito Emmanuel. 6. ed. Uberaba: CEC, 1982. p. 97-8.

3.__. **Beneficência esquecida**. In:__. **Religião dos Espíritos**. Pelo espírito de Emmanuel. 4. ed. Rio de Janeiro: FEB, 1978. p. 23-4.

4. XAVIER, Francisco C. VIEIRA, Waldo. **Temos o que damos**; mens. 93. In:__. **O Espírito da Verdade**. Espíritos diversos. 5. ed. Rio de Janeiro: FEB, 1985. p. 213-4.

5. XAVIER, Francisco C. **Cristãos**; mens. 161. In:__. **Vinha de Luz**. Pelo espírito Emmanuel. 4. ed. Rio de Janeiro: FEB, 1977. p. 337-8.

OBJETIVO

Analisar, com os participantes, a real natureza da beneficência, do ponto de vista da moral cristã, auxiliando-os a estabelecer diferença entre esta virtude, que nos estimula a auxiliar a todos indistintamente, sem esperar retribuição, e a beneficência exclusiva, onde não há doação, mas troca.

CONCLUSÃO

Amar e beneficiar exclusivamente aos que nos amam é dever. Amar o próximo é considerar todos os homem como nossos irmãos e estender-lhes os benefícios que estiverem a nosso alcance, sem escolher o objeto da nossa atenção nem esperar qualquer forma de retribuição.

OBSERVAÇÕES

Recomenda-se como leitura preparatória a mensagem nº 161, do livro Vinha de Luz.

O dirigente, ao ler o texto, deverá certificar-se do completo entendimento do vocabulário pelos participantes.

INDICAÇÃO DO TEXTO, PERGUNTAS, RESPOSTAS E DESTAQUES

LER TODO O TEXTO

1   O que se entende por "beneficência"?

Beneficência é a prática do bem; a ação de fazer um benefício a alguém.

"Fazer aos outros o que desejamos nos seja feito."

2   E por "beneficência exclusiva", o que devemos entender?

A prática do bem dentro de círculos restritos, ou seja, entre grupos de pessoas da mesma opinião, da mesma crença ou do mesmo partido.

"E se fizerdes bem aos que vos fazem bem, que recompensa tereis? Também os pecadores fazem o mesmo." (Lucas, 6:33)

3   O que Jesus nos ensina, em relação à beneficência?

Em toda a sua vida terrena, Jesus nos ensinou, com o próprio exemplo, a beneficiar sempre os necessitados tanto de ajuda moral como material e, principalmente, os mais aflitos e miseráveis, fossem eles pessoas estranhas, amigos ou inimigos.

"A justiça faz-nos sentir que o supérfluo de nossa casa é o necessário que falta ao vizinho; que o irmão ignorante, tombado no erro, é alguém que nos pede os braços e que a aflição alheia amanhã poderá ser nossa."

4   Tem algum valor a beneficência praticada entre pessoas afins, que se querem bem?

Tem. No entanto, em termos de elevação espiritual, pouco acrescenta, uma vez que não há doação, esforço de fraternidade.

Maior mérito existe em fazer o bem àqueles que nos insultam e caluniam, do que a quem nos ama.

5   Devemos auxiliar quem professa uma crença diferente da nossa?

Sim. Principalmente esse merece nossa melhor atenção, respeito e benefício.

> *"Obedeceria o cristão, porventura, ao preceito de Jesus Cristo, se repelisse o desgraçado por professar uma crença diferente da sua? Socorra-o, portanto, sem lhe pedir contas à consciência."*

6 Por que a beneficência deve ser estendida para além dos grupos?

Porque é exercício de fraternidade salutar para o nosso espírito, que vai se fortalecendo na medida em que rompe as barreiras do orgulho e do egoísmo.

> *"(...) precisamente o espírito de seita e de partido é que precisa ser abolido, visto que são irmãos todos os homens."*

7 Quando poderemos ser considerados discípulos de Jesus?

Quando nos amarmos uns aos outros, indistintamente.

> *"Nisto conhecereis que sois meus discípulos: se vos amardes uns aos outros."*

DESTAQUES COMPLEMENTARES

PIEDADE FILIAL
83

FONTE BÁSICA

KARDEC, Allan. **O Evangelho Segundo o Espiritismo**. Trad. Guillon Ribeiro. 89 ed. Rio de Janeiro: FEB, 1984. **Cap. XIV, itens. 1 a 3**. p. 243-5.

FONTES COMPLEMENTARES

1. XAVIER Francisco C. *Credores no lar*; mens. 38. In:__. **Livro da Esperança**. Pelo espírito Emmanuel. 7. ed. Uberaba: CEC, 1984. p. 115-7.

2.__. *Filhos*; mens. 136. In:__. **Vinha de Luz**. Pelo espírito Emmanuel. 7. ed. Rio de Janeiro: FEB, 1983. p. 285-6.

3.__. *Pais e Filhos*; mens. 18. In:__. **Vida e Sexo**. Pelo espírito Emmanuel. 9. ed. Rio de Janeiro: FEB, 1986. p. 77-80.

OBJETIVO

Despertar nos participantes o verdadeiro sentimento do dever para com os nossos pais, enfatizando que, além do amor, respeito e atenção, devemos cumprir a caridade para com eles de modo mais rigoroso do que fazemos normalmente para com o próximo.

CONCLUSÃO

A piedade filial encerra todo o dever dos filhos em relação aos pais e se exprime pelo amor, respeito, amparo, obediência e tolerância para com eles, independente de terem ou não cumprido os seus deveres, como pais.

OBSERVAÇÃO

O dirigente, ao ler o texto, deverá certificar-se do completo entendimento do vocabulário pelos participantes.

INDICAÇÃO DO TEXTO, PERGUNTAS, RESPOSTAS E DESTAQUES

LER OS ITENS1 E 2

1 Qual o verdadeiro sentido do mandamento "Honrai a vosso pai e a vossa mãe"?

Ele encerra toda a obrigação dos filhos perante os pais, traduzida pelo amor, respeito, atenção, submissão e condescendência para com eles. É o dever da piedade filial.

> *Honrar pai e mãe é respeitá-los, assisti-los na necessidade, proporcionar-lhes repouso na velhice e cercá-los de todos os cuidados.*

LER O ITEM 3

2 O que devemos entender por "piedade filial"?

É a obrigação incondicional que temos, perante nossos pais, de cumprir para com eles os deveres impostos pela lei de caridade e amor, de modo mais rigoroso que o demonstrado ao próximo em geral.

> *"O termo 'honrai' encerra um dever a mais para com eles: o da piedade filial."*

3 Pais são apenas os que geram o corpo?

Não necessariamente. Os que fazem as vezes de pais estão aqui incluídos, com mais forte razão até, por expressar uma dedicação oriunda, muitas vezes, da prática da caridade desinteressada e do amor ao próximo.

> *"Esse dever se estende naturalmente às pessoas que fazem as vezes de pai e de mãe, as quais tanto maior mérito têm, quanto menos obrigatório é para elas o devotamento."*

4 Que razão nos leva a cumprir os deveres que abarcam a piedade filial?

Nossos pais são nossos irmãos a quem Deus nos confiou, nesta existência terrena, como responsáveis importantes pela nossa atual fase evolutiva.

> *A família é um cadinho de purificação, onde aprendemos a legítima fraternidade.*

5 Qual o nosso dever para com os pais pobres?

Para com esses é que se demonstra a verdadeira piedade filial. Devemos dar tudo o que há de melhor e mais confortável, além das atenções e dos cuidados amáveis.

> *Aos pais pobres, os filhos não só devem o estritamente necessário, mas também os pequenos nada supérfluos, as solicitudes e os cuidados amáveis.*

6   O que ocorre com o mau filho, isto é, aquele que não cumpre os deveres da piedade filial, esquecendo os que o ampararam em sua infância?

Será punido com a ingratidão e o abandono; será ferido nas suas mais caras afeições, algumas vezes já na existência atual, mas, com certeza, noutra, em que sofrerá o que houver feito aos outros.

> *Não compete aos filhos censurar os pais, porque talvez hajam merecido que estes sejam quais se mostram.*

7   E os maus pais, que descuidam dos deveres que a sua condição impõe com relação aos filhos, como ficam?

Cada qual deve cumprir o seu papel. O dos filhos é honrar os pais, sempre, em qualquer circunstância. Quanto a esses pais, compete a Deus julgá-los e puni-los.

> *Alguns pais descuidam de seus deveres e não são o que deviam ser; mas a Deus é que compete puni-los, e não a seus filhos.*

―――― DESTAQUES COMPLEMENTARES ――――

A PARENTELA CORPORAL E
A PARENTELA ESPIRITUAL
84

FONTE BÁSICA

KARDEC, Allan. **O Evangelho Segundo o Espiritismo**. Trad. Guillon Ribeiro. 89. ed. Rio de Janeiro: FEB, 1984. **Cap. XIV, Item 8**. p. 248-9.

FONTES COMPLEMENTARES

1. XAVIER, Francisco C. *Credores no lar*; mens. 38. In:___. **Livro da Esperança**. Pelo espírito Emmanuel. 6. ed. Uberaba: CEC, 1982. p. 115-7.

2. ___. *Educação no lar*; mens. 12. In:___. **Caminho, Verdade e Vida**. Pelo espírito Emmanuel. 10. ed. Rio de Janeiro: FEB, 1983. p. 39-40.

3. Op. cit. *Parentela*; mens. 62. p. 139-40.

4. ___. *Em família*; mens. 117. In:___. **Pão Nosso**; Pelo espírito Emmanuel. 5. ed. Rio de Janeiro: FEB, 1977. p. 245-6.

5. ___. *Filhos*; mens. 136. In:___. **Vinha de Luz**. Pelo espírito Emmanuel. 7. ed. Rio de Janeiro: FEB, 1983. p. 285-6.

6. Op. cit. *Pais*; mens. 135. p. 183-4.

7. ___. *Parentes*; mens. 156. In:___. **Fonte Viva**. Pelo espírito Emmanuel. 12. ed. Rio de Janeiro: FEB, 1984. p. 351-2.

8. KARDEC, Allan. *Parentesco*, filiação; In:___. **O Livro dos Espíritos**. Trad. Guillon Ribeiro. 66. ed. Rio de Janeiro: FEB, 1987. Parte 2ª, Cap. IV. Questões 203 a 206. p. 135-6.

OBJETIVO

Esclarecer o significado de "parentela corporal" e "parentela espiritual", assinalando em que consistem os verdadeiros laços de família e ressaltando nossa responsabilidade junto àqueles que encarnam na condição de familiares nossos.

CONCLUSÃO

Os verdadeiros laços de família são os espirituais, não os da consanguinidade, uma vez que são os espíritos que se amam ou se odeiam e não os corpos que, temporariamente, habitam. Assim, a nossa família é o ambiente de purificação, para onde somos atraídos pelos laços estabelecidos em existências anteriores.

┌─ OBSERVAÇÃO ─┐

O dirigente, ao ler o texto, deverá certificar-se do completo entendimento do vocabulário pelos participantes.

INDICAÇÃO DO TEXTO, PERGUNTAS, RESPOSTAS E DESTAQUES

LER O PRIMEIRO PARÁGRAFO DO ITEM 8

1 Como se explica o vínculo que existe entre um pai e um filho?

O pai fornece ao filho apenas o invólucro corporal, uma vez que o espírito já existia antes da formação do corpo. Se estão unidos, é em razão dos laços de simpatia ou de antipatia que já existiam anteriormente ao reencarnante.

> *"O corpo procede do corpo, mas o espírito não procede do espírito."*
> *"Não é o pai quem cria o espírito de seu filho."*

2 Qual é o dever do pai, com relação ao seu filho?

Auxiliar o seu desenvolvimento físico, intelectual e moral, a fim de fazê-lo progredir, além de orientá-lo na prática do bem.

> *Filhos são espíritos a quem estamos ligados e que precisam do apoio dos pais para progredir.*

LER O SEGUNDO PARÁGRAFO DO ITEM 8

3 Como se formam as famílias do passado, como filhos?

Pela união de espíritos ligados por anteriores relações de simpatia, que se expressam por uma afeição recíproca na vida terrena, ou pelo reencontro de espíritos afastados entre si por antipatias anteriores ou cumplicidade no mal, traduzidas por incompatibilidade entre os mesmos.

> *"Não são os da consanguinidade os verdadeiros laços de família, e sim os da simpatia e da comunhão de ideias."*

4 Podemos ter, então, inimigos do passado como filhos?

Sim. Daí, uma das finalidades da família terrena: proporcionar, pelos laços consanguíneos, reajustes de relacionamento entre espíritos inimigos, atendendo aos reclames da lei de Deus, que é de fraternidade.

> *"Dois seres nascidos de pais diferentes podem ser mais irmãos, pelo espírito, do que se o fossem pelo sangue."*

LER O TERCEIRO PARÁGRAFO DO ITEM 8

5 Como definimos a parentela corporal e espiritual?

A corporal é aquela constituída pelos laços frágeis da consanguinidade e da matéria, que se extinguem com o tempo e, muitas vezes, dissolvem-se moralmente já na existência atual; a espiritual é aquela caracterizada pelos laços espirituais, fortalecida pela purificação, e se perpetua no mundo dos espíritos.

> "Há, pois, duas espécies de famílias: as famílias pelos laços espirituais e as famílias pelos laços corporais."

LER O ÚLTIMO PARÁGRAFO DO ITEM 8

6 Que ensinamento nos transmitiu Jesus, ao dizer: "Eis aqui meus verdadeiros irmãos", referindo-se àqueles que não eram seus parentes?

Que os nossos verdadeiros irmãos são aqueles a quem nos ligamos pelos laços eternos e duráveis do espírito, caracterizados pela estima e simpatia mútua, e não necessariamente aqueles a quem nos vinculamos pelos laços frágeis e temporários da matéria.

> *Devemos nos esforçar para criar e/ou fortalecer os laços de simpatia entre os que constituem nossa parentela corporal, na atual existência. Há pessoas que amamos mais do que os irmãos consanguíneos, mesmo nada sendo para nós.*

―― **DESTAQUES COMPLEMENTARES** ――

A INGRATIDÃO DOS FILHOS E OS LAÇOS DE FAMÍLIA
85

FONTE BÁSICA

KARDEC, Allan. **O Evangelho Segundo o Espiritismo**. Trad. Guillon Ribeiro. 89. ed. Rio de Janeiro: FEB, 1984. **Cap. XIV. item 9.** 249-51.

FONTES COMPLEMENTARES

1. XAVIER, Francisco C. *Sentimento/Afeição*. In:__. **O Consolador**. Pelo espírito Emmanuel. 11. ed. Rio de Janeiro: FEB, 1985. Segunda Parte. Cap. II. Questão 175. p. 107-8.

2.__. *Credores no Lar*; mens. 38. In:__. **Livro da Esperança**. Pelo espírito Emmanuel. 9. ed. Uberaba: CEC, 1987. p. 115-7.

3. XAVIER, Francisco C. & VIEIRA, Waldo. Carta a Meu Filho; mens. 27. In:__. **O Espírito da Verdade**. Por vários espíritos. 5. ed. Rio de Janeiro: FEB, 1985. p. 68-71.

4.__. *Espírita em família não Espírita*. In:__. **Estude e Viva**. Pelos espíritos Emmanuel e André Luiz. 6. ed. Rio de Janeiro: FEB, 1986. p. 216-8.

5. Op. cit. *Pontos Perigosos Para os Pais*. p. 218-9.

6. XAVIER, Francisco C. & PIRES, J. Herculano. *Desvinculação*. In:__. **Na Era do Espírito**. Por vários espíritos. 4. ed. S. B. do Campo: GEEM, 1976. p. 28-9.

7. Op. cit. *No Trem dos Estudantes*. p. 30-1.

8. Op. cit. *Jovens Difíceis*. p. 54-5.

9. Op. cit. *O Amparo dos Pais*. p. 56-7.

OBJETIVO

Analisar com os participantes as causas anteriores das ingratidões dos filhos para com os pais, esclarecendo-os de que a família terrena oferece a ofensores e ofendidos oportunidades de aproximação e reajuste.

CONCLUSÃO

A ingratidão dos filhos para com os pais não é fruto do acaso, mas consequência de dissensões e ódios em vidas anteriores, que devem ser superados na presente encarnação pelo exercício do amor e do perdão entre os membros da família terrena. Desprezar esta oportunidade significa transferir para encarnações futuras dificuldades que nesta poderiam ser superadas.

OBSERVAÇÃO

O dirigente, ao ler o texto, deverá certificar-se do completo entendimento do vocabulário pelos participantes.

INDICAÇÃO DO TEXTO, PERGUNTAS, RESPOSTAS E DESTAQUES

LER OS QUATRO PRIMEIROS E O 6º PARÁGRAFOS DO ITEM 9 (SUPRIMINDO O 5º PARÁGRAFO E O RESTANTE DO TEXTO)

1   Qual a causa da ingratidão, no coração do homem?

A ingratidão é provocada pelo egoísmo, sentimento próprio dos espíritos ainda endurecidos, imperfeitos.

A ingratidão é sentimento mesquinho, que magoa quem recebe e provoca graves danos espirituais em quem o pratica.

2   Que explicação se pode dar à ingratidão dos filhos para com os pais?

Quando, na presente encarnação, não há motivo que a justifique, este sentimento pode dever-se a inimizades surgidas em vidas passadas.

Ódios, perseguições e desejos de vingança, não se apagam com a morte, mas atravessam encarnações sucessivas até se extinguirem completamente, dando lugar ao amor.

3   A todo espírito é dada a oportunidade de encarnar como familiar daqueles a quem já odiou, ou por quem foi odiado?

Certamente que sim. Porém, somente os espíritos com algum progresso é que desejam enfrentar esta provação, por entender que, para chegar a Deus, é necessário praticar a caridade, perdoando e esquecendo as injúrias e os ultrajes recebidos.

Aos espíritos mais adiantados é dado entrevejam uma partícula da verdade; apreciam, então, as funestas consequências de suas paixões e tomam o propósito de repará-las.

4 Uma vez que o espírito tomou a resolução de encarnar entre inimigos de vidas anteriores, torna-se-lhe fácil cumpri-la?

Nem sempre é fácil a tarefa. É penoso ao espírito observar aqueles que já lhe foram causa de padecimentos e ruína. Muitos desistem da prova; outros, nos quais predomina a boa resolução, rogam a Deus e aos bons espíritos auxílio, para enfrentá-la e vencê-la.

> *Ao observar aqueles a quem odiou na Terra, o espírito fica conturbado entre sentimentos opostos de vingança e perdão. "Não há caridade sem perdão, nem com o coração tomado pelo ódio."*

5 Como se dá a encarnação do espírito, nessas famílias?

Após anos de meditação e prece, o espírito obtém permissão para cumprir sua prova. Aproveita-se, então, de um corpo em preparo na família daquele a quem detestou, nele encarnando.

> *A encarnação entre antigos desafetos é oportunidade que a misericórdia infinita de Deus nos concede, para expiar faltas passadas e mais rapidamente chegar até Ele.*

6 Uma vez encarnado, que atitude poderá adotar o espírito, para com os familiares?

Seu procedimento dependerá da maior ou menor persistência em cumprir as resoluções tomadas antes de encarnar. Portanto, conforme prevaleçam ou não os bons propósitos, ele será amigo ou permanecerá inimigo daqueles entre os quais foi chamado a viver.

> *Para se apreender a causa de ódios e repulsões instintivas manifestadas por certas crianças, sem nenhum motivo que os justifique naquela existência, torna-se necessário volver o olhar ao passado.*

7 Como devemos agir diante da ingratidão dos filhos?

Reconhecendo que não foi o acaso que nos tornou seus pais, nem os fez assim. Buscando todos os meios para superar estas dissensões na presente encarnação, através da educação, da orientação para o bem, do bom exemplo e, sobretudo, do amor.

> *"Não escorraceis, pois, a criancinha que repele sua mãe, nem a que vos paga com a ingratidão..." "Mães! Abraçai o filho que vos dá desgostos e dizei, convosco mesmas: Um de nós dois é culpado!" Ensinai aos vossos filhos que eles estão na Terra para se aperfeiçoar, amar e bendizer a Deus.*

DESTAQUES COMPLEMENTARES

DE QUE PRECISA O ESPÍRITO PARA SER SALVO
86

FONTE BÁSICA

KARDEC, Allan. **O Evangelho Segundo o Espiritismo**. Trad. Guillon Ribeiro. 89. ed. Rio de Janeiro: FEB, 1984. **Cap. XV, Item 1**. p. 255-6.

FONTES COMPLEMENTARES

1. XAVIER, Francisco C. *Atendamos ao Bem*; mens. 137. In:__. **Fonte Viva**. Pelo espírito Emmanuel. 15. ed. Rio de Janeiro: FEB, 1987. p. 307-8.

2. VIEIRA, Waldo. *Caridade em Marcha*; In:__. **Seareiros de Volta**. Espíritos diversos. 1. ed. Rio de Janeiro: FEB, 1966. p. 59-61.

OBJETIVO

Esclarecer os participantes sobre o principal meio ensinado por Jesus de se obter a salvação do espírito, e sobre como vivenciar este ensinamento em nosso dia a dia.

CONCLUSÃO

A salvação do espírito depende do bem que se faz ao próximo e resume-se, exclusivamente, na prática da caridade, por amor a Deus.

OBSERVAÇÃO

O dirigente, ao ler o texto, deverá certificar-se do completo entendimento do vocabulário pelos participantes.

INDICAÇÃO DO TEXTO, PERGUNTAS, RESPOSTAS E DESTAQUES

LER TODO O ITEM 1. RELER O PRIMEIRO PARÁGRAFO.

1   A que fato faz Jesus referência no início do texto?

À época em que a Terra deixar de ser um mundo de provas e expiações, portanto, inferior, para ser um mundo melhor, no qual o egoísmo e o mal não sejam a tônica. Nessa oportunidade, os maus serão afastados para mundos inferiores, tornando-se reais as palavras: "Bem-aventurados os brandos e pacíficos, porque possuirão a Terra."

> *"(...) quando o Filho do homem vier em sua majestade... separará uns dos outros, como o pastor separa dos bodes as ovelhas... e colocará as ovelhas à sua direita e os bodes à sua esquerda." Nas palavras de Jesus há uma ideia dominante: "a da felicidade reservada ao justo e da infelicidade que espera o mau."*

2   Que sentido podemos atribuir à expressão "posse do reino", usada por Jesus nesta passagem?

Não se trata, evidentemente, de um reino material, com o conforto e as riquezas conhecidas na Terra, mas do reino espiritual, onde os justos encontrarão a suprema alegria, a paz, e gozarão da presença do amor infinito de Deus.

> *Para se fazer entender, Jesus usava imagens, figuras de linguagem, pois os homens que o ouviam ainda eram espíritos de pouco progresso, incapazes de compreender as questões puramente espirituais.*

3   O que fizeram os justos para merecer o reino prometido?

Quando foi possível e esteve ao alcance de cada um, atenderam às necessidades básicas de seus irmãos mais carentes: necessidades de alimentação, habitação, vestuário, saúde e conforto moral.

> *Alimentar os famintos, dar água aos sedentos e teto aos desabrigados, vestir os nus: eis aí o caminho ensinado por Jesus, para chegarmos ao reino do nosso Pai. O conforto moral e espiritual também é uma necessidade humana, pois "nem só de pão vive o homem."*

4   Como Jesus considera a boa ação, praticada em favor dos necessitados?

Como se fora praticada em seu próprio favor, em seu próprio benefício.

> *"(...) porquanto, tive fome e me destes de comer; tive sede e me destes de beber; careci de teto e me hospedastes; – estive nu e me vestistes; achei-me doente e me visitastes; estive preso e me fostes ver." "Em verdade vos digo, todas as vezes que isso fizestes a um destes mais pequeninos dos meus irmãos, foi a mim mesmo que o fizestes."*

5 Por que, socorrendo o próximo, estamos agradando a Deus?

Porque o caminho que conduz a Deus passa, obrigatoriamente, pelo nosso próximo, a quem devemos auxílio e amparo.

> *O preceito de Jesus "amai-vos uns aos outros", é rota segura que nos levará, sem desvios, ao reino de Deus.*

6 De acordo com esta lição, de que necessita o espírito para ser salvo?

De fazer o bem ao próximo, sobretudo àqueles mais necessitados e esquecidos; em outras palavras: de praticar a caridade.

> *Nesta passagem, Jesus ressalta que o juiz não procura saber se a pessoa preencheu tal ou qual formalidade, se observou mais ou menos tal ou qual prática exterior, se frequentou esta ou aquela religião. Indaga, simplesmente, se a caridade foi praticada.*

7 Como devemos agir em nossa vida diária para atender aos ensinamentos de Jesus e, mais rapidamente, tomarmos posse do reino que Deus nos preparou?

Devemos estender sempre nossas mãos em auxílio dos irmãos necessitados, alimentando-os, vestindo-os, abrigando-os, curando-os, confortando-os.

> *"A Boa Nova não prometia a paz da vida superior aos que calejassem os joelhos nas penitências incompreensíveis, aos que especulassem sobre a natureza de Deus, que discutissem as coisas do Céu por antecipação ou que simplesmente pregassem as verdades eternas, mas exaltou a posição sublime de todos os que disseminassem o amor, em nome do Todo-Misericordioso."*

8 O que ocorre a quem não pratica a caridade?

Reencarna em situação de miséria e abandono, para aprender o divino valor da caridade.

> *Por mais que rebusquemos motivos de salvação, se não praticarmos a caridade, estaremos retidos por muito tempo nas prisões sem grades do egoísmo, do orgulho e da vaidade. Toda a moral de Jesus se resume na caridade e na humildade, isto é, nas duas virtudes contrárias ao egoísmo e ao orgulho."*

DESTAQUES COMPLEMENTARES

DESTAQUES COMPLEMENTARES

PARÁBOLA DO BOM SAMARITANO
87

FONTE BÁSICA

KARDEC, Allan. **O Evangelho Segundo o Espiritismo**. Trad. Guillon Ribeiro. 89. ed. Rio de Janeiro: FEB, 1984. **Cap. XV, Item 2** p. 256-7.

FONTES COMPLEMENTARES

1. XAVIER, Francisco C. *Faze isso e viverás*; mens. 157. In:__. **Caminho, Verdade e Vida**. Pelo Espírito Emmanuel. 8. ed. Rio de Janeiro: FEB, 1980. p. 329-30.

2.__. *Ajudemos Sempre*; mens. 126. In:___. **Fonte Viva**. Pelo espírito Emmanuel. 15. ed. Rio de Janeiro: FEB. 1987. p. 285-6.

3.__. *Na Intimidade Doméstica*; mens. 40. In:__. **Livro da Esperança**. Pelo espírito Emmanuel. 9. ed. Uberaba: CEC, 1987. p. 120-1.

4.__. *Auxiliar e Servir*. In:__. **Segue-me!...** Pelo Espírito Emmanuel. 1. ed. Matão: O Clarim, s/d. p. 173-4.

5. XAVIER, Francisco C. & VIEIRA, Waldo. *Os Novos Samaritanos*; mens. 86. In:__. **O Espírito da Verdade**. Por vários espíritos. 5. ed. Rio de Janeiro: FEB, 1985. p. 198-9.

6. XAVIER, Francisco C. & PIRES, J. Herculano. *À Espera de um Amigo*. In:__. **Astronautas do além**. Por vários espíritos. 4. ed. S. B. Campos: GEEM, 1980. p. 48-9.

7. Op. cit. **Quem é?** p. 50-1.

8. CALLIGARIS, Rodolfo. *Parábolas do Bom Samaritano*. In:__. **Parábolas Evangélicas**. 3. ed. Rio de Janeiro: FEB, 1983. p. 62-6.

OBJETIVO

Analisar os ensinamentos contidos na parábola do Bom Samaritano, destacando o amor a Deus e ao próximo como mandamento por excelência e a prática da caridade como meio de cumpri-lo; e o papel esclarecedor das religiões.

CONCLUSÃO

Não são as práticas exteriores ou os rótulos religiosos que nos conduzem à vida eterna, mas os nossos atos de caridade para com o próximo, por amor a Deus. A religião apenas esclarece.

OBSERVAÇÃO

O dirigente, ao ler o texto, deverá certificar-se do completo entendimento do vocabulário pelos participantes.

INDICAÇÃO DO TEXTO, PERGUNTAS, RESPOSTAS E DESTAQUES

LER TODO O ITEM 2
ANTES DE INICIAR AS QUESTÕES, EXPLICAR O SIGNIFICADO DE "SACERDOTE", "LEVITA" E "SAMARITANO"

Sacerdote – Ministro religioso. Conhecedor das leis.

Levita – Membro da tribo de Levi.

Samaritano – Membro da tribo Samária, dissidente de Israel.

1   O que queria dizer o doutor da lei, com a expressão "possuir a vida eterna"?

Ele referia-se à salvação da alma; ao estado de bem-aventurança, que apenas os espíritos dos justos conseguem alcançar.

> *Estamos na Terra para nos aperfeiçoar e, assim, conseguir a vida eterna; por isso, é fundamental que conheçamos os caminhos que a ela conduzem.*

2   O preceito contido na lei daquela época mudou em nossos dias?

Não. Ontem, como hoje, para que tenhamos a vida eterna, devemos cumprir o preceito que diz: "Amarás o Senhor teu Deus de todo o coração, de toda a tua alma, com todas as tuas forças e de todo o teu espírito, e a teu próximo como a ti mesmo."

> *"Disse-lhe Jesus: Respondeste muito bem; faze isso e viverás." As leis de Deus são eternas, imutáveis; por isso, no passado como no presente, não se pode chegar a Ele, senão através do amor ao próximo.*

3   Que ensinamentos nos trouxe Jesus, com esta parábola?

Jesus nos ensina duas lições fundamentais para a salvação do espírito:

a) que a prática da caridade é a suprema manifestação de obediência e amor a Deus;

b) que "próximo" é todo aquele que encontramos ao nosso lado e necessita de nós.

> *Jesus não se limita a recomendar a caridade; põe-na claramente, e em termos explícitos, como condição absoluta de felicidade futura. "O próximo, a quem precisamos prestar imediata assistência, é sempre a pessoa que se encontra mais perto de nós".*

4   Por que, ao contar esta parábola, Jesus escolheu o samaritano, e não o sacerdote ou o levita, para prestar auxílio ao necessitado?

A fim de deixar bem claro que praticar a caridade não é prerrogativa das pessoas religiosas, mas procedimento comum às almas nobres e compassivas, ainda que, às nossas vistas, pareçam distantes de Deus, por não possuírem religião.

> *"Jesus coloca o samaritano, considerado herético (homem sem fé), mas que pratica o amor ao próximo, acima do ortodoxo (observador da doutrina), mas que não pratica a caridade." Não são os rótulos religiosos que nos conduzem à salvação, mas os atos de caridade para com o nosso próximo.*

5   Se o samaritano não era religioso, o que o levou a socorrer o próximo?

O sentimento de solidariedade e de compaixão pelo semelhante, pois, ao ver o homem ferido e abandonado, o samaritano apiedou-se dele e o socorreu, cuidando, em seguida, para que nada lhe faltasse. Os demais, ao contrário, agiram com indiferença.

> *"Mas, um samaritano que viajava, chegando ao lugar onde jazia aquele homem e tendo-o visto, foi tocado de compaixão."*
> *"O viajante compassivo encontra o ferido anônimo na estrada. Não hesita em auxiliá-lo." Esquece seus próprios interesses e permanece junto dele, enquanto necessário. Nada pergunta, nada exige...*

6   A religião não tem, portanto, nenhum valor?

A religião é importante na medida em que contribui para o esclarecimento de seus adeptos, aproximando-os de Deus e tornando-os mais solidários e fraternos para com os outros. No entanto, a religião não salva ninguém.

> *Embora a religião não salve ninguém, seus ensinamentos conferem maior responsabilidade ao seguidor, que já sabe como proceder para salvar-se.*

7   Que lição de vida Jesus nos oferece, com a parábola do Bom Samaritano?

Ele nos exorta a olhar em volta e a descobrir as feridas – aparentes e secretas – de nossos irmãos; Ele nos estimula a amenizar-lhes as dores, a consolar-lhes as aflições, enfim, a sermos seus "bons samaritanos."

> *"Então, vai, diz Jesus, e faze o mesmo."*
> *Façamos um exame de consciência e vejamos quantos "feridos" deixamos desamparados na estrada da vida, por nosso egoísmo e indiferença.*

DESTAQUES COMPLEMENTARES

301

O MANDAMENTO MAIOR
88

FONTE BÁSICA

KARDEC, Allan. **O Evangelho Segundo o Espiritismo**. Trad. Guillon Ribeiro. 89. ed. Rio de Janeiro: FEB, 1984. **Cap. XV, Itens 4 e 5**. p. 258-9.

FONTES COMPLEMENTARES

1. XAVIER, Francisco C. *A regra áurea*; mens. 41. In: __. **Caminho, Verdade e Vida**. 10. ed. Rio de Janeiro: FEB, 1983. p. 97-8.

2. XAVIER, Francisco C. & VIEIRA, Waldo. *Até o fim*; mens. 9. In: __. **Estude e Viva**. Pelos espíritos Emmanuel e André Luiz. 6. ed. Rio de Janeiro: FEB, 1986. p. 62-3.

3. Op. cit. , *Deus e caridade*; mens. 24. p. 140-1.

4. Op. cit. , *Respeite tudo*; mens. 24. p. 141-2.

5. Op. cit. , *Solidariedade*; mens. 9. p. 60-2.

6. __. *Escola de Bênçãos*; mens. 97. In:__. **O Espírito da Verdade**. Espíritos diversos. 5. ed. Rio de Janeiro: FEB, 1985. p. 221-2.

OBJETIVO

Aprofundar o entendimento dos participantes sobre os dois maiores mandamentos ensinados por Jesus, ressaltando qual deve ser nossa atitude para, verdadeiramente, amar a Deus sobre todas as coisas e ao próximo como a nós mesmos.

CONCLUSÃO

Ama a Deus sobre todas as coisas aquele que O coloca como o centro de sua vida, observa seus mandamentos e em tudo percebe manifestações de seu amor. Ama ao próximo como a si mesmo aquele que faz para os outros todo o bem que para si próprio desejaria. O amor ao próximo é a mais autêntica manifestação de amor a Deus.

OBSERVAÇÃO

O dirigente, ao ler o texto, deverá certificar-se do completo entendimento do vocabulário pelos participantes.

INDICAÇÃO DO TEXTO, PERGUNTAS, RESPOSTAS E DESTAQUES

LER O ITEM 4

1   Como se pode sistematizar a resposta de Jesus ao doutor da Lei, quando este lhe perguntou: "qual o grande mandamento da Lei"?

Amar a Deus sobre todas as coisas e ao próximo como a nós mesmos.

> *"Jesus lhe respondeu: Amarás o Senhor teu Deus, de todo o teu coração, de toda a tua alma, de todo o teu espírito. Esse o primeiro mandamento. – E aqui está o segundo, que é semelhante ao primeiro: Amarás o teu próximo como a ti mesmo."*

2   O que se entende por "amar a Deus de todo o coração, alma e espírito"?

Ama a Deus dessa maneira, aquele que O reconhece como Pai misericordioso; que compreende a vida como dádiva do seu amor em benefício de nosso progresso; e que faz da própria vida uma caminhada em sua direção, pela observância de suas leis.

> *Amar a Deus sobre todas as coisas é reconhecer a natureza como obra de sua bondade. É agradecer-lhe diariamente por tudo que nos concede. Amar a Deus sobre todas as coisas é recorrer a Ele como amparo de nossa fraqueza; é louvá-lo a cada instante, como fonte de nossa coragem e alegria.*

3   E por "amar o próximo como a nós mesmos", o que podemos entender?

Que devemos dispensar ao nosso irmão o mesmo tratamento que gostaríamos de receber, caso estivéssemos em seu lugar; desejar-lhe tudo o que almejamos para nós, regozijarmo-nos com suas alegrias e o consolarmos em suas dores e aflições.

> *Devemos nos colocar no lugar do próximo e procurar dispensar-lhe as mesmas atenções que gostaríamos de receber, se nos encontrássemos em igual situação.*

4   Que ensinamento podemos tirar da frase de Jesus: "Toda a lei e os profetas se acham contidos nesses dois mandamentos"?

Que todos os preceitos religiosos, todos os ensinamentos dos profetas, todas as lições dos livros sagrados, podem ser resumidos em dois mandamentos: Amar a Deus acima de tudo e ao próximo como a nós mesmos.

> *Jesus nos ensinou verdades eternas. Portanto, ontem, como hoje, estes dois mandamentos contêm tudo o que precisamos para a salvação do espírito.*

5 É possível amar a Deus sem amar ao próximo?

Não. Aquele que, verdadeiramente, traz dentro de si o desejo de amar a Deus e observar seus mandamentos, estende esse amor a todas as pessoas, por nelas reconhecer criaturas por Ele criadas e irmãos seus.

> *Não se pode amar a Deus desprezando o próximo. Ao contrário: é pelo bem que fazemos ao próximo que demonstramos nosso amor a Deus.*

6 Que conclusão prática podemos tirar desta lição?

Que fora da caridade não há salvação, uma vez que a caridade é a concretização do amor. É a forma pela qual o amor se realiza.

> *O caminho da salvação passa, obrigatoriamente, pelo amor ao próximo.*

LER O ITEM 5

7 Que virtudes devemos cultivar, para conseguirmos observar estes mandamentos?

Devemos cultivar a caridade e a humildade, pois a primeira nos ensina o esquecimento de nós mesmos em favor do nosso próximo; e a segunda nos liberta das vaidades humanas, aproximando-nos de todos na condição de irmãos.

> *Pela prática da caridade combatemos o egoísmo; pelo exercício da humildade libertamo-nos do orgulho.*

8 Devemos praticar a caridade, mesmo sendo o próximo nosso inimigo?

Certamente que sim. Nestes casos, devemos amá-lo e perdoá-lo, desejando-lhe todo o bem que gostaríamos de receber, sem recusar oportunidade de reconciliação.

> *Se, mesmo agindo assim, não formos compreendidos pelo nosso irmão, Deus, que tudo vê e preside, saberá reconhecer nosso esforço.*

DESTAQUES COMPLEMENTARES

DESTAQUES COMPLEMENTARES

NECESSIDADE DA CARIDADE
SEGUNDO SÃO PAULO
89

FONTE BÁSICA

KARDEC, Allan. **O Evangelho Segundo o Espiritismo**. Trad. Guillon Ribeiro. 89. ed. Rio de Janeiro: FEB, 1984, **Cap. XV, Itens 6 e 7**. p. 259-60.

FONTES COMPLEMENTARES

1. XAVIER, Francisco C. *Benevolência*; mens. 28. In:__. **Opinião Espírita**. Pelos espíritos Emmanuel e André Luiz. 5. ed. Uberaba: CEC, 1982. p. 101-2.

2.__. *Nas sendas do mundo*; mens. 19. In:___. **Estude e Viva**. Pelos espíritos Emmanuel e André Luis. ed. Rio de Janeiro: FEB, 1972. p. 110-2.

3. Op. cit. , *Vizinhos*; mens. 19. p. 112-3.

4.__. *O Irmão*; mens. 163. In:__. **Vinha de Luz**. Pelo espírito Emmanuel. 10. ed. Rio de Janeiro: FEB, 1987. p. 341-2.

5. XAVIER, Francisco C. & VIEIRA, Waldo. *Estrada Real*; mens. 91. In:__. **O Espírito da Verdade**. Espíritos diversos. 5. ed. Rio de Janeiro: FEB, 1985. p. 208-9.

OBJETIVO

Analisar detalhadamente os ensinamentos de São Paulo sobre a caridade e destacar as características por ele atribuídas a esta virtude, ressaltando-lhe a excelência frente às demais.

CONCLUSÃO

A caridade, por independer de recursos intelectivos, de crença religiosa, de fé, está ao alcance de todas as pessoas. Por isso, São Paulo a colocou, tão enfaticamente, acima de todas as virtudes.

OBSERVAÇÃO

O dirigente, ao ler o texto, deverá certificar-se do completo entendimento do vocabulário pelos participantes.

INDICAÇÃO DO TEXTO, PERGUNTAS, RESPOSTAS E DESTAQUES

LER TODO O TEXTO

1 O que nos ensina São Paulo, nesta 1ª Epístola aos Coríntios?

Paulo nos ensina que a virtude por excelência é a caridade; e que de nada nos vale possuir grandes conhecimentos, ter imensa fé ou distribuir riqueza em favor dos necessitados, se não tivermos caridade.

> *"Ainda quando eu falasse todas as línguas dos homens e a língua dos próprios anjos, se eu não tiver caridade, serei como o bronze que soa e um címbalo que retine."*

2 Então, fazer doações ao próximo não é caridade?

Nem sempre. Caridade é doar irradiando o amor silencioso, sem propósito de recompensa, desejo de reconhecimento ou espírito de vaidade.

> *"Quem dá para mostrar-se, é vaidoso. Quem dá para livrar-se do sofredor é displicente... Quem dá para situar o nome na galeria dos benfeitores e dos santos, é invejoso." (Emmanuel/****Vinha de Luz*** *– mens. 163.)*

3 É possível se praticar a caridade e fazer, ao mesmo tempo, o mal aos outros?

Não. A verdadeira caridade se faz acompanhar dos mais nobres e sublimes sentimentos, repelindo instintivamente os sentimentos inferiores.

> *"Ninguém pode servir a dois senhores, porque ou odiará a um e amará a outro, ou se prenderá a um e dispensará o outro."*

4 O que se entende por "a caridade é branda e benfazeja"?

Que esta virtude é suave e mansa, voltada somente à prática do bem. Quem a pratica guarda consigo a paz interior e transmite aos outros o amor fraterno.

> *"Bem-aventurado todo aquele que cede algo de si próprio a benefício dos outros, ainda que seja tão somente uma palavra de bênção para o conforto de uma criança esquecida." "A caridade é paciente." "A caridade não é invejosa."*

5 E, por "a caridade não é temerária nem precipitada", o que se entende?

Que a caridade é prudente e cautelosa, nunca se apressando em julgar pelas aparências nem agindo de modo impulsivo ou leviano.

> *"A caridade não suspeita mal." "(...) não se rejubila com a injustiça, mas se rejubila com a verdade." "(...) tudo suporta, tudo crê, tudo espera, tudo sofre."*

6 Por que Paulo considera a caridade mais excelente que a fé e a esperança?

Porque "a caridade está ao alcance de toda gente: do ignorante como do sábio, do rico como do pobre, e independe de qualquer crença particular."

> *"Filhos, a estrada real para Deus chama-se Caridade. (...) Caridade para com amigos. Caridade com adversários. Caridade com os bons. Caridade com os menos bons." Todas as virtudes são inúteis, sem o veículo da caridade.*

7 A caridade, portanto, dispensa a presença de religião?

Sim. O ateu pode ser caridoso e, portanto, bem-visto aos olhos de Deus, enquanto o adepto de uma religião pode não praticar a caridade, infringindo, assim, a divina lei de amor.

> *As religiões têm função meramente esclarecedora, mas não asseguram a prática das virtudes que nos conduzem a Deus: isto depende de nosso esforço individual.*

―――― **DESTAQUES COMPLEMENTARES** ――――

FORA DA CARIDADE NÃO HÁ SALVAÇÃO
90

FONTE BÁSICA

KARDEC, Allan. **O Evangelho Segundo o Espiritismo**. Trad. Guillon Ribeiro. 89. ed. Rio de Janeiro: FEB, 1984. **Cap. XV, Item 10.** p. 261-2.

FONTES COMPLEMENTARES

1. XAVIER, Francisco C. *Nas sendas do mundo*; mens. 42. In:__. **Livro da Esperança**. Pelo espírito Emmanuel. 9. ed. Uberaba: CEC, 1987. p. 124-6.

2.__. *Mais caridade*. In:__. **Caminhos de Volta**. Por diversos espíritos. 7. ed. São Bernardo do Campo: GEEM, 1984. p. 89-90.

3. XAVIER, Francisco C. & VIEIRA, Waldo. *Não retardes o bem*; mens. 16. In:__. **Estude e Viva**. Pelos espíritos Emmanuel e André Luiz. 6. ed. Rio de Janeiro: FEB, 1986. p. 98-9.

4.__. *Na trilha da caridade*; mens. 46. In:__. **Opinião Espírita**. Pelos espíritos Emmanuel e André Luiz. 5. ed. Uberaba: CEC, 1982. p. 152-4.

5.__. *Legenda Espírita*; mens. 3. In:__. **O Espírito da Verdade**. Espíritos diversos. 5. ed. Rio de Janeiro: FEB, 1985. p. 19.

OBJETIVO

Informar os participantes de que, na tarefa de salvação do espírito, a religião tem importante função esclarecedora, mas apenas a prática da caridade nos conduz a Deus.

CONCLUSÃO

Religião não é fim: é meio. Não salva: esclarece. Apenas a ação permanente, no campo da caridade, nos conduz a Deus.

OBSERVAÇÃO

O dirigente, ao ler o texto, deverá certificar-se do completo entendimento do vocabulário pelos participantes.

INDICAÇÃO DO TEXTO, PERGUNTAS, RESPOSTAS E DESTAQUES

LER O ITEM 10

1 **Por que a prática da caridade define o destino dos homens, tanto na Terra como no céu?**

Porque aqueles que a praticam, ainda na Terra encontram a paz, e na vida espiritual acham graça diante de Deus Pai.

> *"Ela brilha no céu como auréola santa, na fronte dos eleitos, e, na Terra, se acha gravada no coração daqueles a quem Jesus dirá: Passai à direita, benditos de meu Pai."*

2 **É possível cometermos enganos ou nos transviarmos, se nos deixarmos guiar pela caridade?**

Com toda certeza, não. Por isso, Paulo nos ensina a submeter todas as nossas ações ao governo da caridade, pois a consciência sempre nos apontará o caminho da paz e da fraternidade.

> *"Submetei todas as vossas ações ao governo da caridade e a consciência vos responderá."*

3 **Não fazer o mal é uma forma de praticar a caridade?**

Na prática do bem, o que conta não é o mal que deixamos de fazer, mas o bem que conseguimos realizar.

> *"Uma virtude negativa não basta: é necessário uma virtude ativa." "Para fazer-se o bem, mister sempre se torna a ação da vontade; para se não praticar o mal, basta, as mais das vezes, a inércia e a despreocupação."*

4 **A salvação do espírito depende de alguma religião em particular?**

Não. As religiões têm a função de esclarecer as pessoas na prática do bem que as conduz a Deus, mas não lhes garante a salvação do espírito.

> *O que nos salva não é estarmos filiados a esta ou àquela religião, mas praticarmos boas obras em favor do próximo.*

5 **Onde podemos encontrar os ensinamentos que nos conduzem a Deus?**

No Evangelho de Jesus, cuja principal lição pode ser resumida na frase: "Fora da caridade não há salvação."

> *Todos quantos praticam a caridade são discípulos de Jesus, sem embargo da seita a que pertençam.*

6 **A prática de cultos religiosos é uma forma de caridade?**

Poderá ser ou não: um culto poderá constituir-se apenas em cerimônia, sem qualquer espírito de caridade; pode, também, destinar-se ao benefício do próximo, constituindo-se, assim, num ato de caridade, como a prece pelos necessitados.

> A mera presença a um culto exterior não implica na prática da caridade: ela é auxílio ao próximo – apenas isto.

DESTAQUES COMPLEMENTARES

SALVAÇÃO DOS RICOS
91

FONTE BÁSICA

KARDEC, Allan. **O Evangelho Segundo o Espiritismo**. Trad. Guillon Ribeiro. 89. ed. Rio de Janeiro: FEB, 1984. **Cap. XVI, Itens 1 e 2**. p. 263-4.

FONTES COMPLEMENTARES

1. XAVIER, Francisco C. Um só senhor; mens. 142. In:___. **Caminho, Verdade e Vida**. Pelo espírito Emmanuel. 8. ed. Rio de Janeiro: FEB, 1980. p. 279-80.

2. Op. cit. , **Propriedade**; mens. 149. p. 313-4.

3. XAVIER, Francisco C. & VIEIRA, Waldo. **Moeda e Moenda**; mens. 63. In:___. **O Espírito da Verdade**. Espíritos diversos. 5. ed. Rio de Janeiro: FEB, 1985. p. 149-50.

OBJETIVO

Esclarecer os participantes sobre a verdadeira função dos bens materiais, ressaltando que não são um fim em si mesmos, mas meios que Deus provisoriamente nos concede, para que os utilizemos em benefício do próximo.

CONCLUSÃO

A riqueza não é condenável em si mesma. O emprego que lhe damos é que a torna empecilho ou poderoso auxílio para o nosso progresso espiritual.

OBSERVAÇÃO

O dirigente, ao ler o texto, deverá certificar-se do completo entendimento do vocabulário pelos participantes.

INDICAÇÃO DO TEXTO, PERGUNTAS, RESPOSTAS E DESTAQUES

LER O ITEM 1

1 O que podemos entender com a frase de Jesus: "Ninguém pode servir a dois senhores"?

Que não podemos viver, simultaneamente, fascinados pelas coisas materiais e comprometidos com a salvação do espírito, pois é impossível conciliar dois princípios tão opostos entre si.

> *"Ninguém pode servir a dois senhores, porque ou odiará a um e amará a outro, ou se prenderá a um e desprezará a outro."*

2 Qual o sentido da palavra "Mamon"?

O império das coisas materiais, dos prazeres desequilibrados, que obliteram os sentimentos de espiritualidade, únicos capazes de conduzir o homem à verdadeira felicidade.

> *Jesus referia-se a tudo que nos prende à matéria e nos impede o avanço espiritual.*

LER O ITEM 2

3 Qual foi a primeira recomendação de Jesus ao moço que desejava adquirir a vida eterna?

A observância dos mandamentos: "Não matarás; não cometerás adultério; não furtarás; não darás testemunho falso. Honra a teu pai e a tua mãe e ama a teu próximo como a ti mesmo."

> *A estrada da perfeição é longa e árdua. Para percorrê-la é necessário, inicialmente, a prática de pequenos gestos, que nos permitirão o exercício de grandes virtudes.*

4 E a segunda recomendação feita por Jesus ao moço, qual foi?

Que se desfizesse dos bens materiais, os doasse aos pobres e o seguisse.

> *"Se queres ser perfeito, vai, vende tudo o que tens, dá-os aos pobres e terás um tesouro no céu. Depois, vem e segue-me."*

5 Por que Jesus recomendou ao moço que se desfizesse da sua fortuna?

Certamente porque esta fortuna, utilizada apenas em proveito próprio, aprisionava-o, impedindo-o de praticar a caridade e afastando-o do único caminho que conduz à salvação.

> *A fortuna daquele jovem constituía-se em empecilho para o seu progresso espiritual; por isso, Jesus o aconselhou a desfazer-se dela.*
> *A verdadeira riqueza é a do espírito.*

6   Então, não basta somente observar os mandamentos, para se obter a vida eterna?

A observância dos mandamentos é importante, mas quem já os cumpre – como era o caso do moço – necessita exercitar outras virtudes, para promover o aperfeiçoamento do espírito.

> Não é Deus que exige do espírito a prática desta ou daquela virtude: é o próprio espírito que, movido pela lei do progresso, anseia por outras práticas que o levem à perfeição.

7   Nesta passagem, Jesus nos ensina a despojarmo-nos do que possuímos para obtermos a salvação?

Não. Jesus nos ensina o desapego dos bens materiais, mostrando-nos que nada na vida é mais importante que a busca das coisas espirituais. Os bens materiais são meios que nos são concedidos para esse fim, porém não podem constituir obstáculos para nosso avanço espiritual.

> Os bens materiais são concessões passageiras que Deus nos permite, a fim de que os administremos em favor do próximo.

8   Por que é tão difícil ao rico entrar no reino dos céus?

Porque ele sofre, com maior intensidade, o apelo das tentações do mundo e dos gozos materiais, que se opõem aos anseios do espírito e o afastam de Deus.

> "É mais fácil que um camelo passe pelo buraco de uma agulha, do que entrar um rico no reino dos céus."

DESTAQUES COMPLEMENTARES

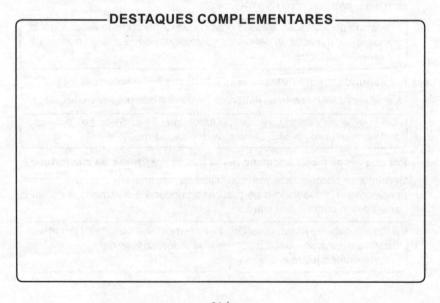

JESUS EM CASA DE ZAQUEU
92

FONTE BÁSICA

KARDEC, Allan. **O Evangelho Segundo o Espiritismo**. Trad. Guillon Ribeiro. 89. ed. Rio de Janeiro: FEB, 1984. **Cap. XVI, Item 4**. p. 265.

FONTES COMPLEMENTARES

1. FRANCO, Divaldo P. *Zaqueu, o rico de humildade*; mens. 15. In:__. **Primícias do Reino**. Pelo espírito Amélia Rodrigues. 4. ed. Salvador: Livraria Espírita Alvorada, 1987. p. 142-9.

2. XAVIER, Francisco C. *O servo bom*; mens. 23. In:__. **Boa Nova**. Pelo espírito Humberto de Campos. 14. ed. Rio de Janeiro: FEB, 1982. p. 153-8.

OBJETIVO

Esclarecer aos participantes que a riqueza, embora seja prova das mais difíceis, não constitui essencialmente um mal, podendo ser motivo de salvação ou queda para o seu detentor, conforme o uso que dela fizer.

CONCLUSÃO

A riqueza tanto pode ser motivo de atraso – quando seu detentor a utiliza apenas em proveito próprio -, como ocasião de progresso espiritual – quando é colocada a serviço do próximo.

OBSERVAÇÃO

O dirigente, ao ler o texto, deverá certificar-se do completo entendimento do vocabulário pelos participantes.

INDICAÇÃO DO TEXTO, PERGUNTAS, RESPOSTAS E DESTAQUES

LER O ITEM 4. EM SEGUIDA, ESCLARECER QUEM ERAM OS PUBLICANOS, COM BASE NA INFORMAÇÃO ABAIXO:

Os "publicanos" eram cobradores de impostos, pessoas que, via de regra, obtinham grandes lucros em negócios pouco escrupulosos, sendo por isso reprovados e desprezados pelos judeus.

1   Como podemos interpretar a excessiva curiosidade de Zaqueu em ver Jesus?

Sabendo da natureza dos ensinamentos de Jesus – baseados na justiça e na caridade – Zaqueu, talvez, afligia-se, por reconhecer o mau uso que fazia de sua vida e de sua riqueza; e, desejoso de dar a ambas um novo sentido, buscava encontrar o Mestre.

> *A consciência de Zaqueu o acusava do mau uso da riqueza, e ele buscava em Jesus a força para redimir-se. A riqueza é a mais difícil das provas, porque favorece o desenvolvimento das paixões e bloqueia o sentimento da fraternidade, entravando o progresso das criaturas.*

2   De que modo agiu Jesus em relação a Zaqueu?

Aproximou-se dele espontaneamente e pediu-lhe hospedagem em sua casa, facilitando assim o encontro com aquele que tanto desejava conhecê-lo.

> *Assim como se colocou diante de Zaqueu, Jesus também está permanentemente diante de nós, à espera de que o procuremos para dar novo sentido a nossa vida.*

3   Por que as pessoas que presenciaram o fato criticaram a decisão de Jesus de hospedar-se em casa de Zaqueu?

Porque Zaqueu, conforme foi visto antes, sendo um publicano, era considerado pelos judeus como pessoa de má vida, indigno, portanto, de receber a visita do Mestre.

> *Jesus buscava a companhia dos errados, para auxiliá-los no caminho da própria salvação. "(...) O Filho do homem veio procurar e salvar o que estava perdido."*

4   Qual a atitude de Zaqueu, durante o encontro com Jesus?

Ele reconheceu que seus bens seriam de grande valia para os necessitados e arrependeu-se dos prejuízos que havia causado a outrem, dispondo-se a repará-los generosamente.

> *"Senhor, dou a metade de meus bens aos pobres e, se causei dano a alguém, seja no que for, indenizo-o com quatro tantos."*

5   **O que mudou na vida de Zaqueu, a partir do seu encontro com o Mestre?**

O destino que ele passou a dar à sua própria vida, pois antes cuidava apenas dos próprios interesses e de acumular bens, passando depois a reparar as faltas cometidas e a dividir sua riqueza com os necessitados.

> *Quando alguém se encontra com o Mestre e lhe abre o coração aos sentimentos, não pode mais viver como vivia antes, mas torna-se um novo homem, no amor e na caridade.*

6   **Qual o sentido da palavra "salvação", usada por Jesus?**

Jesus referia-se ao esclarecimento que lograra alcançar o espírito de Zaqueu e à caminhada que iniciava em direção ao Reino de Deus, através do auxílio ao próximo.

> *"Esta casa recebeu hoje a salvação, porque também este é filho de Abraão."*

7   **O que nos ensina a lição de hoje?**

Que a riqueza tanto pode ser causa de atraso como de elevação espiritual, conforme a destinação que lhe dermos.

> *A riqueza não constitui um mal em si mesma; é o uso que dela se faz que a torna motivo de queda ou oportunidade de elevação espiritual.*

── DESTAQUES COMPLEMENTARES ──

PARÁBOLA DO MAU RICO
93

FONTE BÁSICA

KARDEC, Allan. **O Evangelho Segundo o Espiritismo**. Trad. Guillon Ribeiro. 89. ed. Rio de Janeiro: FEB, 1984. **Cap. XVI, Item 5**. p. 265-6.

FONTES COMPLEMENTARES

1. XAVIER, Francisco C. **Ouçam-nos**; mens. In:__. **Pão Nosso**. Pelo espírito Emmanuel. 9. ed. Rio de Janeiro: FEB, 1982. p. 243-4.

2. XAVIER, Francisco C. & VIEIRA, Waldo. **Riqueza e Felicidade**; mens. 69. In:__. **O Espírito da Verdade**. Espíritos diversos. 5. ed. Rio de Janeiro: FEB, 1985. p. 161.

3. CALLIGARIS, Rodolfo. **Parábola do Rico e Lázaro**. In:__. **Parábolas Evangélicas**. 3. ed. Rio de Janeiro: FEB, 1983. p. 108-12.

OBJETIVO

Analisar com os participantes os efeitos que as ações praticadas no plano físico provocam no mundo espiritual e esclarecer que só o esforço próprio, na observância das leis de Deus, Dele nos aproximam, assegurando-nos a consolação e a paz.

CONCLUSÃO

O progresso espiritual é tarefa individual e intransferível. Ninguém pode abrandar o sofrimento daquele que na Terra se afastou das leis divinas e retardou, assim, sua caminhada evolutiva, senão ele próprio, pelo retorno ao Pai, através da prática do bem.

OBSERVAÇÃO

O dirigente, ao ler o texto, deverá certificar-se do completo entendimento do vocabulário pelos participantes.

INDICAÇÃO DO TEXTO, PERGUNTAS, RESPOSTAS E DESTAQUES

LER O ITEM 5

1 Como explicar que duas criaturas, filhas do mesmo Deus de amor, possam experimentar situações tão opostas?

Deus, em sua justiça, trata cada um conforme suas ações e concede a todos oportunidades de progresso: o rico recebeu a prova da fortuna para desenvolver a solidariedade; o mendigo recebeu a prova da miséria para recobrar a humildade e a resignação.

> *O sofrimento de hoje nos aponta as faltas do passado e constitui oportunidade de alegrias futuras.*

2 Como agiram eles, diante da oportunidade recebida?

Lázaro suportou seu padecimento com paciência e resignação; o rico conservou-se egoísta e indiferente ao sofrimento alheio, utilizando a fortuna apenas em benefício próprio.

> *Lázaro, com sua resignação, obteve méritos, progredindo espiritualmente. O rico, com seu egoísmo, retardou a caminhada evolutiva, adquirindo mais dívidas para reparar.*

3 Que aconteceu a cada um deles, quando a morte física os retirou do mundo material?

Cada um foi tratado de acordo com suas obras: a Lázaro foi concedida a consolação; ao rico foram reservados a agonia e o desespero.

> *"Ora, aconteceu que esse pobre morreu e foi levado pelos anjos para o seio de Abraão. O rico também morreu e teve por sepulcro o inferno..."*

4 Que devemos entender pela palavra "inferno" usada por Jesus nesta passagem?

O sofrimento que acomete o espírito quando, percebendo o mal que praticou, debate-se no remorso e padece terríveis aflições pela impossibilidade de aproximar-se de Deus.

> *"Quando se achava nos tormentos, levantou os olhos e viu de longe Abraão e Lázaro em seu seio."*

5 Então, o rico sofria por estar afastado de Deus?

Certamente. Do mesmo modo, Lázaro era ditoso por encontrar-se em harmonia com a lei de Deus, pois todos fomos criados para Dele nos aproximar continuadamente, vivendo de conformidade com seus preceitos.

> *O destino do homem é viver na presença de Deus. É só Nele que experimentaremos a plenitude da paz e da felicidade que tanto buscamos.*

6   A quem o rico pediu auxílio, quando se encontrava em aflição?

Àquele a quem desprezava em vida.
(Aprofundar a questão com discussões e comentários, observando o racio-cínio do ponto de destaque correspondente.)

> *Devemos sempre, aos nossos irmãos em sofrimento, o socorro fraterno, pois também precisaremos do seu auxílio, tanto na vida material como na espiritual.*

7   A que "abismo" se referia Abraão, nesta parábola?

À impossibilidade de um espírito impregnado de egoísmo e indiferença, como o do rico, obter alívio para suas dores através de mérito de um espírito evoluído como Lázaro.

> *É a condição evolutiva do espírito que determina seu estado de bem-aventurança ou sofrimento; e a ninguém é dado evoluir senão por mérito próprio, adquirido na prática incessante do bem.*

8   Por que, na parábola contada por Jesus, Abraão não atendeu ao pedido do rico, para que Lázaro desse testemunho do seu sofrimento a seus irmãos?

Porque sabia que a incredulidade dos homens não é vencida nem por manifestações nem por revelações de qualquer natureza, mas pela reflexão sincera acerca das leis divinas, embora elas estejam em nossa consciência.

> *O esclarecimento do espírito é tarefa reservada a cada um. Os meios que auxiliam o esclarecimento do espírito estão sempre ao nosso alcance: o Evangelho de Jesus, a prece, os exemplos edificantes de nossos irmãos. Basta que os busquemos para recobrarmos a consciência das leis divinas.*

9   É possível nos mantermos permanentemente ignorantes das leis divinas, sem jamais refletirmos sinceramente sobre elas?

Não. Há um momento em que a dor comparece em nossa vida, impelindo-nos, compulsoriamente, à reflexão.

> *Citar Lázaro como exemplo do sofrimento que aproxima o homem de Deus.*

DESTAQUES COMPLEMENTARES

DESTAQUES COMPLEMENTARES

321

UTILIDADE PROVIDENCIAL DA RIQUEZA -PROVAS DA RIQUEZA E DA MISÉRIA
94

FONTE BÁSICA

KARDEC, Allan. **O Evangelho Segundo o Espiritismo**. Trad. Guillon Ribeiro. 89. ed. Rio de Janeiro: FEB, 1984. **Cap. XVI, Item 7**. p. 267-9.

FONTES COMPLEMENTARES

1. XAVIER, Francisco C. *Emprego de riquezas*; mens. 43. In:__. **Livro da Esperança**. Pelo espírito Emmanuel. 9. ed. Uberaba: CEC, 1987. p. 127-8.

2. XAVIER, Francisco C. & PIRES, J. Herculano. *Os Ricos e o Reino*; mens. 6. In:__. **Diálogo dos vivos**. Espíritos diversos. 2. ed. São Paulo: GEEM, 1976. p. 54-5.

OBJETIVO

Esclarecer aos participantes que a riqueza e a miséria são provas difíceis para o homem e destacar que a verdadeira função da riqueza é promover o progresso material do planeta, em benefício de toda a Humanidade.

CONCLUSÃO

Riqueza e miséria não são prêmio nem castigo de Deus: são situações transitórias que o homem experimenta, no processo de evolução espiritual. Longe de ser um mal, a riqueza é fator de progresso material do planeta e de bem estar da Humanidade.

OBSERVAÇÃO

O dirigente, ao ler o texto, deverá certificar-se do completo entendimento do vocabulário pelos participantes.

INDICAÇÃO DO TEXTO, PERGUNTAS, RESPOSTAS E DESTAQUES

LER O ITEM 7, OMITINDO O 2º, 3º E 4º PARÁGRAFOS

1 **É a riqueza instrumento de perdição do homem?**

A riqueza, em si mesma, não constitui obstáculo à salvação do homem, pois, sendo Deus infinitamente justo e misericordioso, não colocaria em suas mãos algo que o arruinasse.

> *"Se a riqueza somente males houvesse de produzir, Deus não a teria posto na Terra. Compete ao homem fazê-la produzir bem."*

2 **Mas, por que a riqueza, como ressaltou Jesus várias vezes, dificulta a salvação do homem?**

Porque estimula o egoísmo, favorece a vaidade, exacerba os apetites sensuais e o apego aos bens materiais, desviando o homem das coisas do espírito.

> *A riqueza é "o supremo excitante do orgulho, do egoísmo e da vida sensual. É o laço mais forte que prende o homem à Terra e lhe desvia do céu os pensamentos."*

3 **Sendo o oposto da riqueza, pode-se concluir que a miséria é prova fácil que conduz à salvação?**

Não. Também a miséria é prova difícil, porque dá ensejo à inveja e à revolta, dificultando a prática da caridade, que conduz o homem a Deus. Mas a riqueza é, sem dúvida, prova mais dura.

> *"(...) pelas tentações que gera e pela fascinação que exerce, a riqueza constitui uma prova muito arriscada, mais perigosa do que a miséria." A miséria não garante o céu. O miserável revoltado tem o mesmo destino do rico avarento.*

4 **Aquele que já experimentou as privações materiais acarretadas pela miséria, fará melhor uso da riqueza, caso venha a possuí-la?**

Nem sempre. A riqueza, pelas facilidades que oferece, "produz tal vertigem que, muitas vezes, aquele que passa da miséria à riqueza esquece de pronto a sua primeira condição (...) e faz-se insensível, egoísta e vão."

> *Quem passa da miséria à riqueza não raro torna-se ingrato, esquecendo e desprezando os que com ele partilharam privações e o ajudaram nos momentos de necessidade.*

5 **Se, como vimos antes, a riqueza não é um mal, a quem podemos atribuir as funestas consequências que produz?**

Ao estado de inferioridade espiritual do homem que dela faz uso, pois ele tanto pode empregá-la em favor do próximo, elevando-se espiritualmente, como no benefício exclusivo de si mesmo, retardando seu progresso.

> *"Se a riqueza é causa de muitos males (...), não é a ela que devemos inculpar, mas ao homem que dela abusa, como de todos os dons de Deus." A riqueza assemelha-se a certos venenos que, em mãos inábeis, podem provocar a morte, mas se empregados com sabedoria, restituem a saúde.*

6   Qual a função da riqueza, em nosso planeta?

Oferecer ao homem os recursos necessários ao progresso material e à satisfação das necessidades de seus habitantes.

> *"O homem tem por missão trabalhar pela melhoria material do planeta: desobstruí-lo, saneá-lo, dispô-lo para receber um dia toda a população que a sua extensão comporta;" e alimentar essa população que cresce incessantemente.*

7   Na tarefa de promover o progresso material da Terra, não basta ao homem o auxílio da Ciência?

Sem dúvida a Ciência é de grande importância, pois, estimulando o estudo e a pesquisa, desenvolve-lhe a inteligência, fazendo-o descobrir meios fáceis, rápidos e seguros de superar obstáculos e realizar tarefas. Mas é a riqueza que permite sua execução.

> *Através da Ciência o homem descobre meios de promover o progresso do planeta e o bem estar de sua população; por meio da riqueza ele transforma as descobertas em realidade.*

8   De que modo os esforços do homem em melhorar o planeta podem auxiliar seu progresso espiritual?

A busca do progresso desenvolve no homem a inteligência que, num primeiro momento, ele concentra na satisfação das necessidades materiais e, mais tarde, o ajudará na compreensão das grandes verdades espirituais.

DESTAQUES COMPLEMENTARES

DESTAQUES COMPLEMENTARES

DESIGUALDADE DAS RIQUEZAS
95

FONTE BÁSICA

KARDEC, Allan. **O Evangelho Segundo o Espiritismo**. Trad. Guillon Ribeiro. 89. ed. Rio de Janeiro: FEB, 1984. **Cap. XVI, Item 8**. p. 269-71.

FONTE COMPLEMENTAR

1. XAVIER, Francisco C. **Dinheiro, o servidor**; mens. 44. In:___. **Livro da Esperança**. Pelo espírito Emmanuel. 9. ed. Uberaba: CEC, 1987. p. 129-30.

OBJETIVO

Esclarecer aos participantes que a riqueza é instrumento usado por Deus para induzir a Humanidade ao progresso, sendo que a desigualdade da sua distribuição decorre da própria desigualdade de caracteres dos homens e das necessidades destes em relação a sua posse.

CONCLUSÃO

A constatação de que a miséria de hoje é fruto do uso indevido das riquezas de ontem não pode ser motivo para diminuir nosso empenho na minoração das agruras dos menos afortunados.

OBSERVAÇÃO

O dirigente, ao ler o texto, deverá certificar-se do completo entendimento do vocabulário pelos participantes.

INDICAÇÃO DO TEXTO, PERGUNTAS, RESPOSTAS E DESTAQUES

LER O ITEM 8

1 Por que não são igualmente ricos todos os homens?

"Por não serem igualmente inteligentes, ativos e laboriosos para adquirir, nem sóbrios e previdentes para conservar", nem justos o suficiente para atribuir a quem trabalha correta remuneração ao seu esforço.

> *A desigualdade das riquezas é inerente ao estágio evolutivo do homem. Só será resolvida à medida em que ele evoluir moralmente.*

2 O problema da pobreza estaria resolvido se, num dado momento, toda a riqueza do mundo fosse igualmente repartida entre os homens?

Não, pois a cada um caberia uma parcela mínima e insuficiente; ademais, esta condição inicial de igualdade logo seria rompida pelas diferenças individuais, de sorte que alguns aumentariam seus haveres e outros perdê-los-iam.

> *"É aliás, ponto matematicamente demonstrado que a riqueza, repartida com igualdade, a cada um daria uma parcela mínima e insuficiente."*

3 Supondo-se que a divisão equitativa da riqueza fosse estável e suficiente para que todos tivessem o necessário, o que ocorreria?

"O aniquilamento de todos os grandes trabalhos que concorrem para o progresso e para o bem estar da Humanidade (...) pois já não haveria o aguilhão da necessidade, que impele os homens às descobertas e aos empreendimentos úteis."

> *"Se Deus a concentra em certos pontos, é para que daí se expanda em quantidade suficiente, de acordo com as necessidades."*

4 Por que Deus concede riqueza aos que não a colocarão a serviço do bem?

Deus dá a estes oportunidades de, usando o livre-arbítrio, contribuir para o progresso da Humanidade e evoluir espiritualmente; distinguir o bem do mal e praticar o bem por sua vontade e esforço.

> *"Não deve o homem ser conduzido fatalmente ao bem, nem ao mal, sem o que não fora mais senão um instrumento passivo, irresponsável como os animais."*

5 Como distribui Deus a riqueza entre os homens?

Através das existências, Deus dá aos homens oportunidade de utilizá-la. Sendo, porém, materialmente impossível que todos a possuam ao mesmo tempo, cada um a possui por sua vez, segundo o bom uso que dela fizer.

> *"Assim, um que não na tem hoje, já a teve ou terá noutra existência; outro, que agora a tem, talvez não na tenha amanhã." A miséria de hoje é fruto do uso indevido das riquezas de ontem.*

6. Quando a Humanidade conhecerá uma distribuição mais justa das riquezas?

Somente quando os homens se regerem pela caridade, eliminando de seus corações o egoísmo e o orgulho, haverá maior equilíbrio na distribuição das riquezas, desaparecendo da Terra os extremos da riqueza excessiva e da miséria absoluta.

> *"A origem do mal reside no egoísmo e no orgulho; os abusos de toda espécie cessarão quando os homens se regerem pela lei de caridade."*

7. Como podemos contribuir para tornar menos injusta a sociedade em que vivemos?

Se nos foi dado possuir bens, devemos utilizá-los em benefício do próximo, gerando oportunidades de beneficiá-lo com trabalho digno e lembrando sempre de que o supérfluo não nos pertence. Se nos encontramos privados de riquezas, cuidemos de armazenar tesouros de paciência e resignação, buscando no trabalho e na prece a superação de nossas dificuldades, sem deixar de lutar com ânimo firme por melhorias e progressos em nossas vidas.

> *"A pobreza é, para os que a sofrem, a prova da paciência e da resignação; a riqueza é, para todos os outros, a prova da caridade e da abnegação."*

DESTAQUES COMPLEMENTARES

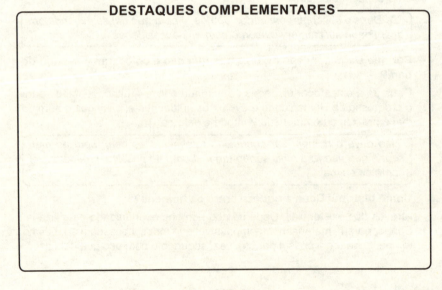

A VERDADEIRA PROPRIEDADE
96

FONTE BÁSICA

KARDEC, Allan. **O Evangelho Segundo o Espiritismo**. Trad. Guillon Ribeiro. 89. ed. Rio de Janeiro: FEB, 1984. **Cap. XVI, Itens 9 e 10**. p. 271-3.

FONTES COMPLEMENTARES

1. XAVIER, Francisco C. *Moeda e trabalho*; mens. 46. In: __. **Livro da Esperança**. Pelo espírito Emmanuel. 9. ed. Uberaba: CEC, 1978. p. 133-5.

2. Op. cit. *Propriedades*; mens. 45. p. 131-2.

3. XAVIER, Francisco C. & VIEIRA, Waldo. *Caridade e você*; mens. 57. In: __ **O Espírito da Verdade**. Por diversos espíritos. 5. ed. Rio de Janeiro: FEB, 1985. p. 138-9.

OBJETIVO

Analisar com os participantes em que consiste a verdadeira propriedade, estimulando-os a dar aos bens materiais sua real importância e a acumular riquezas que tenham valor no plano espiritual.

CONCLUSÃO

Os bens da alma – inteligência, conhecimentos e qualidades morais – são perenes e constituem a nossa verdadeira propriedade. Dos bens do corpo somos efêmeros usufrutuários, pois estes pertencem a Deus, que nos pede contas de sua administração.

OBSERVAÇÃO

O dirigente, ao ler o texto, deverá certificar-se do completo entendimento do vocabulário, pelos participantes.

INDICAÇÃO DO TEXTO, PERGUNTAS, RESPOSTAS E DESTAQUES

LER TODO O ITEM 9

1   Qual a verdadeira propriedade do homem?

"Nada do que é de uso do corpo; tudo o que é de uso da alma: a inteligência, os conhecimentos, as qualidades morais."

> *"O homem só possui em plena propriedade aquilo que lhe é dado levar deste mundo."*

2   Então, os bens materiais que o homem possui não constituem propriedade sua?

O homem possui somente o que o acompanha quando deixa o corpo físico. Não podendo levar consigo os bens materiais, deles não tem a posse real, mas simplesmente o usufruto.

> *O homem possui apenas (...) "o que traz e leva consigo, o que ninguém lhe pode arrebatar, o que lhe será de muito mais utilidade no outro mundo do que neste."*

3   Estando na Terra de passagem e tendo por destino a eternidade, que riquezas deve o homem acumular?

Apenas aquelas que têm valor para a eternidade e que são obtidas através da prática da caridade.

> *No plano espiritual a moeda corrente é a caridade, ou seja, todo benefício realizado em favor do próximo.*

4   O que sucede ao homem, quando de sua chegada ao mundo dos espíritos?

Ele tem destinação compatível com a soma das virtudes que apresenta, pois no plano espiritual apenas estas têm valor.

> *No que concerne à soma de virtudes, pode o operário ser mais rico que o príncipe.*

LER O ITEM 10

5   A quem pertencem os bens da Terra?

Os bens da Terra pertencem a Deus, que os distribui segundo critérios de justiça e misericórdia.

> *Lutemos pela aquisição dos bens da alma e os do corpo nos virão por acréscimo da misericórdia divina.*

6   Como deve agir o homem, em relação aos bens materiais?

Reconhecendo que, na condição de espírito encarnado, não pode prescindir do seu auxílio, mas utilizando-os como meio para o atendimento de suas necessidades e do serviço ao próximo. Nunca como um fim em si mesmo.

> *Os bens materiais devem ser destinados à manutenção da vida do corpo, à aquisição de conhecimentos e ao serviço fraterno.*

7 Em se tratando de bens materiais, quais as propriedades consideradas legítimas?

As adquiridas por meio do trabalho honesto, no qual aquele que o executa age em benefício do próximo e não em seu prejuízo.

> *Uma propriedade só é legítima quando, da sua aquisição, não resulta dano para ninguém. Contas serão pedidas de todo dinheiro mal ganho, isto é, às custas de prejuízos de outrem.*

8 Pode o homem usar e abusar de seus haveres durante a vida, sem ter que a ninguém prestar contas?

Não. Se ele os utilizou somente na satisfação de seus sentidos ou do seu orgulho, melhor fora que não os tivesse possuído, pois a justiça divina lhe pedirá contas.

> *"Quando deixar a Terra, Deus lhe dirá que já recebeu sua recompensa."*

DESTAQUES COMPLEMENTARES

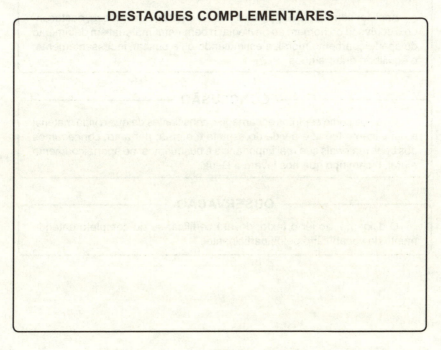

EMPREGO DA RIQUEZA
97

FONTE BÁSICA

KARDEC, Allan. **O Evangelho Segundo o Espiritismo**. Trad. Guillon Ribeiro. 89. ed. Rio de Janeiro: FEB, 1984. **Cap. XVI, Itens 11 e 12**. p. 273-5.

FONTES COMPLEMENTARES

1. XAVIER, Francisco C. *Amigo e Servo*; mens. 47. In: __. **Livro da Esperança**. Pelo espírito Emmanuel. 9. ed. Uberaba: CEC, 1987. p. 136-8.

2. __. *Vida e Posse*; mens. 8. In: __. **Palavras de Vida Eterna**. Pelo espírito Emmanuel. 11. ed. Uberaba: CEC, 1988. p. 29-30.

OBJETIVO

Analisar com os participantes o correto emprego da riqueza, destacando o equívoco do homem ao privilegiar o bem-estar material em detrimento do aperfeiçoamento moral; e estimulando-os a buscar, incessantemente, o equilíbrio entre ambos.

CONCLUSÃO

Vivamos como espíritos encarnados, conscientes de que a vida material é um instante fugaz e a vida do espírito é eterna; portanto, concedamos aos bens materiais sua real importância e busquemos, no aperfeiçoamento moral, o caminho que nos levará a Deus.

OBSERVAÇÃO

O dirigente, ao ler o texto, deverá certificar-se do completo entendimento do vocabulário pelos participantes.

INDICAÇÃO DO TEXTO, PERGUNTAS, RESPOSTAS E DESTAQUES

LER O ITEM 11

1 O que podemos entender com a frase: "Não podeis servir a Deus e a Mamon"?

Que o amor aos bens e gozos materiais é incompatível com o amor a Deus e ao próximo, visto que aprisiona o homem nas cadeias do egoísmo, levando-o a empregar sua riqueza exclusivamente na satisfação pessoal.

> *"Se, pois, sentis vossa alma dominada pelas cobiças da carne, dai-vos pressa em alijar o jugo que vos oprime."*

2 É justo utilizarmos a riqueza em nosso bem-estar pessoal?

Sim, desde que respeitemos os limites de nossas necessidades. Ocorre que, normalmente, abusamos desse uso, esquecendo dos nossos irmãos que morrem à míngua, sem o mínimo indispensável à própria subsistência.

> *"Deus, justo e severo, vos dirá: Que fizeste, ecônomo infiel, dos bens que te confiei?"*

3 Qual o melhor emprego que se pode dar à riqueza?

Utilizá-la conforme os preceitos da verdadeira caridade, que nos ensina a dar com amor, não apenas do que nos sobra, mas um pouco do que nos é necessário.

> *"Procurais – nestas palavras: "Amai-vos uns aos outros" a solução do problema. (...) Rico!... dá do que te sobra; faze mais: dá um pouco do que te é necessário, porquanto o de que necessitas ainda é supérfluo."*

4 Como devemos atender os nossos irmãos necessitados?

Com sabedoria; sem desconfiança; buscando conhecer as origens de suas necessidades para, se possível, eliminá-las; procurando as vítimas das desgraças para erguê-las, sem as humilhar; indo além do socorro simplesmente material, difundindo o amor de Deus, o amor ao trabalho, o amor ao próximo.

> *"Alivia primeiro; em seguida informa-te e vê se o trabalho, os conselhos, mesmo a afeição, não serão mais eficazes do que a tua esmola."*

5 E a riqueza do espírito, como devemos utilizá-la?

Tal como as riquezas materiais, as riquezas do espírito devem ser empregadas nas boas obras em favor dos nossos irmãos, visando ao seu esclarecimento e progresso moral.

> *"Derrama em torno de ti os tesouros da instrução; derrama sobre teus irmãos os tesouros do teu amor e eles frutificarão."*

LER O ITEM 12

6   O homem confere igual importância ao bem-estar material e ao aperfeiçoamento moral?

Infelizmente não. Percebe-se que o homem concentra a maior parte de suas atenções e energias no bem-estar material, dedicando pouco ou nenhum tempo ao atendimento das necessidades espirituais.

> *O homem se preocupa incessantemente com o bem-estar da matéria transitória, e pouca importância dá ao aperfeiçoamento do seu espírito imortal.*

7   O esforço por adquirir riquezas e usá-las a nosso bel-prazer não é legítimo?

Tanto uma atitude quanto a outra podem se constituir em equívocos de grandes consequências: a primeira, se estimulada exclusivamente pelo egoísmo, produz a vaidade, o orgulho, a cupidez, os excessos; a segunda, favorece o esquecimento do futuro eterno e a negligência dos deveres de solidariedade fraterna.

> *"Dinheiro de sobra é o amigo e servo que a Divina Providência te envia para substituir-te a presença, onde a tua mão, muitas vezes, não conseguiu chegar."*

DESTAQUES COMPLEMENTARES

EMPREGO DA RIQUEZA
98

FONTE BÁSICA

KARDEC, Allan. **O Evangelho Segundo o Espiritismo**. Trad. Guillon Ribeiro. 89. ed. Rio de Janeiro: FEB, 1984. **Cap. XVI, Item 13**. p. 275-6.

FONTES COMPLEMENTARES

1. XAVIER, Francisco C. *Vida e Posse*; mens. 08. In: __. **Palavras de Vida Eterna**. Pelo espírito Emmanuel. 11. ed. Uberada: CEC, 1988. p. 29-30.

2. XAVIER, Francisco C. & VIEIRA, Waldo. *Tua prosperidade*; mens. 07. In: __. **Estude e Viva**. Pelos espíritos Emmanuel e André Luiz. 6. ed. Rio de Janeiro: FEB, 1986. p. 52-3.

3. Op. cit. *Uso e abuso*. p. 53-4.

OBJETIVO

Indicar aos participantes a quem pertencem verdadeiramente as riquezas materiais e analisar a condição transitória do homem na posse dessas riquezas, ressaltando os meios de as utilizar corretamente.

CONCLUSÃO

Os bens materiais pertencem a Deus, que nos confia, eventualmente, sua administração e dela nos toma severas contas. Cabe-nos, pois, utilizá-los corretamente, seja praticando a beneficência, seja convertendo-os em justo salário.

OBSERVAÇÃO

O dirigente, ao ler o texto, deverá certificar-se do completo entendimento do vocabulário pelos participantes.

INDICAÇÃO DO TEXTO, PERGUNTAS, RESPOSTAS E DESTAQUES

LER O ITEM 13

1 A quem pertencem os bens materiais?

A Deus que, no entanto, confia aos homens sua administração, pedindo-lhes severas contas de sua utilização.

> *O homem é o depositário, o administrador dos bens que Deus lhe pôs nas mãos.*

2 Quando uma riqueza é mal utilizada?

Quando quem a possui a emprega exclusivamente na sua satisfação pessoal.

> *"Não retenhas recursos externos de que não careças."*

3 E a correta utilização da riqueza, quando se dá?

Quando de sua aplicação resulta um bem qualquer para outrem.

> *A riqueza bem empregada é o móvel da beneficência, que tanto bem pode causar à humanidade.*

4 Quais as maneiras corretas, abordadas no texto, de se empregar a riqueza?

– A beneficência, porque presta socorro imediato ao desassistido, atendendo às suas necessidades materiais mais urgentes, como a fome, o frio, o abrigo;
– A criação de oportunidades de trabalho, visto que prevenir a miséria é dever de todos, sobretudo dos mais aquinhoados.

> *"(...) o trabalho desenvolve a inteligência e exalta a dignidade do homem (...), enquanto a esmola humilha e degrada."*

5 Como deve agir aquele que possui grande riqueza?

Deve empregá-la em trabalhos de todo gênero, tornando-a produtiva, em benefício de muitos.

> *"A riqueza concentrada em uma mão deve ser qual fonte de água viva, que espalha a fecundidade e o bem-estar ao seu derredor."*

6 Por que Jesus nunca se referiu à criação de empregos, mas sempre às esmolas?

"Porque naquele tempo e no país em que ele vivia não se conheciam os trabalhos que as artes e a indústria criaram depois e nas quais as riquezas podem ser aplicadas utilmente para o bem geral."

> *Àqueles que utilizam a riqueza em benefício de seus irmãos, o Soberano Senhor dirá, como na parábola dos talentos: "Bom e fiel servo, entra na alegria do teu Senhor."*

7 Que lição tiramos deste ensinamento para nossa vida?

Que devemos dar esmola quando assim for necessário; mas, tanto quanto possível, devemos convertê-la em justo salário, a fim de que quem o receber, dele não se envergonhe.

> *"Lembra-te de que amanhã restituirás à vida o que ela te emprestou, em nome de Deus, e de que os tesouros do teu espírito serão apenas aqueles que houveres amealhado em ti próprio, no campo da educação e das boas obras."*

DESTAQUES COMPLEMENTARES

DESPRENDIMENTO DOS BENS TERRENOS
99

FONTE BÁSICA

KARDEC, Allan. **O Evangelho Segundo o Espiritismo**. Trad. Guillon Ribeiro. 89. ed. Rio de Janeiro: FEB, 1984. **Cap. XVI, Item 14**. p. 276-81.

FONTES COMPLEMENTARES

1. XAVIER, Francisco C. **Bênção de Deus**; mens. 48. In:__. **Livro da Esperança**. Pelo espírito Emmanuel. 9. ed. Uberaba: CEC, 1987. p. 139-40.

2. Op. cit. **Dinheiro, o servidor**; mens. 44. p. 129-30.

3. Op. cit. **Dinheiro e serviço**; mens. 49. p. 141-2.

OBJETIVO

Analisar com os participantes em que consiste o verdadeiro desprendimento dos bens terrenos, incentivando-os a utilizá-los corretamente e a dar-lhes o justo valor.

CONCLUSÃO

O desprendimento dos bens terrenos é a virtude que capacita o homem a valorizar os bens materiais que Deus lhe concede e a utilizá-los em benefício de todos, ciente de que sua posse é transitória e sua utilidade deve estar direcionada à prática do bem.

OBSERVAÇÃO

O dirigente, ao ler o texto, deverá certificar-se do completo entendimento do vocabulário pelos participantes.

INDICAÇÃO DO TEXTO, PERGUNTAS, RESPOSTAS E DESTAQUES

LER O ANTEPENÚLTIMO PARÁGRAFO
(P. 279: ESBANJAR A RIQUEZA...)

1 Esbanjar a riqueza é manifestação de desprendimento dos bens terrenos?

Não. Quem assim age desconhece que a verdadeira utilidade destes bens é o serviço ao próximo; portanto, sua atitude, além de egoísta, revela irresponsabilidade, descaso e indiferença para com o próximo e para consigo mesmo (pois dia chegará em que irá responder pela leviandade de seus atos).

> *"Depositário desses bens, não tem o homem o direito de os dilapidar, como não tem o de os confiscar em seu proveito."*

2 Mas, quem gasta a sua fortuna sem pena, não é desprendido e generoso?

A generosidade consiste em colocar os bens materiais a serviço da caridade, e nunca esbanjá-los para a satisfação descuidada dos próprios caprichos.

> *"Um que despenda a mancheias o ouro de que disponha para satisfazer a uma fantasia, talvez não dê um centavo para prestar um serviço."*

3 Em que consiste, verdadeiramente, o desprendimento dos bens terrenos?

"O desapego dos bens terrenos consiste em apreciá-los no seu justo valor, em bem servir-se deles em benefício dos outros e não apenas em benefício próprio; em não sacrificar por eles os interesses da vida futura e em perdê-los sem murmurar, caso apraza a Deus retirá-los." Eis aí o verdadeiro desprendimento.

> *"Olvidais que, pela riqueza, vos revestistes do caráter sagrado de ministros da caridade na Terra, para serdes da aludida riqueza dispensadores inteligentes."*

4 Que atitude devemos adotar, no caso de perdermos os bens que possuímos?

Devemos ser submissos à vontade de Deus que, havendo nos concedido bens e os retirado, pode restituir-nos o que nos tirou.

> *"Resisti animoso ao abatimento, ao desespero que vos paralisa as forças", e buscai redobradas energias para recomeçar a luta, pois, ao lado de uma prova rude, Deus coloca sempre uma consolação.*

5 São os bens materiais os mais preciosos que ao homem é dado possuir?

Não. Há bens infinitamente mais preciosos que os materiais, adquiridos na prática silenciosa da caridade. Apenas estes nos acompanham na eternidade, como a paz interior, a harmonia com o próximo, a comunhão com o Criador.

> *"Ponderai, sobretudo, que há bens infinitamente mais preciosos do que os da Terra e essa ideia vos ajudará a desprender-vos destes últimos."*

LER O PENÚLTIMO PARÁGRAFO
(A NINGUÉM ORDENA O SENHOR.)

6   Manifesta desprendimento aquele que, voluntariamente, se despoja dos bens que possui?

Quem assim procede compreende mal o verdadeiro sentido do desprendimento e busca, de forma egoísta, eximir-se da responsabilidade que a riqueza faz pesar sobre seus ombros. Valeria mais se a riqueza fosse transformada em empregos.

> *A ninguém ordena o Senhor que se despoje dos bens que possua, mas, ao contrário, espera que os administre em proveito de todos.*

7   Ser rico é uma missão que Deus confere ao homem?

Sem dúvida. Deus nos concede riqueza para que aprendamos a administrá-la, tornando-a produtiva em benefício de muitos; para que saibamos prescindir dela quando não a temos e sacrificá-la, quando assim for necessário.

> *Diga, pois o rico: 'Meu Deus, tu me destinaste um novo encargo; dá-me a força de desempenhá-lo segundo a tua santa vontade."*

LER O ÚLTIMO PARÁGRAFO (AÍ TENDES, MEUS AMIGOS...)

8   Que lição de vida podemos tirar destes ensinamentos?

Que aprendamos a nos contentar com pouco. Se somos pobres, não invejamos os ricos; se ricos, não esqueçamos que os bens de que dispomos apenas nos estão confiados, e do seu emprego devemos contas a Deus.

> *"Não sejais depositário infiel, utilizando-os unicamente na satisfação do vosso orgulho e da vossa sensualidade."*

DESTAQUES COMPLEMENTARES

CARACTERES DA PERFEIÇÃO
100

FONTE BÁSICA

KARDEC, Allan. **O Evangelho Segundo o Espiritismo**. Trad. Guillon Ribeiro. 89. ed. Rio de Janeiro: FEB, 1984. **Cap. XVII, Itens 1 e 2**. p. 283-4.

FONTES COMPLEMENTARES

1. KARDEC, Allan. *Caracteres da lei natural*. In:__. **O Livro dos Espíritos**. Trad. Guillon Ribeiro. 47. ed. Rio de Janeiro: FEB, 1979. Parte 3ª, Cap. I. Perg. 625. p. 308.

2. Op. cit. , *Conhecimento de si mesmo*. Cap. XII, Perg. 919 a). p. 423-26.

3. XAVIER, Francisco C. *Além dos outros*; mens. 96. In: —. **Fonte Viva**. Pelo espírito Emmanuel. 13. ed. Rio de Janeiro: FEB, 1985. p. 221-2.

4.__. *Credores indiferentes*; mens. 41. In:__. **Vinha de Luz**. Pelo espírito Emmanuel. 4. ed. Rio de Janeiro: FEB, 1977. p. 93-4.

5. Op. cit. , *Que fazeis de especial?*; mens. 60. p. 133-4.

6.__. *Na senda do Cristo*; mens. 16. In:__. **Palavras de Vida Eterna**. Pelo espírito Emmanuel. 6. ed. Uberaba: CEC, 1984. p. 45-6.

7.__. *Motivos para socorro aos maus*; mens. 28. In:__. **Bênção de Paz**. Pelo espírito Emmanuel. 7. ed. São Bernardo do Campo: GEEM, 1981. p. 77-9.

8. Op. cit. , *Razões para amar os inimigos*; mens. 27. p. 74-7.

9.__. *Oposições*; mens. 65. In:__. *Segue-me!...* Pelo espírito Emmanuel. 5. ed. Matão: Casa Editora o CLARIM, 1982. p. 167-8.

OBJETIVO

Levar os participantes a identificar os caracteres da perfeição a que a humanidade é capaz de atingir, bem como a conhecer e praticar os meios que a ela conduzem.

CONCLUSÃO

A prática da caridade, em sua mais ampla acepção, constitui o único caminho para a conquista da perfeição. Manifesta-se no amor ao próximo extensivo aos nossos inimigos, no fazer o bem aos que nos odeiam e no orar pelos que nos perseguem e caluniam.

OBSERVAÇÃO

O dirigente, ao ler o texto, deverá certificar-se do completo entendimento do vocabulário pelos participantes.

INDICAÇÃO DO TEXTO, PERGUNTAS, RESPOSTAS E DESTAQUES

LER O ITEM 1

1 Por que a busca da perfeição implica amarmos, inclusive, nossos inimigos e fazermos o bem aos que nos odeiam, perseguem ou caluniam?

Porque a perfeição só é atingida quando o coração se vê despojado de toda e qualquer mácula de rancor, ódio e ressentimento para com o semelhante.

> *"Amai os vossos inimigos; fazei o bem aos que vos odeiam e orai pelos que vos perseguem e caluniam."*

2 Que importância tem o nosso inimigo no tocante ao nosso aperfeiçoamento?

O nosso inimigo é colocado por Deus ao nosso lado, a fim de que sejamos advertidos com mais franqueza do que faria um amigo, porquanto aquele nenhum interesse tem em mascarar a verdade.

> *O inimigo, aparente obstáculo da nossa caminhada, é, na verdade, instrumento de nosso aperfeiçoamento.*

3 Qual a vantagem de só amarmos a quem nos ama?

Nenhuma, pois fazer assim é um simples dever de gratidão.

> *"Porque, se somente amardes os que vos amam, que recompensa tereis disso?" Os criminosos e malfeitores também amam aqueles que lhes são caros.*

LER OS DOIS PRIMEIROS PARÁGRAFOS DO ITEM 2
(ATÉ A PALAVRA VIRTUDE)

4 Em que consiste a perfeição a que a humanidade é capaz de atingir, e que mais a aproxima da Divindade?

Na prática do mandamento de Jesus, que nos ensina a "(...) amarmos os nossos inimigos, fazermos o bem aos que nos odeiam e orarmos pelos que nos perseguem."

> *"(...) a essência da perfeição é a caridade na sua mais ampla acepção, porque implica a prática de todas as outras virtudes."*

LER O RESTANTE DO ITEM 2

5 Todos seremos, um dia, perfeitos?

Sem dúvida. Temos em nós o germe de todas as virtudes, que se desenvolverão em função de nosso livre arbítrio.

> *"Todos os vícios têm seu princípio no egoísmo e no orgulho, que são a negação da caridade."*

6 Que regra máxima nos concede Deus para mais rapidamente conquistarmos a perfeição?

O Evangelho de Jesus, em sua simplicidade, sem os aparatos perecíveis da falsa intelectualidade. Encerra o Evangelho as leis morais da vida, cuja carência de conhecimento e aplicação é o problema prioritário da humanidade.

> *"(...) os elementos da verdadeira caridade são: a benevolência, a indulgência, a abnegação e o devotamento."*

DESTAQUES COMPLEMENTARES

O HOMEM DE BEM
101

FONTE BÁSICA

KARDEC, Allan. **O Evangelho Segundo o Espiritismo**. Trad. Guillon Ribeiro. 89. ed. Rio de Janeiro: FEB. **Cap. XVII, Item 3**. p. 284-7.

FONTES COMPLEMENTARES

1. KARDEC, Allan. *Justiça e Direitos Naturais*; In: __. **O Livro dos Espíritos**. Trad. Guillon Ribeiro. 66. ed. Rio de Janeiro: FEB, 1987. Parte 3ª Cap. XI, Questões 873 a 892. p. 403-10.

2. Op. cit. *As virtudes e os vícios*; Cap. XII. Questões 894 a 919-a. p. 411-26.

3. CALLIGARIS, Rodolfo. *Direito e Justiça*; In: __. **As Leis Morais**. 1. ed. Rio de Janeiro: FEB, 1968. p. 169-72.

4. XAVIER, Francisco C. *Conceito do Bem*; mens. 50. In:__. **Livro da Esperança**. Pelo espírito Emmanuel. 7. ed. Uberaba: CEC, 1984. p. 143-5.

OBJETIVO

Levar aos participantes o conhecimento das principais qualidades do homem de bem, estimulando-os a vivenciá-las e a refletir sobre seus próprios atos, ajustando-os a essas qualidades.

CONCLUSÃO

O verdadeiro homem de bem é o que age de acordo com as Leis de Deus, sabiamente prescritas por Jesus em seu Evangelho, isto é, cumprindo a Lei da Justiça, do Amor e da Caridade, na sua maior pureza.

OBSERVAÇÃO

O dirigente, ao ler o texto, deverá certificar-se do completo entendimento do vocabulário pelos participantes.

INDICAÇÃO DO TEXTO, PERGUNTAS, RESPOSTAS E DESTAQUES

LER O PRIMEIRO PARÁGRAFO DO ITEM 3

1   Como pode o homem verificar se está cumprindo, verdadeiramente, a lei de justiça, de amor e de caridade?

Interrogando a consciência sobre seus próprios atos e se faz aos outros o que desejara que lhe fizessem.

> *O verdadeiro homem de bem é o que cumpre a Lei de Justiça, de Amor e de Caridade, na sua maior pureza. Comentar essa lei. (Vide **O Livro dos Espíritos**, cap. 11).*

LER OS TRÊS PARÁGRAFOS SEGUINTES: SEGUNDO, TERCEIRO E QUARTO DO ITEM 3, ATÉ A PALAVRA "JUSTIÇA."

2   Se a maioria dos homens tem fé em Deus, como explicar a descrença e os desentendimentos gerais?

É que a maioria cultiva uma fé superficial e irracional. A fé legítima tem que se apoiar no raciocínio, que gera a compreensão dos desígnios de Deus e solidifica a prática de suas leis.

> *A fé em Deus e no futuro, faz o homem colocar os bens espirituais acima dos bens temporais.*

LER OS PARÁGRAFOS SEGUINTES, ATÉ A PALAVRA "SENHOR."

3   Por que o sentimento de caridade e amor ao próximo estão incluídos entre as qualidades do homem de bem?

O exercício da caridade impulsiona o homem a pensar nos outros, antes de pensar em si. Essa prática propicia o desenvolvimento de todas as demais qualidades que distinguem o homem de bem.

> *O importante é fazer o bem sem esperar paga alguma e ser possuidor do sentimento de caridade e de amor ao próximo.*

4   Se o homem é bom, humano e benevolente apenas para um grupo de pessoas, ele é um homem de bem?

Não, pois o homem de bem age sem distinção de classe social, raça ou crença, porque em todos os homens vê irmãos seus.

> *O homem de bem, em todas as circunstâncias, toma por guia a caridade.*

LER O RESTANTE DO TEXTO

5   Os homens que cumprem suas obrigações sociais são homens de bem?

Segundo o julgamento dos homens, sim. Nem sempre, no entanto, perante Deus. A educação humana que não tenha suporte no Evangelho é um verniz que desbota à menor contrariedade, transformando homens cultos e bem vestidos em feras humanas.

> *"O homem de bem respeita todos os direitos que aos seus semelhantes dão as leis da natureza, como quer sejam respeitados os seus."*

6 Qual o caminho para sermos homens de bem?

O Evangelho de Jesus é o caminho, a verdade e a vida.

> *Trata-se de um código de conduta de caráter universal, porque baseado nas leis de Deus.*

DESTAQUES COMPLEMENTARES

O DEVER
102

FONTE BÁSICA

KARDEC, Allan. **O Evangelho Segundo o Espiritismo**. Trad. Guillon Ribeiro. 89 ed. Rio de Janeiro: FEB, 1984. **Cap. XVII, Item 7**. p. 290-1.

FONTES COMPLEMENTARES

1. FRANCO, Divaldo P. *Convite ao Dever*, mens. 13. In: __. **Convites da Vida**. Ditado pelo Espírito Joanna de Ângelis. 3. ed. Salvador: Liv. Espírita "Alvorada", 1978. p. 47-9.

2. XAVIER, Francisco C. *Dever*. In: __. **O Consolador**. Ditado pelo Espírito Emmanuel. 10. ed. Rio de Janeiro: FEB, 1976. 2ª Parte, Cap. II. p. 112-9.

3. DENIS, León. *O Dever*. In: __. **Depois da Morte**. 10. ed. Rio de Janeiro: FEB, 1978. Parte 5ª, Cap. XLIII. p. 254-8.

OBJETIVO

Esclarecer os participantes sobre o real sentido do dever, estimulando-os a refletirem sobre sua importância na reforma íntima de cada um.

CONCLUSÃO

Dever é a obrigação moral da criatura para com Deus, consigo mesma e com o próximo. Consiste na prática do bem, de maneira permanente e progressiva.

OBSERVAÇÃO

O dirigente, ao ler o texto, deverá certificar-se do completo entendimento do vocabulário pelos participantes.

INDICAÇÃO DO TEXTO, PERGUNTAS, RESPOSTAS E DESTAQUES

LER OS DOIS PRIMEIROS PARÁGRAFOS

1 Qual o verdadeiro sentido do dever?

Dever é a obrigação moral da criatura para com Deus, para consigo mesma e para com o próximo. O dever está presente tanto nos atos mais simples da vida, como nos mais elevados.

> *"O dever é a obrigação moral da criatura para consigo mesma, primeiro, e, em segundo, para com os outros."*

2 Por que é tão difícil para nós o cumprimento do dever?

Porque, devido às nossas imperfeições, somos atraídos para os nossos interesses e desejos e nos esquecemos dos deveres.

> *"Na ordem dos sentimentos, o dever é muito difícil de cumprir-se, por se achar em antagonismo com as atrações do interesse e do coração."*

3 Onde encontramos orientação para o fiel cumprimento do nosso dever?

Em nossa própria consciência e no Evangelho de Jesus, onde estão claramente expressas as leis de Deus.

> *"O aguilhão da consciência, guardião da probidade interior, o adverte e sustenta; mas, por vezes, mostra-se impotente diante dos sofismas da paixão."*

4 Onde começa e termina o dever?

"O dever principia sempre, para cada um de vós, do ponto em que ameaçais a felicidade ou a tranquilidade do vosso próximo; acaba no limite que não desejais ninguém transponha com relação a vós."

> *O direito de cada um termina onde começa o do próximo.*

LER O RESTO DO TEXTO

5 É importante revermos, todos os dias, os nossos atos?

Sim, pois sabemos que o bom proceder é motivo de elevação espiritual e não apenas defesa contra o mal.

> *"O homem que cumpre seu dever ama a Deus mais que as criaturas e ama as criaturas mais do que a si mesmo."*

6 O que nos obriga ao cumprimento do dever?

Os deveres sociais, profissionais e legais nos são impostos pelas leis e costumes sociais. Os deveres morais nos são impostos pela nossa consciência e a vontade de sermos unos com Deus.

> *O amor ao dever "(...) confere à alma o vigor necessário ao seu desenvolvimento." "Jamais cessa a obrigação moral da criatura para com Deus."*

DESTAQUES COMPLEMENTARES

A VIRTUDE
103

FONTE BÁSICA

KARDEC, Allan. **O Evangelho Segundo o Espiritismo**. Trad. Guillon Ribeiro. 89. ed. Rio de Janeiro: FEB, 1984. **Cap. XVII, Item 8**. p. 291-3.

FONTES COMPLEMENTARES

1. FRANCO, Divaldo P. **Moral**; mens. 22. In:___. **Estudos Espíritas**. Pelo espírito Joanna de Ângelis. 2. ed. Rio de Janeiro: FEB, 1982. p. 163-7.

2. XAVIER, Francisco C. **Na construção da Virtude**; mens. 51. In:___. **Livro da Esperança**. Pelo espírito Emmanuel. 7 ed. Uberaba: CEC, 1984. p. 146-7.

3.___. **Jesus, Kardec e Nós**. In: ___. **Opinião Espírita**. Pelos espíritos Emmanuel e André Luiz. 5. ed. Uberaba: CEC, 1982. p. 29-30.

4.___. **O servo do Senhor**. In: ___. **Segue-me!...** Pelo espírito Emmanuel. 1. ed. Matão: O CLARIM, s/d. p. 169-70.

OBJETIVO

Esclarecer os participantes sobre em que consiste a virtude, enumerando as qualidades do homem virtuoso e alertando-os para as necessidades que temos de desenvolvê-las dentro de nós.

CONCLUSÃO

A virtude é o conjunto de todas as qualidades que caracterizam o homem de bem. Constitui a meta de perfeição que, um dia, todos atingiremos. Homem virtuoso é o homem evangelizado.

OBSERVAÇÃO

O dirigente, ao ler o texto, deverá certificar-se do completo entendimento do vocabulário pelos participantes.

INDICAÇÃO DO TEXTO, PERGUNTAS, RESPOSTAS E DESTAQUES

LER O ITEM 8

1 Como podemos definir a virtude?

É o conjunto de todas as qualidades essenciais que constituem o homem de bem.

> *O homem que possui essas qualidades cumpre, consequentemente, a lei de justiça, de amor e de caridade, na sua maior pureza.*

2 Cite algumas das qualidades do homem virtuoso.

- é possuidor do sentimento de caridade e de amor ao próximo;
- é bom, humano e benevolente para com todos;
- deposita fé em Deus, na sua bondade, justiça e sabedoria;
- tem fé no futuro;
- encontra satisfação nos benefícios que espalha e nos serviços que presta;
- não alimenta ódio, nem rancor, nem desejo de vingança.

> *"Virtudes aparentes – metais comuns no homem, que se alteram ante a ventania das ilusões; virtudes reais – metais preciosos do espírito, que não se corrompem ante as lufadas das tentações humanas, sustentando a vida eterna." (Emmanuel e André Luiz/**Estude e Viva**)*

3 Constitui qualidade do homem virtuoso a ostentação da virtude que possui?

Não, porque, ao ostentar uma virtude qualquer, o homem denota a falta da qualidade principal que a caracteriza, que é a modéstia.

> *A ostentação da virtude põe em evidência o vício que mais se lhe opõe: o orgulho.*

Nossos atos de bondade, precisamos mostrá-los a Deus, não aos homens.

4 É possível a coabitação, no coração do homem, da virtude verdadeiramente cristã com a vaidade, o egoísmo e o amor próprio?

Não, pois esses sentimentos encobrem as boas qualidades que caracterizam o homem virtuoso.

> *São Vicente de Paulo foi exemplo da virtude verdadeiramente cristã, pois praticava a caridade desinteressadamente e com esquecimento de si mesmo.*

5 É justo que o homem demonstre experimentar satisfação íntima, ao praticar uma boa ação?

Sim, desde que tal satisfação não se exteriorize para colher elogios, pois, nesse caso, é demonstração de amor próprio, caracterísitca do coração orgulhoso.

É lei natural que nos sintamos satisfeitos ao praticar o bem.

6   A cultura é fonte de virtude?

Sim, desde que tenha como suporte sentimento da legítima fraternidade e resulte em obras que beneficiem o próximo. Do contrário, será mero esnobismo, que encanta os olhos e não conduz a nada.

Todos nós trazemos conosco o gérmen de todas as virtudes, mas é necessário que saibamos cultivá-lo, direcionando-o sempre no caminho do bem.

7   Qual é o tipo mais perfeito que Deus tem oferecido ao homem, para lhe servir de guia e modelo de virtude?

Jesus.

*"Para o homem, Jesus constitui o tipo da perfeição moral que a humanidade pode aspirar na Terra. Deus no-lo oferece como o mais perfeito modelo..." (**O Livro dos Espíritos** – questão nº 625)*

DESTAQUES COMPLEMENTARES

OS SUPERIORES E OS INFERIORES
104

FONTE BÁSICA

KARDEC, Allan. **O Evangelho Segundo o Espiritismo**. Trad. Guillon Ribeiro. 89. ed. Rio de Janeiro: FEB, 1984. **Cap. XVII, Item 9.** p. 293-5.

FONTES COMPLEMENTARES

1. XAVIER, Francisco C. & VIEIRA, Waldo. *Troca incessante*. In:__. **Estude e Viva**. Pelos espíritos de Emmanuel e André Luiz. 5. ed. Rio de Janeiro: FEB, 1982. p. 48-9.

2. Op. cit. ; *Nosso Concurso*. p. 50.

3. Op. cit. ; *Nas crises da direção*. p. 144-5.

4. Op. cit. ; *Sentenças da vida*. p. 146-7.

OBJETIVO

Levar os participantes a compreender o porquê da existência de superiores e inferiores, ressaltando a nossa responsabilidade diante de cada uma dessas situações, bem como alertá-los para as consequências resultantes do abuso de autoridade.

CONCLUSÃO

Para Deus, não há superiores e inferiores. As diferenças são as virtudes que possuímos. Em qualquer posição que estejamos na vida, façamos o melhor, e Deus, que trata a todos com justiça e bondade, nos acrescentará tudo mais de que necessitamos. A autoridade nos é delegada para que a utilizemos em benefício do próximo.

OBSERVAÇÃO

O dirigente, ao ler o texto, deverá certificar-se do completo entendimento do vocabulário pelos participantes.

INDICAÇÃO DO TEXTO, PERGUNTAS, RESPOSTAS E DESTAQUES

LER OS DOIS PRIMEIROS PARÁGRAFOS DO ITEM 9

1   Com que fim Deus delega ao homem autoridade e riqueza?

Para que ele as utilize em benefício do próximo.

> *Essas situações constituem poder transitório, que pode ser retirado por Deus a qualquer momento.*

2   Que pensar daqueles que abusam dessa faculdade?

São pessoas que interpretam erradamente a finalidade para a qual essas faculdades são conferidas ao homem. Incorrem em erro e sofrerão, nesta ou em outra encarnação, as consequências desse abuso.

> *A compreensão e vivência dos postulados divinos nos induzem a utilizar, da melhor maneira, o poder que temos nas mãos.*

3   Qual a maneira correta de exercer a autoridade de que somos detentores?

Devemos exercê-la levando em conta que temos pessoas a nosso cargo e que poderão ser bem ou mal sucedidas, dependendo da boa ou má diretriz que dermos a essa autoridade.

> *"Todo homem tem na Terra uma missão grande ou pequena; qualquer que ela seja, sempre lhe é dada para o bem."*

LER OS DOIS PARÁGRAFOS SEGUINTES

4   Uma determinada posição social pode ser considerada mais importante para Deus?

Não. Todas são igualmente importantes para Deus e todas são experiências de grande valia para o espírito.

> *Todos somos tratados, por Deus, com a mesma justiça e bondade. As diferentes posições ocupadas por cada um de nós na sociedade são decorrentes da aplicação desse preceito divino.*

5   Qual é o comportamento do superior que já se acha compenetrado das palavras do Cristo e, portanto, consciente do seu dever?

Trata todos os seus subordinados indistintamente, e age com a certeza de que aqueles que hoje lhe obedecem talvez já lhe tenham dado ordens, ou poderão dá-las mais tarde.

> *Seremos tratados amanhã conforme tratamos hoje aqueles sobre os quais exercemos nossa autoridade.*

LER O ÚLTIMO PARÁGRAFO

6 Somente o superior tem deveres a cumprir?

Não. Aquele que se encontra socialmente inferior, na condição de subordinado, tem também importante missão e igualmente será chamado a prestar contas.

> *Todos temos deveres a cumprir, qualquer que seja a posição que ocupamos. Para a construção de um edifício, concorrem tanto o último dos serventes de pedreiro como o arquiteto.*

7 E se o superior não agir com bondade e acerto?

O inferior deve resignar-se, retribuindo o mal com o bem e procurando, através de exemplos nobres, abnegação e atitudes não violentas, modificar a situação vivida.

> *O subordinado deve proceder sempre como quereria que seus subordinados procedessem para com ele, caso fosse o chefe. Resignação sempre. Acomodação nunca.*

8 Como se explica o fato de alguém ser forçado a suportar uma posição, por não encontrar outra melhor?

Provavelmente essa pessoa, outrora, abusou da autoridade que tinha, constituindo a situação atual uma prova para a sua humildade, necessária ao seu adiantamento.

> *Todo nosso afastamento do caminho reto implica uma dívida que, cedo ou tarde, teremos que pagar.*

---DESTAQUES COMPLEMENTARES---

O HOMEM NO MUNDO
105

FONTE BÁSICA

KARDEC, Allan. **O Evangelho Segundo o Espiritismo**. Trad. Guillon Ribeiro. 89. ed. Rio de Janeiro: FEB, 1984. **Cap. XVII, Item 10**. p. 295-6.

FONTES COMPLEMENTARES

1. FRANCO, Divaldo P. *Tentações*; mens. 56. In:__. **Lampadário Espírita**. Pelo espírito Joanna de Ângelis. 3. ed. Rio de Janeiro: FEB, 1978. p. 227-9.

2. XAVIER, Francisco C. *Auxiliar*; mens. 52. In:__. **Livro da Esperança**. Pelo espírito Emmanuel. 7. ed. Uberaba: CEC, 1984. p. 148-9.

3. XAVIER, Francisco C. & VIEIRA, Waldo. *Em torno da regra áurea*. In:__. **Estude e Viva**. Pelos espíritos Emmanuel e André Luiz. 5. ed. Rio de Janeiro: FEB, 1982. p. 182-3.

4. Op. cit. , *Esnobismo*. p. 184-5.

OBJETIVO

Esclarecer os participantes sobre qual deve ser o comportamento do homem no mundo e como podemos conviver com os prazeres e tentações terrenos, sem nos deixar envolver por eles.

CONCLUSÃO

Os vícios, tentações e prazeres do mundo não devem constituir obstáculos para que vivamos bem com os homens de nossa época. Reportando sempre os nossos atos ao Criador, teremos o auxílio e a intuição necessários nos momentos decisivos de nossa vida. O convívio com o semelhante é o meio que Deus nos concede para desenvolver em nós o sentimento de fraternidade e amor ao próximo.

OBSERVAÇÃO

O dirigente, ao ler o texto, deverá certificar-se do completo entendimento do vocabulário pelos participantes.

INDICAÇÃO DO TEXTO, PERGUNTAS, RESPOSTAS E DESTAQUES

LER OS DOIS PRIMEIROS PARÁGRAFOS DO ITEM 10

1 Qual deve ser o nosso comportamento numa reunião em nome de Jesus?

Baseado na humildade, respeito e sem qualquer sentimento inferior no coração.

> *"Um sentimento de piedade deve sempre animar o coração dos que se reúnem sob as vistas do Senhor e imploram a assistência dos bons espíritos."*

2 Os bons espíritos atendem nossas súplicas?

Sim, desde que feitas com humildade e sinceridade, e quando percebem em nós o propósito de nos melhorar interiormente, e ainda quando verificam em nós as necessárias disposições para esse mister. Jamais, no entanto, para satisfazer futilidades.

> *A providência divina jamais deixa de atender nossas súplicas, desde que partam de um coração sincero e predisposto a evoluir e purificar-se.*

3 Devemos viver sempre em prece?

A ligação com o Criador é sempre necessária e salutar. Contudo, essa ligação não significa viver uma vida mística, que nos isole da sociedade em que vivemos. Pelo contrário, quanto mais nos empenhamos no campo da fraternidade e convívio edificante com o próximo, mais ligados estaremos com Deus. O trabalho útil é uma prece.

> *Deus quer que pensemos Nele, mas cumprindo nossos deveres no mundo, vivendo como devem viver os homens de nossa época.*

LER OS DOIS PARÁGRAFOS SEGUINTES

4 Devemos evitar o contato das pessoas que não pensam como nós?

Não. Devemos conviver pacificamente com todos, colaborando com o bem-estar comum, vivendo o Evangelho sem exigir que os outros nos imitem.

> *No mundo, somos chamados a conviver com espíritos de naturezas diferentes e caracteres opostos, que requisitam de nós a compreensão, o respeito e a cooperação.*

5 Podemos viver no mundo sem pertencer a ele, isto é, sem nos deixar envolver pelos vícios, tentações e prazeres mundanos?

É claro que sim. Mas, para isso, é necessário que estejamos com o pensamento sincero constantemente voltado para o Criador que, assim, nos auxiliará a tomar o caminho certo, nos momentos decisivos. Podemos viver os prazeres do mundo, pois a nossa condição humana nos permite. O que não devemos é abusar dos prazeres e a eles nos escravizar.

> *"Não consiste virtude em assumirdes severo e lúgubre aspecto, em repelirdes os prazeres que as vossas condições humanas vos permitem."*

LER OS DOIS ÚLTIMOS PARÁGRAFOS

6 Onde estaria então a perfeição?

Na prática da caridade junto aos nossos semelhantes, conforme nos ensinou Jesus.

> *Fugir do mundo a título de pureza, na maioria das vezes, é simples hipocrisia.*

7 Por que os deveres da caridade alcançam todas as posições sociais?

Porque unicamente na prática da caridade está o caminho que conduz à perfeição, meta que inevitavelmente todos atingiremos, um dia. É, portanto, obrigação que atinge a todos e não a uma determinada camada social somente.

> *Os deveres da caridade atingem a todos, desde o menor até o maior, porque o cristão existe para servir, independente da posição social que ocupe.*

8 Seria meritório o homem isolar-se do mundo, sob a alegação de não querer se contagiar pelos vícios e prazeres terrenos?

Não, pois unicamente no contato com seus semelhantes, nas lutas mais árduas, é que o homem encontra o ensejo de participar da caridade. Enquanto viver a vida do egoísta, ele nada progredirá.

> *"Aquele, pois, que se isola, priva-se voluntariamente do mais precioso meio de aperfeiçoar-se."*

─── DESTAQUES COMPLEMENTARES ───

DESTAQUES COMPLEMENTARES

CUIDAR DO CORPO E DO ESPÍRITO
106

FONTE BÁSICA

KARDEC, Allan. **O Evangelho Segundo o Espiritismo**. Trad. Guillon Ribeiro. 89. ed. Rio de Janeiro: FEB, 1984. **Cap. XVII, Item 11**. p. 296-7.

FONTES COMPLEMENTARES

1. FRANCO, Divaldo P. *Corpo*; mens. 4. In:__. **Lampadário Espírita**. Pelo espírito Joanna de Ângelis. 3. ed. Rio de Janeiro: FEB, 1987. p. 29-32.

2. XAVIER, Francisco C. *Bênção Maior*; mens. 53. In:__. **Livro da Esperança**. Pelo espírito Emmanuel. 7. ed. Uberaba: CEC, 1984. p. 150-1.

3. Op. cit. , *Engenho Divino*; mens. 54. p. 152-3.

4. XAVIER, Francisco C. & VIEIRA, Waldo. *Privações do corpo e provações da alma*; mens. 51. In:__. **Opinião Espírita**. Pelos espíritos Emmanuel e André Luiz. 5. ed. Uberaba: CEC, 1982. p. 167-70.

5.__. *Na saúde e na doença*; mens. 32. In:__. **O Espírito da Verdade**. Por vários espíritos. 5. ed. Rio de Janeiro: FEB, 1985. p. 81-2.

OBJETIVO

Identificar, junto aos participantes, as relações que existem entre o corpo e o espírito, alertando-os para a necessidade e dever de cuidar bem de ambos, tendo em vista a nossa evolução.

CONCLUSÃO

Nosso corpo é precioso instrumento que a vida nos empresta e de que nossa alma se utiliza para evoluir. Cuidar dele é dever que nos compete, perante Deus.

OBSERVAÇÃO

O dirigente, ao ler o texto, deverá certificar-se do completo entendimento do vocabulário pelos participantes.

INDICAÇÃO DO TEXTO, PERGUNTAS, RESPOSTAS E DESTAQUES

LER O PRIMEIRO PARÁGRAFO DO ITEM 11

1   É válido ao homem maltratar o próprio corpo para buscar a purificação de sua alma?

Não, pelo contrário. Sendo o corpo o instrumento da alma, para que esta pratique o bem e evolua, é necessário que aquele esteja na melhor forma possível.

> *"Para que essa prisioneira viva se expanda e chegue mesmo a conceber as ilusões de liberdade, tem o corpo de estar são, disposto, forte."*

2   O corpo exerce, assim, alguma influência no desempenho da atividade do espírito que o anima?

Sim, e muito. Daí, concluirmos que tudo que fizermos para comprometer a saúde física será prejudicial à alma, que terá um instrumento defeituoso para executar sua tarefa.

> *Da mesma forma que o corpo influi sobre a alma, esta influi sobre o corpo.*
> *Doença do corpo pode acarretar doença da alma, e vice-versa.*

3   Como devemos cuidar do corpo e do espírito, para estabelecer o equilíbrio entre ambos?

Do corpo, cuidamos segundo as normas de saúde e higiene de que dispomos e que nos é dado conhecer; do espírito, segundo os postulados do Evangelho, que nos estabelece a medida do nosso comportamento diante da vida.

> *"Desatender as necessidades que a própria Natureza indica, é desatender a lei de Deus."*

LER O RESTANTE DO TEXTO

4   Como explicar o comportamento que tem por base o aniquilamento do corpo, mesmo que a pretexto de purificação?

Reflete um desconhecimento do verdadeiro sentido das leis divinas e da real finalidade do envoltório físico, bem como da sua importância para o progresso do espírito.

> *"Para que nele o espírito habite e através dele se manifeste, trilhões de vidas microscópicas se harmonizam em perfeito intercâmbio, gerando equilíbrio e atendendo a determinações da própria estruturação." (Joanna de Ângelis/**Lampadário Espírita**)*

5   Como o Espiritismo contribui nesta questão?

Demonstrando, através de seus ensinos, as relações que existem entre o corpo e a alma, e o papel que cada um exerce, objetivando a evolução do homem.

> Os conhecimentos revelados pelo Espiritismo, aliados à ciência, propiciam uma melhor compreensão dessas relações.

6 Infringe a lei de Deus quem não cuida do corpo, alegando ser este de secundária importância?

Claro, pois nosso corpo pertence a Deus, que no-lo empresta para, através da reencarnação, cumprirmos missões evolutivas no plano físico.

> Nosso corpo é um engenho divino que a vida nos empresta como instrumento indispensável à nossa permanência na Terra.

7 Como buscar, afinal, a perfeição?

Através das reformas por que fizermos passar o nosso espírito, impondo a ele, isto sim (e não ao corpo), duras privações, no sentido de dominar o orgulho e todas as mazelas que ainda lhe são características.

> "Esse o meio de o tornardes dócil à vontade de Deus e o único de alcançardes a perfeição."

DESTAQUES COMPLEMENTARES

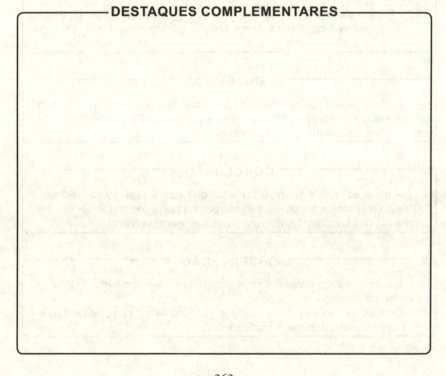

A PORTA ESTREITA
107

FONTE BÁSICA

KARDEC, Allan. **O Evangelho Segundo o Espiritismo**. Trad. Guillon Ribeiro. 89. ed. Rio de Janeiro: FEB, 1984. **Cap. XVIII, Itens 3 e 5**. p. 302-4.

FONTES COMPLEMENTARES

1. XAVIER, Francisco C. *Na forja da vida*; mens. 55. In: __. **Livro da Esperança**. Pelo espírito Emmanuel. 7. ed. Uberaba: CEC, 1984. p. 154-5.

2. XAVIER, Francisco C. & VIEIRA, Waldo. *Muralha do Tempo*; mens. 14. In: __. **O Espírito da Verdade**. Por vários espíritos. 5. ed. Rio de Janeiro: FEB, 1985. p. 42-3.

3.__. *Tempo da regra Áurea*; mens. 52. In: __. **Opinião Espírita**. Pelos espíritos Emmanuel e André Luiz. 5. ed. Uberaba: CEC, 1982. p. 172-3.

OBJETIVO

Esclarecer aos participantes em que consiste a porta estreita e a porta larga, identificando, entre eles, a que leva o homem a Deus, concitando-os a tomarem o caminho que a ela conduz.

CONCLUSÃO

A porta estreita é o único caminho que nos levará, todos, a Deus. Quando rejeitamos o convite fraterno para a porta estreita, o tempo e a dor a ela nos conduzirão, em regime de misericórdia divina.

OBSERVAÇÃO

Recomendamos como leitura preparatória a mensagem nº 14, do Livro Espírito da Verdade.

O dirigente, ao ler o texto, deverá certificar-se do completo entendimento do vocabulário pelos participantes.

INDICAÇÃO DO TEXTO, PERGUNTAS, RESPOSTAS E DESTAQUES

LER O ITEM 3

1   Em que consistem a porta estreita e a porta larga, referidas no texto?

A porta estreita simboliza a difícil caminhada do espírito em busca da luz; a porta larga, o roteiro fácil do espírito pelo caminho do erro e da perdição.

> *"A **porta estreita** revela o acerto espiritual que nos permite marchar na senda evolutiva, com o justo aproveitamento das horas; a **porta larga** expressa-nos o desequilíbrio interior, com que somos forçados à dor da reparação, com lastimáveis perdas de tempo." (Emmanuel/**O Espírito da Verdade** – mens. 14)*

2   Entrar pela porta estreita é um privilégio?

Não. É conquista acessível a todos, uma vez que o progresso está na lei de Deus.

> *No dicionário divino não existe o termo "privilégio."*

LER O ITEM 5

3   Por que é larga a porta da perdição e estreita a da salvação?

(RELER o primeiro parágrafo do item 5 e solicitar a algum participante que o explique, corrigindo as possíveis distorções).

> *"**Porta larga** – entrada na ilusão –, saída pelo reajuste...*
> *   **Porta estreita** – saída pelo erro –, entrada na renovação..."*
> *(Emmanuel/**O Espírito da Verdade**)*

4   Por que a maioria prefere o caminho da porta larga, se é o da estreita que "salva"?

Não se trata propriamente de uma preferência, mas de uma predisposição do homem em perambular pelas veredas do erro, em face do estágio evolutivo em que se encontra a Humanidade, hoje, na Terra.

> *Ao influxo da lei do progresso, o homem, mais cedo ou mais tarde, cederá à necessidade de evoluir e de tomar o caminho que conduz à porta estreita.*

5   Por ser grande a massa de iludidos pela porta larga, significa ser ela um obstáculo intransponível?

Não. Esse obstáculo é difícil, no entanto, nada nem ninguém detém a marcha do progresso das criaturas que a queiram encetar, desde que de acordo com os desígnios divinos.

> *O progresso está ínsito na lei divina e nada há que o impeça de implantar-se na Terra.*

6   O que acontece aos que elegem o caminho da porta larga?

Àqueles que rejeitam o convite fraterno do Evangelho para a porta estreita, o tempo e a dor a ela conduzirão em regime de misericórdia divina.

> *Nenhuma ovelha se perderá no rebanho do Senhor, e todos faremos parte, um dia, da sublime família universal.*

7   Será sempre estreita a porta da salvação?

Não. À proporção que aumentar o número de caminheiros do bem, ela se alargará e menos árdua será a caminhada daqueles que se propõem a alcançá-la.

> *Conforme o homem vai evoluindo, mais consciência toma da necessidade de praticar o bem e menos difícil é seguir esse caminho.*

8   Sobre esse assunto, o que nos revela o princípio da anterioridade da alma e da pluralidade dos mundos?

Revela-nos que, pela bênção da reencarnação, o homem pode melhorar-se e fazer melhorar o atual estado em que se encontra a Humanidade terrena.

> *Dia virá em que na Terra só haverá lugar para os caminheiros da porta estreita.*

DESTAQUES COMPLEMENTARES

NEM TODOS OS QUE DIZEM: SENHOR, SENHOR! ENTRARÃO NO REINO DOS CÉUS
108

FONTE BÁSICA

KARDEC, Allan. **O Evangelho Segundo o Espiritismo**. Trad. Guillon Ribeiro, 89. ed. Rio de Janeiro: FEB, 1984. **Cap. XVIII, Itens 6 a 9**. p. 304-5.

FONTES COMPLEMENTARES

1. XAVIER, Francisco C. *Cada servidor em sua tarefa*; mens. 56. In:__. **Livro da Esperança**. Pelo espírito Emmanuel. 7. ed. Uberaba: CEC. 1984. p. 156-8.

2. XAVIER, Francisco C. & VIEIRA, Waldo. *Santidade de superfície*; mens. 33. In:__. **Opinião Espírita**. Pelos espíritos Emmanuel e André Luiz. 5. ed. Uberaba: CEC, 1982. P. 114-6.

3.__. *Em plena era nova*; mens. 12. In:__. **O Espírito da Verdade**. Por vários espíritos. 5. ed. Rio de Janeiro: FEB, 1985. p. 38-9.

4. Op. cit. , *Quando voltares*; mens. 101. p. 229-30.

OBJETIVO

Informar os participantes sobre a importância e o porquê de se reconhecer a missão de Jesus, não somente através de palavras, mas de atos e vivência do seu Evangelho.

CONCLUSÃO

Conhecer a lei de Deus e reverenciá-lo por palavras é condição necessária, porém não suficiente para a felicidade plena; é igualmente indispensável agir de acordo com os ditames da soberana lei, tão bem expressa e exemplificada por Jesus, em seu Evangelho.

OBSERVAÇÕES

Recomenda-se, como leitura preparatória, a mens. nº 12, do livro O Espírito da Verdade.

O dirigente, ao ler o texto, deverá certificar-se do completo entendimento do vocabulário pelos participantes.

INDICAÇÃO DO TEXTO, PERGUNTAS, RESPOSTAS E DESTAQUES

LER O ITEM 6

1 Por que nem todos os que dizem: Senhor, Senhor! entrarão no reino dos céus?

Porque a entrada no reino dos céus só é facultada àqueles que cumprem a lei de Deus, segundo os preceitos de Jesus. E nem sempre o balbuciar de palavras reverenciando o Senhor é acompanhado de atos que caracterizam e dignificam o verdadeiro cristão.

> *Os atos exteriores de devoção, as expressões bonitas, sem o sacrifício do nosso orgulho, egoísmo e cupidez, nada valem aos olhos do Pai. A Ele interessa o que vai em nosso íntimo.*

2 Onde buscar a lei de Deus, para conhecê-la?

No reduto da nossa própria consciência. Além disso, o Evangelho de Jesus é repositório inesgotável de seus ensinamentos, sob a forma de lembrete e convite permanente à nossa reforma íntima.

> *Com a humildade de coração e a fé em Deus e no futuro, nos é permitido compreender melhor suas leis.*

LER O ITEM 7

3 Que lição a passagem nos ensina?

Que só teremos sucesso em nossas obras se, na sua elaboração, levarmos em conta os preceitos divinos, que nos recomendam agir com prudência, coragem e boa vontade.

> *O espírito deve ser conhecido pelas suas obras, e estas devem estar sustentadas em bases sólidas.*

LER O ITEM 8

4 O que é necessário o homem fazer para conquistar o reino dos céus?

Usar os recursos intelectuais, materiais e morais de que dispõe, para realizar, tão bem quanto possível, a tarefa que lhe cabe como cristão, e todo o bem ao seu alcance, seguindo sempre o roteiro traçado por Jesus.

> *Só chegaremos a bom termo no cumprimento das tarefas que nos compete realizar, se tomarmos por base os mandamentos divinos.*

LER O PRIMEIRO PARÁGRAFO DO ITEM 9

5 Quer dizer, então, que as orações que proferimos com palavras abundantes e enaltecedoras ao Criador não são bem recebidas por Ele?

Não é bem assim. Toda oração, qualquer que seja a sua forma, é bem recebida por Deus, desde que parta de um coração sincero e puro, e seja secundada por atos que a enobreçam e justifiquem.

> *"Não espereis dobrar a justiça do Senhor pela multiplicidade das vossas palavras e das vossas genuflexões"*

6 Qual é o papel da religião no relacionamento da criatura com o Criador?

Esclarecê-la quanto aos procedimentos a adotar em sua vida, objetivando sua ascensão até o Pai, já que o processo de **salvação** é individual e em função das obras de cada um.

> *"O caminho único que vos está aberto, para achardes graça perante ele, é o da prática sincera da lei de amor e caridade."*

LER O RESTANTE DO TEXTO

7 A que instituição, na Terra, se vincula o Evangelho?

A nenhuma. O Evangelho é roteiro de luz para toda as criaturas que, tendo-o à frente de todos os seus atos, renovarão a sociedade humana para implantação do reino de Deus na Terra.

> *"Eis porque todas as instituições humanas, políticas, sociais e religiosas que se apoiarem nessas palavras serão estáveis como a casa construída sobre a rocha."*

---DESTAQUES COMPLEMENTARES---

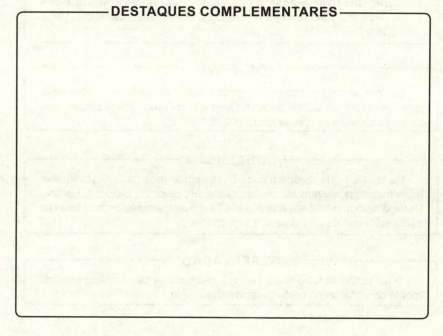

MUITO SE PEDIRÁ
ÀQUELE QUE MUITO RECEBEU
109

FONTE BÁSICA

KARDEC, Allan. **O Evangelho Segundo o Espiritismo**. Trad. Guillon Ribeiro, 89. ed. Rio de Janeiro: FEB: 1984. **Cap. XVIII, Itens 10 a 12**. p. 306-7.

FONTES COMPLEMENTARES

1. XAVIER, Francisco C. *Para e Pensa*; mens, 57. In:__. **Livro da Esperança**. Pelo espírito Emmanuel. 7. ed. Uberaba: CEC, 1984. p. 159-60.

2. XAVIER, Francisco C. & VIEIRA, Waldo. *Em todos os caminhos*; mens. 3. In: __. **Estude e Viva**. Pelos espíritos Emmanuel e André Luiz. 5. ed. Rio de Janeiro: FEB, 1982. p. 34-5.

3.__. *Que buscais*; mens. 54 In: __. **O Espírito da Verdade**. Por vários espíritos. 5. ed. Rio de Janeiro: FEB, 1985. p. 131-2.

4.__. *Diretrizes Evangélicas*; mens. 26. In: __. **Opinião Espírita**. Pelos espíritos Emmanuel e André Luiz. 5. ed. Uberaba: CEC, 1982. P. 95-7.

OBJETIVO

Esclarecer o significado da afirmativa que intitula o tema, e evidenciar a nossa responsabilidade perante Deus e o próximo, diante daquilo que temos recebido da Providência Divina.

CONCLUSÃO

Os talentos que recebemos de Deus, em termos de conhecimento e bens materiais, devem ser multiplicados em favor do próximo. Perante Deus, a responsabilidade dos nossos atos é diretamente proporcional ao esclarecimento de que já somos portadores.

OBSERVAÇÃO

O dirigente, ao ler o texto, deverá, certificar-se do completo entendimento do vocabulário pelos participantes.

INDICAÇÃO DO TEXTO, PERGUNTAS, RESPOSTAS E DESTAQUES

LER O ITEM 10

1   O que significa a expressão de Jesus: "Muito se pedirá àquele que muito recebeu"?

Que os talentos que recebemos de Deus, sejam os de conhecimento, sejam os de bens materiais, devem ser multiplicados em favor do próximo e nos impõem uma responsabilidade maior perante a Providência Divina e os nossos semelhantes.

> *A Providência Divina nos cobra na mesma proporção que nos oferece: se muito recebemos, maior é a nossa obrigação de doar em favor do próximo.*

2   A ignorância justifica o erro?

Justificar não é bem o termo. Ela apenas abranda a punição. É evidente que, ao contrário do ignorante, aquele que sabe mais deve melhor proceder, sob pena de, não agindo assim, sofrer mais, por ser mais responsável.

> *Se errarmos por desconhecer a verdade, seremos menos punidos (e não, perdoados), eis que Deus só nos cobra o que Dele temos recebido.*

3   Assim sendo, não é mais aconselhável saber menos, pois, assim, menos contas teremos que prestar a Deus?

Constitui isso um regozijo efêmero, que apenas fará com que retardemos o nosso progresso, a cuja lei, mais cedo ou mais tarde, inexoravelmente, teremos que aderir.

> *Deus pune não somente pelos nossos erros cometidos, mas também pela nossa inércia, comodismo e má vontade.*

LER O ITEM 11

4   De que cegueira nos fala, aqui, Jesus? Seria a dos olhos físicos?

Não. Trata-se da cegueira da alma, que pode ser voluntária nas pessoas que não querem enxergar a verdade personificada por Jesus.

> *"O pior cego é aquele que não quer ver."*

5   Por que os fariseus eram grandes pecadores?

Porque conheciam a lei de Deus, pregavam-na, mas não a praticavam.

> *"Mas, agora, dizeis que vedes e é por isso que em vós permanece o vosso pecado."*

LER O ITEM 12

6 O Evangelho está ao alcance de todos?

Sim, pois ele veio para atingir todas as camadas, podendo o seu aprendizado ser acessível e adquirido por todos, inclusive por analfabetos, pelo simples ouvir de suas prédicas.

> *O ensino dos espíritos, que se espalham por toda parte, permite que as máximas do Evangelho se estenda a todos, letrados ou iletrados, crentes ou incrédulos, cristãos ou não.*

7 O conhecimento do Evangelho implica a vivência de seus ensinamentos?

O seu conhecimento implica proporcional responsabilidade pelos atos cometidos. Assim sendo, aqueles que o conhecem e não o vivenciam serão mais severamente punidos.

> *O Evangelho não é apenas uma admirável filosofia de vida, mas encerra as próprias leis da vida, às quais estamos subordinados.*

8 O conhecimento espírita propicia mais responsabilidade?

Sim. Contudo, maiores alegrias também, se bem praticado.

> *"Aos espíritas, pois, muito será pedido, porque muito hão recebido; mas, também, aos que houverem aproveitado, muito será dado."*

DESTAQUES COMPLEMENTARES

PELAS SUAS OBRAS É
QUE SE RECONHECE O CRISTÃO
110

FONTE BÁSICA

KARDEC, Allan. **O Evangelho Segundo o Espiritismo**. Trad. Guillon Ribeiro. 89. ed. Rio de Janeiro: FEB, 1984 **Cap. XVIII, Item 16.** p. 309-11.

FONTES COMPLEMENTARES

1. XAVIER, Francisco C. *Tais Quais somos*; mens. 60. In: __. **Livro da Esperança**. Pelo espírito Emmanuel. 7. ed. Uberaba: CEC, 1984. p. 165-7.

2. XAVIER, Francisco C. & VIEIRA, Waldo. *Amparo Espiritual*; mens. 34. In: __. **Estude e Viva**. Pelos espíritos Emmanuel e André Luiz. 5. ed. Rio de Janeiro: 1982. p. 194-6.

3. Op. cit. , *Semeadores de Esperança*; mens. 34. p. 196-7.

4. __. *Marcos Indeléveis*; mens. 42. In: __. **O Espírito da Verdade**. Por espíritos diversos. 5. ed. Rio de Janeiro: FEB. 1985. P. 105-6.

5. __. *Natural e Inevitável*; mens. 53. In: __. **Opinião Espírita**. Pelos espíritos Emmanuel e André Luiz. 5. ed. Uberaba: CEC, 1982. p. 174-6.

OBJETIVO

Esclarecer o que realmente caracteriza o cristão e o que verdadeiramente o torna reconhecido aos olhos de Deus, enfatizando qual o papel do Cristianismo em nossa vida.

CONCLUSÃO

Diante de Deus, só se obtém méritos através de obras no bem, e não através de simples religiosidade, muitas vezes falsa ou de cunho exterior. É no Cristianismo que se encontram todas as verdades, e não propriamente em alguma religião em particular.

OBSERVAÇÃO

O dirigente, ao ler o texto, deverá certificar-se do completo entendimento do vocabulário pelos participantes.

INDICAÇÃO DO TEXTO, PERGUNTAS, RESPOSTAS E DESTAQUES

LER O PRIMEIRO E O SEGUNDO PARÁGRAFOS DO ITEM 16

1 Por que muitos dos que dizem: "Senhor, Senhor!" não entrarão no reino dos céus?

Porque aqueles que dizem apenas palavras soltas, sem refletirem o que lhes vai no íntimo, não são agradáveis a Deus. A Ele agrada mais a devoção sincera, partida do coração e, acima de tudo, comprovada por atitudes no bem.

> *Nem sempre o balbuciar de palavras reverenciando o Senhor é acompanhado de atos que identificam o verdadeiro cristão.*

2 Quem são os assim considerados?

São aqueles que ostentam a religiosidade apenas na aparência, mantendo, no íntimo, o coração distanciado do seu dever.

> *Os atos exteriores de devoção, as expressões bonitas, sem o sacrifício do nosso orgulho, egoísmo e cupidez, nada valem aos olhos do Pai.*

3 E qual é "a vontade do Pai que está nos céus"?

Que nos comportemos como verdadeiros cristãos e façamos o bem nos termos ensinados por Jesus, não importando a qual religião pertençamos.

> *Não é o título religioso de que somos detentores que nos levará ao Pai, mas sim nossas obras.*

LER O TERCEIRO PARÁGRAFO

4 Como se reconhece o verdadeiro cristão?

Pelas suas atitudes com relação ao próximo, pelas obras que pratica e pela sua vivência real dos ensinamentos do Cristo.

> *O verdadeiro cristão se revela pela reforma íntima por que fizer passar o seu espírito, e pelo esforço que faz para vencer os seus maus pendores.*

5 Qual é o papel do Cristianismo?

O Cristianismo, através de seu código de moral cristã – o Evangelho – é a expressão das leis divinas e, por isso, exerce o nobre papel de conduzir, por um único caminho, todas as criaturas ao Pai.

> *"O Cristianismo, qual o fizeram há muitos séculos, continua a pregar essas virtudes divinas; esforça-se por espalhar seus frutos, mas quão poucos os colhem!"*

6 Por que o Cristianismo, sendo essa árvore possante, não conseguiu ainda implantar-se totalmente na Terra?

Porque os homens procuram moldá-lo pelas suas ideias, deturpando-o nas suas finalidades, levando-o a se afastar de sua feição original.

> *"Cada espírito se afirma bem ou mal, aproveitando as criações do Excelso Pai para subir à luz ou delas abusando para descer às trevas." (Emmanuel/**O Espírito da Verdade**).*

7 O que devemos fazer, então, para que a árvore do Cristianismo floresça?

Educarmo-nos dentro dos ensinos preconizados por Jesus, através de uma reforma que comece dentro de nós, sem o que não haverá reforma no mundo que nos rodeia.

> *"(...) somente as obras que fizermos, em nome do Pai, é que serão marcos indeléveis de nosso caminho, a testificarem de nós." (Emmanuel/**O Espírito da Verdade**).*

LER O RESTANTE DO TEXTO, COMENTANDO-O JUNTO AOS PARTICIPANTES.

---- DESTAQUES COMPLEMENTARES ----

PODER DA FÉ
111

FONTE BÁSICA

KARDEC, Allan. **O Evangelho Segundo o Espiritismo**. Trad. Guillon Ribeiro. 89. ed. Rio de Janeiro: FEB, 1984. **Cap. XIX, Itens 1 a 5**. p. 313-5.

FONTES COMPLEMENTARES

1. FRANCO, Divaldo P. *Fé*; mens. 14. In: __. **Estudos Espíritas**. Pelo espírito Joanna de Ângelis. 4. ed. Rio de Janeiro: FEB, 1987. p. 113-6.

2. XAVIER, Francisco C. *Com o Auxílio de Deus*; mens. 61. In: __. **Livro da Esperança**. Pelo espírito Emmanuel. 7. ed. Uberaba: CEC, 1984. p. 168-70.

3. Op. cit. , *Auxílio e Nós*; mens. 62. p. 171-2.

4. __. *Fé*; mens. 40. In: __. **Vinha de Luz**. Pelo espírito Emmanuel. 7 ed. Rio de Janeiro: FEB, 1983. p. 91-2.

5. XAVIER, Francisco C. & VIEIRA, Waldo. *Verdade e Crença*; mens. 94. In: __. **O Espírito da Verdade**. Por vários espíritos. 5. ed. Rio de Janeiro: FEB, 1985. p. 215-6.

OBJETIVO

Esclarecer aos participantes por que a fé tem o poder de transportar montanhas, evidenciando o que a torna poderosa e o que é necessário desenvolver em nós para conquistar a fé.

CONCLUSÃO

A fé se traduz pela confiança que se tem em Deus e em si próprio, com vistas à realização de alguma coisa; confiança essa que dá a certeza de se atingir o fim colimado. A fé, para ser poderosa, tem que ser sincera, verdadeira e humilde, virtudes que são conquistadas através do estudo e vivência do Evangelho.

OBSERVAÇÃO

O dirigente, ao ler o texto, deverá certificar-se do completo entendimento do vocabulário pelos participantes.

INDICAÇÃO DO TEXTO, PERGUNTAS, RESPOSTAS E DESTAQUES

LER O ITEM 1

1 Com relação à passagem lida, o que impediu os discípulos de curarem o menino, como fez Jesus?

A falta de fé. Embora todo o empenho e boa vontade dos discípulos, faltava-lhes ainda a confiança, conforme demonstrou Jesus.

> *Muitos percalços e dificuldades que enfrentamos em nossa vida se devem, também, à nossa falta de fé, à nossa incredulidade.*

2 Jesus, ao usar o termo "montanhas", referiu-se àquelas que conhecemos com esse nome, materialmente falando?

Não. Assim como em todo ensinamento de Jesus, devemos aqui, também, entender suas palavras no sentido moral.

> *"(...) se tivésseis a fé do tamanho de um grão de mostarda, diríeis a esta montanha: transporta-te daí para ali e ela se transportaria, e nada seria impossível."*

LER O ITEM 2

3 No sentido moral, como devemos, então, entender as "montanhas" referidas por Jesus?

São as dificuldades, as resistências, a má vontade, o interesse material, o egoísmo, a cegueira do fanatismo, o orgulho, as ideias preconcebidas etc.

> *"No sentido próprio, é certo que a confiança nas suas próprias forças torna o homem capaz de executar coisas materiais, que não consegue fazer quem duvida de si."*

4 Como devemos proceder para conquistar a fé?

Abrindo nossa mente e o nosso coração ao estudo do Evangelho, com o firme propósito de nos reformar intimamente, mediante a vivência dos seus ensinamentos.

> *"A fé robusta dá a perseverança, a energia e os recursos que fazem se vençam os obstáculos, assim nas pequenas coisas, que nas grandes."*

LER O ITEM 3

5 De que modo certas pessoas conseguem realizar o que querem?

Confiando em suas forças com a certeza de atingir o fim almejado e agindo sempre no sentido de vencer os obstáculos.

> *"Ela dá uma espécie de lucidez que permite se veja, em pensamento, a meta que se quer alcançar e os meios de chegar lá..."*

LER O ITEM 4

6 Por que a fé legítima está associada à humildade?

Porque só é possuidor da fé verdadeira aquele que confia em Deus mais do que em si próprio, e isto vem a ser uma demonstração de humildade.

> *Aquele que possui a fé verdadeira é sempre auxiliado pelos bons espíritos na consecução dos seus objetivos.*

LER O ITEM 5

7 Como se explica a ação magnética na fé?

Pela ação do pensamento, o homem pode atuar sobre o fluido universal. Se essa atuação for voltada para o bem e secundada por fé ardente, grandes fenômenos pode ele operar.

> *"Tal o motivo por que Jesus disse a seus apóstolos: Se não o curastes, foi porque não tendes fé."*

DESTAQUES COMPLEMENTARES

A FÉ: MÃE DA ESPERANÇA E DA CARIDADE
112

FONTE BÁSICA

KARDEC, Allan. **O Evangelho Segundo o Espiritismo**. Trad. Guillon Ribeiro. 89. Ed. Rio de Janeiro: FEB, 1984. *Cap. XIX, Item 11*. p. 319-20.

FONTES COMPLEMENTARES

1. FRANCO, Divaldo P. *Fé*; mens. 14. In: __. **Estudos Espíritas**. Pelo espírito Joanna de Ângelis. 4. ed. Rio de Janeiro: FEB, 1987. p. 113-6.

2. Op. cit. , *Caridade*; mens. 16. p. 121-6.

3. Op. cit. , *Esperança*; mens. 15. p. 117-20.

4. XAVIER, Francisco C. *Fé*; mens. 40. In: __. **Vinha de Luz**. Pelo espírito Emmanuel. 7. ed. Rio de Janeiro: FEB, 1983. p. 91-2.

5. Op. cit. , *Objetivo da Fé*. mens. 92. p. 197-8.

6.__. *Máximo e Mínimo*; mens. 65. In: __. **Livro da Esperança**. Pelo espírito Emmanuel. 7. ed. Uberaba, CEC, 1984. p. 177-9.

OBJETIVO

Esclarecer aos participantes por que a esperança e a caridade estão associadas à fé, e enfatizar por que a fé necessita de obras para que se torne verdadeira e eficaz.

CONCLUSÃO

A fé desperta todos os instintos nobres que encaminham o homem para o bem. É nela que se sustentam a esperança e a caridade. Contudo, é necessário o exemplo das obras para que ela seja eficaz e verdadeira; tem que ser ativa, para ser proveitosa.

OBSERVAÇÃO

O dirigente, ao ler o texto, deverá certificar-se do completo entendimento do vocabulário pelos participantes.

INDICAÇÃO DO TEXTO, PERGUNTAS, RESPOSTAS E DESTAQUES

LER OS TRÊS PRIMEIROS PARÁGRAFOS DO ITEM 11

1   Por que a esperança e a caridade estão associadas à fé?

Porque a esperança só reside num coração que crê e confia nas promessas do Cristo, e a caridade só é praticada por aquele dotado do verdadeiro sentimento de amor ao próximo, cujo labor, obrigatoriamente, se sustenta na fé.

> *"A esperança e a caridade são corolários da fé e formam com esta uma trindade inseparável."*

2   Por que a fé necessita de obras?

Porque não basta a fé simplesmente estar em nossa consciência. É necessário que a tornemos verdadeira, dando-lhe eficácia, isto é, ela deve nos impulsionar para Deus, através do serviço em favor do próximo.

> *"Para ser proveitosa, a fé tem de ser ativa; não deve entorpecer-se." "A fé que não produz é semelhante à lâmpada aparatosa que não esparze claridade: é inútil." (Joanna de Ângelis/**Estudos Espíritas**)*

3   A fé propicia recursos para nossa regeneração?

Sim, pois a nossa regeneração depende do grau de confiança que temos em Deus e no futuro, e a fé nos propicia essa confiança.

> *A fé nos dá ânimo, confiança em Deus e a certeza de que venceremos, por estarmos buscando nos ajustar às leis da vida.*

4   Sendo inspiração divina, por que muita gente não tem fé?

Porque, embora seja dado a todos possuí-la, a fé se adquire e se desenvolve através do empenho de cada um. Mas esse empenho, muitas vezes, é frustrado pelo descaso e pelo orgulho.

> *"(...) a fé desperta todos os instintos nobres que encaminham o homem para o bem... Preciso é, pois, que essa base seja forte e durável... Seja mais forte a vossa fé do que os sofismas e as zombarias dos indivíduos..."*

LER OS DOIS ÚLTIMOS PARÁGRAFOS

5   A fé pode ser transmitida por alguém a outrem?

De certo modo, sim. Embora seja certo que a fé não se prescreve, não se impõe a ninguém, é igualmente certo que, pelo exemplo da nossa fé sincera, podemos contagiar os outros, animando-os a desenvolvê-la dentro de si.

> *"A fé sincera é empolgante e contagiosa; comunica-se aos que não a tinham, ou mesmo não desejariam tê-la... A fé aparente apenas usa de palavras sonoras que deixam frio e indiferente quem as escuta."*

6 Que mudanças nos acarreta a fé?

Otimismo sadio, vontade de viver, esperança firme, valorização do sentimento de amor ao próximo, melhor utilização do tempo, em face da consciência do progresso que temos a alcançar etc.

> *"Tende, pois, a fé com o que ela contém de belo e de bom, com a sua pureza, com a sua racionalidade."*

7 Por que a fé deve ser raciocinada?

Porque "a fé necessita de uma base, que é a inteligência perfeita daquilo em que se deve crer. E, para crer, não basta ver; é preciso, sobretudo, compreender." (***O Evangelho Segundo o Espiritismo*** – Cap. XIX, item 7).

> *Sem base na razão, dificilmente a fé resiste às dúvidas que surgem de um coração visitado pelas provas rudes.*

DESTAQUES COMPLEMENTARES

A FÉ HUMANA E A FÉ DIVINA
113

FONTE BÁSICA

KARDEC, Allan. **O Evangelho Segundo o Espiritismo**. Trad. Guillon Ribeiro. 89. ed. Rio de Janeiro: FEB, 1984. **Cap. XIX, Item 12**. p. 320-1.

FONTES COMPLEMENTARES

1. FRANCO, Divaldo P. **Fé**; mens. 14 In: __. **Estudos Espíritas**. Pelo espírito Joanna de Ângelis. 4. ed. Rio de Janeiro: FEB, 1987. p. 113-6.

2. XAVIER, Francisco C. **Nos Caminhos da Fé**; mens. 61. In: __. **Segue-me!...** Pelo espírito Emmanuel. 1. ed. Matão: O Clarim, s/d. p. 127-8.

3.__. **Fé**; mens. 40. In: __. **Vinha de Luz**. Pelo espírito Emmanuel. 7. ed. Rio de Janeiro: FEB, 1983. p. 91-2.

4. Op. cit. , **Objetivo da Fé**; mens. 92. p. 197-8.

OBJETIVO

Levar os participantes a identificar a fé humana e a divina, bem como esclarecê-los de como é possível o homem utilizá-las em prol da melhoria de si próprio e da humanidade.

CONCLUSÃO

A fé é um precioso instrumento evolutivo que nos cabe fazer bom uso, a fim de cumprirmos nossa missão perante Deus. A fé humana se volta para as necessidades terrenas; a divina, para as aspirações celestiais e futuras.

OBSERVAÇÃO

O dirigente, ao ler o texto, deverá certificar-se do completo entendimento do vocabulário pelos participantes.

INDICAÇÃO DO TEXTO, PERGUNTAS, RESPOSTAS E DESTAQUES

LER OS DOIS PRIMEIROS PARÁGRAFOS DO ITEM 12

1   A fé tem apenas caráter religioso?

Não. Ela reflete uma confiança que se tem na possibilidade de realizar alguma coisa.

> *"Do ponto de vista religioso, a fé consiste na crença em dogmas especiais, que constituem as diferentes religiões." (**O Evangelho Segundo o Espiritismo** – cap. XIX , item 6).*

2   Em que consiste a fé, no homem?

É um sentimento cujo gérmen o homem traz depositado no seu íntimo, e que lhe compete fazê-lo desabrochar e crescer pela ação da sua vontade.

> *Conclui-se, portanto, que a fé não é privilégio de alguns, mas dom precioso, concedido a todos por Deus.*

3   Por que a maioria das pessoas interpretam a fé mais pelo lado religioso?

Porque essas pessoas, não compreendendo o verdadeiro caráter da missão do Cristo, consideram-no apenas como um chefe religioso, capaz de operar milagres através da fé e acreditam ser este o único objetivo da fé na vida do homem.

> *Quando o homem conhecer melhor as verdades eternas e melhor souber aproveitar os conhecimentos que a ciência propicia, descobrirá o poder que a fé lhe faculta e que tem nas mãos.*

4   Como podemos interpretar os milagres?

Os milagres não são mais do que a ocorrência de fenômenos naturais, que se operam mediante a vontade de quem quer que seja, desde que imbuído de uma fé ardente, sincera e verdadeira.

> *É dessa forma que o homem pode, assim como Jesus e os discípulos fizeram, realizar grandes benefícios para a humanidade.*

5   De que forma podemos melhor compreender a essência desses fenômenos a que chamamos de milagres?

Através do estudo das leis, que hoje encontramos mais claramente definidas, à nossa disposição, como , por exemplo, o magnetismo, associado ao estudo do Espiritismo, que nos propicia uma melhor interpretação e compreensão das leis divinas.

> *O estudo, hoje, nos faculta ver que o que existe de extraordinário na ocorrência dos chamados **milagres**: é a manifestação da vontade, aliada à fé.*

LER O PARÁGRAFO SEGUINTE

6 **Qual a diferença entre a fé humana e a divina?**

A humana se concentra nos interesses materiais e satisfação das necessidades terrenas; a divina, nas coisas espirituais, na vida futura (espiritual).

> *A fé humana se vê manifestada no homem de gênio, que se propõe a realizar um empreendimento qualquer e nisso concentra todo o seu trabalho e esforços; a divina, vêmo-la demonstrada no homem de bem, que enche de belas e nobres ações a sua existência.*

LER OS DOIS ÚLTIMO PARÁGRAFOS

7 **Todos nós temos, então, poder de realizações várias, inclusive curas?**

Sim. No entanto, é necessário dosar nossa vontade com bons sentimentos, a fim de não provocar desastres.

> *Por isso que Jesus nos disse: "Vós sois Deuses. O que eu faço podeis muito mais (...)"*

─────── **DESTAQUES COMPLEMENTARES** ───────

CONHECE-SE A ÁRVORE PELO FRUTO
114

FONTE BÁSICA

KARDEC, Allan. **O Evangelho Segundo o Espiritismo**. Trad. Guillon Ribeiro. 89. ed. Rio de Janeiro: FEB, 1984. **Cap. XXI, Itens 1 a 3**. p. 331-2.

FONTES COMPLEMENTARES

1. XAVIER, Francisco C. **Bênção de Deus**; mens. 48. In: __. **Livro da Esperança**. Ditado pelo Espírito Emmanuel. 6. ed. Uberaba: CEC, 1982. p. 139-40.

2. __. **Pelos frutos**; mens. 7. In: __. **Fonte Viva**. Ditado pelo Espírito Emmanuel. 13. ed. Rio de Janeiro: FEB, 1985. p. 27-8.

3. __. **Até o fim**; mens. 36. In: ___. **Pão Nosso**. Ditado pelo Espírito Emmanuel. 9. ed. Rio de Janeiro: FEB, 1982. p. 83-4.

4. __. **Espinheiros**; mens. 121. In: __. **Caminho, Verdade e Vida**. Ditado pelo Espírito Emmanuel. 10. ed. Rio de Janeiro: FEB, 1983. p. 257-8.

5. Op. cit. , **Frutos**; mens. 122. p. 259-60.

OBJETIVO

Propiciar aos participantes o entendimento da expressão "**conhece-se a árvore pelo fruto**", oferecendo-lhes os elementos necessários para distinguirem os cristãos falsos dos verdadeiros, bem como os meios para se defender dos falsos profetas.

CONCLUSÃO

Reconhece-se os verdadeiros cristãos pelos seus atos. Não são belas palavras, nem as promessas ostensivas que caracterizam as pessoas de bem, mas sim, suas obras em favor do bem comum, sustentadas por valores exclusivamente morais.

OBSERVAÇÃO

O dirigente, ao ler o texto, deverá certificar-se do completo entendimento do vocabulário pelos participantes.

INDICAÇÃO DO TEXTO, PERGUNTAS, RESPOSTAS E DESTAQUES

LER O ITEM 1

1   Qual o entendimento moral que nos revela a expressão: "Conhece-se a árvore pelo fruto"?

A árvore simboliza todos nós; os frutos são os nossos atos, nossas obras. Assim, a qualidade da nossa ação revela o grau do nosso adiantamento moral, caracterizando os cristãos que somos.

> *"O homem de bem tira as boas coisas do bom tesouro do seu coração e o mau tira as más do mau tesouro do seu coração."*

2   A palavra é um atributo importante no ser humano?

Sim. A palavra retrata o nosso coração. Uma palavra pode gerar um ato de fraternidade, quando empregada para o bem, envolvendo uma conversação sadia e edificante. Mas pode, também, quando mal empregada, conduzir à destruição.

> *"A boca fala do que está cheio o coração."*

3   Como devemos proceder para identificar os verdadeiros cristãos?

Examinando suas obras (seus frutos). Se possuem, no mais alto grau, as virtudes cristãs e eternas: a caridade, o amor, a indulgência e a bondade que concilia corações e se, em apoio às palavras, apresentam atos.

> Somente o bem realizado comprova se somos ou não cristãos.

LER O ITEM 2

4   Que árvores são essas que serão cortadas e lançadas ao fogo?

São as falsas obras dos homens: as ideias ocas que, a pretexto de promover o bem geral, geram desavenças, porque carregadas de sentimentos de vingança e ódio; são as promoções que beneficiam uns, em detrimento de outros; são árvores não plantadas por Deus e que, fatalmente, serão destruídas.

> *Toda árvore boa produz bons frutos e toda árvore má produz maus frutos.*

LER O ITEM 3

5   Quem são os falsos profetas?

São assim caracterizados os homens que, possuindo certos conhecimentos, abusam desse saber em proveito de suas ambições, de seus interesses e do seu anseio de dominação, aproveitando-se da boa-fé de certas pessoas que acreditam serem eles missionários divinos.

> *"A difusão das luzes lhes aniquila o crédito, donde resulta que o número deles diminui à proporção que os homens se esclarecem." (**O Evangelho Segundo o Espiritismo** – Cap. XXI, Item 5)*

6 Como nos defender dos falsos profetas?

Identificando-os através de seus atos e suas palavras, tendo sempre, por certo, que o verdadeiro profeta se caracteriza pelos seus valores exclusivamente morais.

> *"Levantar-se-ão muitos falsos profetas que seduzirão a muitas pessoas... Mas, aquele que perseverar até o fim, se salvará."*

DESTAQUES COMPLEMENTARES

INDISSOLUBILIDADE DO CASAMENTO
115

FONTE BÁSICA

KARDEC, Allan. **O Evangelho Segundo o Espiritismo**. Trad. Guillon Ribeiro. 89. ed. Rio de Janeiro: FEB, 1984. **Cap. XXII, Itens 1 a 4**. p. 345-7.

FONTES COMPLEMENTARES

1. XAVIER, Francisco C. *Não Perturbeis*; mens. 164. In: __. **Caminho, Verdade e Vida**. Ditado pelo Espírito Emmanuel. 10. ed. Rio de Janeiro: FEB, 1983. p. 343-4.

2. __. *Uniões de Prova*; mens. 76. In: __. **Livro da Esperança**. Ditado pelo Espírito Emmanuel. 6. ed. Uberaba: CEC, 1982. p. 203-4.

3. __. *O Espiritismo e o cônjuges*; mens. 10. In: __. **Estude e Viva**. Ditado pelos Espírito Emmanuel e André Luiz. 3. ed. Rio de Janeiro: FEB, 1972. p. 68-70.

4. __. *Casamento*; mens. 7. In: __. **Vida e Sexo**. Ditado pelo Espírito Emmanuel. 6. ed. Rio de Janeiro: FEB, 1982. p. 33-5.

5. VIEIRA, Waldo. *Casamento e Divórcio*; mens. 10. In: __. **Sol nas Almas**. Ditado pelo Espírito André Luiz. 4. ed. Uberaba: CEC, 1982. p. 38-40.

6. FRANCO, Divaldo P. *Desquite e Divórcio*; mens. 13. In: __. **Após a Tempestade**. Ditado pelo Espírito Joanna de Ângelis. 2. ed. Salvador: Liv. Espírita "Alvorada", 1977. p. 71-5.

7. PERALVA, Martins. *Casamento e Sexo*; mens. 27. In: __. **O Pensamento de Emmanuel**. 2. ed. . Rio de Janeiro: FEB, 1978. p. 171-5.

OBJETIVO

Analisar o casamento em sua dupla natureza: como lei humana e divina, destacando, nesta última, os aspectos material e moral, ressaltando, ainda, o único sentimento que justifica a união dos sexos, aos olhos de Deus.

CONCLUSÃO

Quando um homem e uma mulher se unem por laços de afeto mútuo e afinidade entre os espíritos, essa união é, por si só, indissolúvel, porque está de acordo com as leis de Deus. Caso contrário, quando predominam os interesses puramente materiais, é fonte de dores e sofrimentos, por contrariar a lei de amor.

OBSERVAÇÃO

O dirigente, ao ler o texto, deverá certificar-se do completo entendimento do vocabulário pelos participantes.

INDICAÇÃO DO TEXTO, PERGUNTAS, RESPOSTAS E DESTAQUES

LER O ITEM 1

1 Em que sentido devemos entender as palavras de Jesus: "Não separe o homem o que Deus juntou"?

Devemos entendê-las com referência à união dos seres ligados por afinidade espiritual, por si só indissolúvel e conforme a lei de Deus; e não acerca da união onde predomina o interesse puramente material.

Apenas os laços de afinidade espiritual e de mútuo afeto são indissolúveis, porque conformea à lei de Deus. Os interesses materiais são passageiros e logo desaparecem.

LER O ITEM 2

2 Qual a diferença entre a lei divina e a humana?

A lei divina é imutável: é a mesma em todos os tempos e em todos os países, enquanto a lei humana muda segundo o tempo, os lugares e o progresso da inteligência.

O casamento constitui um dos primeiros atos de progresso nas sociedades humanas, porque estabelece a solidariedade fraterna entre os seres.

3 Como estas duas leis – divina e humana – podem ser identificadas no casamento?

No casamento, o que é de ordem divina é a união dos sexos, destinada à substituição dos seres que morrem, ficando ao encargo da lei humana as condições que regulam essa união.

O casamento observa-se entre todos os povos, se bem que em condições diversas, conforme o tempo e o lugar.

LER O ITEM 3

4   Que outra lei divina, além da de reprodução, rege a união dos sexos?

A par desta lei divina de reprodução, comum a todos os seres vivos, outra lei divina e imutável deve ser observada, de cunho exclusivamente moral, que é a lei de amor.

> *"Nem a lei civil nem os compromissos dela decorrentes podem suprir a lei do amor, quando esta não preside a união."*

5   O que ocorre aos que se casam por interesses materiais?

Terão que aprender a se amar, pela renúncia e abnegação.

> *"Quis Deus que os seres se unissem pelos laços da carne, mas também pelos da alma."*

6   As separações são contrárias à lei de Deus?

Se for para atender interesses circunstanciais e materiais, sim. Mas, se for para evitar males maiores, não. É mais humano, mais caridoso e mais moral, restituir a liberdade a seres que não podem mais viver juntos, do que mantê-los unidos.

> *Em nossos dias, geralmente, o casamento não leva em conta a afeição entre dois seres, mas a satisfação do orgulho, da vaidade, da cupidez. Numa palavra: de todos os interesses materiais.*

LER O ITEM 4

7   A lei humana é inútil?

Não. Pela dificuldade que oferece às separações irresponsáveis, ela assegura a manutenção dos filhos e auxilia os infratores a se ajustar à lei de Deus, que é de amor.

> *A lei civil tem por fim regular as relações sociais e os interesses das famílias, de acordo com as exigências da civilização.*

DESTAQUES COMPLEMENTARES

DESTAQUES COMPLEMENTARES

A CANDEIA DEBAIXO DO ALQUEIRE
116

FONTE BÁSICA

KARDEC, Allan. **O Evangelho Segundo o Espiritismo**. Trad. Guillon Ribeiro. 89. ed. Rio de Janeiro: FEB, 1984. **Cap. XXIV, Itens 1 a 5**. p. 361-3.

FONTES COMPLEMENTARES

1. KARDEC, Allan. *Dar-se àquele que tem*. In: __. **O Evangelho Segundo o Espiritismo**. Trad. Guillon Ribeiro. 89. ed. Rio de Janeiro: FEB, 1984. Cap. XVIII, Itens 13 a 15. p. 307-9.

2. XAVIER, Francisco C. *A candeia viva*; mens. 81. In: __. **Fonte Viva**. Pelo espírito Emmanuel. 13. ed. Rio de Janeiro: FEB, 1985. p. 189-90.

3. __. *Na senda de todos*; mens. 52. In: __. **Bênção de Paz**. Pelo espírito Emmanuel. 7. ed. São Paulo: GEEM, 1981. p. 130-1.

4. __. *Palavra falada*; mens. 52. In: __. **Palavra de Vida Eterna**. Pelo espírito Emmanuel. 6. ed. Uberaba: CEC, 1984. p. 121-2.

5. __. *Ter e manter*; mens. 58. In: __. **Livro da Esperança**. Pelo espírito Emmanuel. 6. ed. Uberaba, CEC, 1982. p. 161-2.

6. XAVIER, Francisco C. & VIEIRA, Waldo. *Divulgação Espírita*; mens. 37. In: __. **Opinião Espírita**. Pelos espíritos Emmanuel e André Luiz. 5. ed. Uberaba: CEC, 1982. p. 126-8.

OBJETIVO

Analisar com os participantes o verdadeiro sentido da expressão **Não se acende uma candeia para pô-la debaixo do alqueire**, estabelecendo relação entre os ensinamentos nela contidos e o progresso espiritual que nos possibilita o entendimento das verdades eternas.

CONCLUSÃO

Devemos espalhar os conhecimentos que possuímos em benefício de todos, pois a verdade não é para ser escondida de ninguém. Entretanto, ela pode ser gradualmente percebida por aqueles que se propõem a ir ao seu encontro.

OBSERVAÇÃO

O dirigente, ao ler o texto, deverá certificar-se do completo entendimento do vocabulário pelos participantes.

INDICAÇÃO DO TEXTO, PERGUNTAS, RESPOSTAS E DESTAQUES

LER OS ITENS 1 A 5. RELER OS ITENS 1 E 2

1 **Qual o sentido da frase "(...) não se acende uma candeia para pô-la debaixo do alqueire"?**

Significa que, assim como não se acende uma luz senão para dissipar a escuridão e iluminar o ambiente, do mesmo modo aquele que possui o conhecimento das leis divinas não deve guardá-lo para si, mas divulgá-lo através da palavra e, sobretudo, do exemplo.

> *Os que conhecem as leis divinas deverão divulgá-las para o maior número possível de criaturas. Não espalhar os conhecimentos espirituais é esconder egoisticamente a luz que poderia beneficiar a muitos.*

2 **Por que "nada há secreto que não haja de ser descoberto"?**

Porque tudo que se acha oculto será descoberto um dia, e o que o homem ainda não pode compreender lhe será sucessivamente desvendado, senão aqui na Terra, em mundos mais adiantados.

> *Deus nos concede ocasiões constantes de esclarecimento, assegurando-nos o entendimento progressivo de suas leis.*

RELER O ITEM 3

3 **Por que Jesus ensinava por parábolas se, ao ouvi-las, nem todos compreendiam suas mensagens?**

Porque as verdades eternas contidas em suas parábolas, embora ouvidas por muitos, só podiam ser compreendidas por aqueles que já possuíam um determinado grau de adiantamento espiritual.

> *"Falo-lhes por parábolas, porque vendo, não veem e, ouvindo, não escutam e não compreendem."*

4 **O que devemos entender por "(...) àquele que já tem, mais lhe será dado... àquele que não tem, mesmo o que tem se lhe tirará"?**

Devemos perceber, nesta passagem, uma referência aos bens espirituais: a observância dos preceitos divinos faz com que estes bens, que constituem a verdadeira riqueza do espírito, aumentem incessantemente. Por outro lado, aqueles que se ocupam apenas da vida material, esquecem-se de desenvolver os bens espirituais e o pouco progresso que possuem fica estacionado.

> *Não sabendo conservar nem cultivar a semente das verdades eternas, ela acaba por ser temporariamente ofuscada, dando a sensação de perda.*

5   Embora a palavra de Jesus seja de conhecimento público, por que o significado de seus ensinamentos ainda permanece oculto para muitos?

Porque somos capazes de aprender apenas aquilo que está à altura do nosso entendimento. E esse entendimento é fruto do progresso intelectual e moral alcançado por nosso espírito, através de sucessivas encarnações.

> Quando o significado de um ensinamento transcende os limites da nossa compreensão, ele nos confunde ou passa despercebido à nossa razão, não nos trazendo nenhum proveito.

6   Jesus pretendia que permanecêssemos ignorantes quando ocultou o sentido de alguns de seus ensinamentos?

Não. Ocultou-os temporariamente, para que a confusão e a dúvida não se estabelecessem entre nós. Temos, contudo, a inteligência, que orienta o nosso desejo de conhecimento e nos permite a descoberta das respostas para nossas indagações.

> Há sempre um momento em que a lei de progresso nos impele a buscar esses conhecimentos.

---- DESTAQUES COMPLEMENTARES ----

NÃO SÃO OS QUE GOZAM DE SAÚDE QUE PRECISAM DE MÉDICO
117

FONTE BÁSICA

KARDEC, Allan. **O Evangelho Segundo o Espiritismo**. Trad. Guillon Ribeiro. 89. ed. Rio de Janeiro: FEB, 1984. **Cap. XXIV, Itens 11 e 12**. p. 366-8.

FONTES COMPLEMENTARES

1. XAVIER, Francisco C. *Ante o Divino Médico*; mens; 78. In: __. **Livro da Esperança**. Pelo espírito Emmanuel. 6. ed. Uberaba: CEC, 1982. p. 208-9.

2. Op. cit. , *Estudo Íntimo*; mens. 79. p. 210-11.

3.__. *Enfermos da alma*; mens. 29. In: __. **Bênção de Paz**. Pelo espírito Emmanuel. 7. ed. São Paulo: GEEM, 1981. P. 80-1.

4.__. *O Banquete dos Publicanos*; mens. 137. In: __. **Caminho, Verdade e Vida**. Pelo espírito Emmanuel. 10. ed. Rio de Janeiro: FEB, 1983. p. 289-90.

5. XAVIER, Francisco C. & PIRES, J. Herculano. *O Doente e o Remédio*; mens. 9. In: __. **Na Era do Espírito**. Espíritos diversos. 4. ed. São Paulo: GEEM, 1976. p. 61-2.

6. XAVIER, Francisco C. *Alguma Coisa*; mens. 28. In: __. **Fonte Viva**. Pelo espírito Emmanuel. 10. ed. Rio de Janeiro: FEB, 1982. p. 71-2.

OBJETIVO

Esclarecer o que significa, na história do Cristianismo, o banquete aos publicanos e pecadores e porque Jesus se dirigiu, principalmente, aos humildes e desprezados pelos homens.

CONCLUSÃO

Jesus dirigiu-se, principalmente, aos que tinham o coração dilacerado, no entanto, resignados, pois estes estavam preparados para receber o bálsamo suavizante do seu Evangelho. O banquete aos publicanos e pecadores demonstra que o Senhor abraça a todos os que desejam a excelência de sua alimentação espiritual, em qualquer tempo e situação.

OBSERVAÇÃO

O dirigente, ao ler o texto, deverá certificar-se do completo entendimento do vocabulário pelos participantes.

INDICAÇÃO DO TEXTO, PERGUNTAS, RESPOSTAS E DESTAQUES

LER O ITEM 11

EM SEGUIDA, ESCLARECER, BREVEMENTE, QUEM ERAM OS PUBLICANOS, FARISEUS E PORTAGEIROS, COM BASE NAS INFORMAÇÕES CONTIDAS NA INTRODUÇÃO DE "O EVANGELHO SEGUNDO O ESPIRITISMO."

1 **O que significa, na História do Cristianismo, o banquete aos publicanos e pecadores (pessoas de má vida)?**

"Demonstra que o Senhor abraça a todos os que desejem a excelência de sua alimentação espiritual, nos trabalhos de sua vinha, e que não só nas ocasiões de fé permanece entre os que o amam; em qualquer tempo e situação, está pronto a atender as almas que o buscam." (Emmanuel/ Caminho, Verdade e Vida – mens. 137).

Jesus conferiu àqueles distanciados da fé os mesmos bens nascidos do seu amor e com que partilhava a ceia com os discípulos.

2 **A que tipo de doente se referia Jesus?**

Aos humildes, desprezados pelos homens, no entanto, com os corações preparados para receber a Jesus, que veio principalmente para esses.

O exemplo de Jesus impõe-nos também a obrigação de auxiliarmos aqueles que transitam no mundo entre dificuldades maiores que as nossas.

3 **Com relação ao texto, qual o sentido da expressão "não são os que gozam de saúde que precisam de médico"?**

Os publicanos e aquelas pessoas consideradas como de má vida eram, na verdade, doentes da alma e, por isso, Jesus os acolheu, reconhecendo neles os reais necessitados de consolo.

Entre os publicanos existiam pessoas estimáveis, mas que, pelas funções que exerciam, eram vistos com desprezo. Jesus, porém, reconhecia-lhes as verdadeiras intenções.

4 **E os fariseus, eram sadios?**

Não. Demonstravam saúde e equilíbrio, padecendo, porém, de hipocrisia, uma vez que, contrariando o brilho aparente exterior, traziam no íntimo mal de difícil cura.

Jesus, que prezava sobretudo a simplicidade e as qualidades da alma, se aplicou, durante toda a sua missão, a lhes desmascarar a hipocrisia.

LER O PRIMEIRO PARÁGRAFO DO ITEM 12

5 Por que Jesus não buscou os mais intelectualizados e destacados socialmente?

Porque só se encontra a verdade com um coração simples; eis porque Ele bendisse a Deus por tê-la revelado aos pequeninos e ocultado aos sábios.

"Jesus se acercava principalmente dos pobres e dos deserdados, porque são os que mais necessitam de consolações."

6 O fato de Jesus preferir as pessoas tidas como de má vida significa que ele não preza a virtude?

Não. O que Jesus recusa é a ostentação da pureza, que muitas vezes não passa de aparência, orgulho e falsidade.

Muitos que aparentam virtudes são, na verdade, falsos e hipócritas.

7 Por que Jesus dá ênfase e acolhe com destaque esse tipo de pessoa?

Porque, normalmente, as pessoas nessa situação encontram-se sofridas e com o coração mais maleável para aceitar as diretrizes do Evangelho. Não esperam mais nada do mundo e por isso melhor se apegam ao amor de Jesus.

Quando nada nos falta, pouco lembramos de Jesus.

8 Todas as criaturas de má vida são preferidas de Jesus?

Não. Somente aquelas que trazem o desejo de melhoria, de modificação, de crescimento para Deus.

A vontade de melhorar é a luz que se acende na alma cansada do erro.

DESTAQUES COMPLEMENTARES

DESTAQUES COMPLEMENTARES

CORAGEM DA FÉ
118

FONTE BÁSICA

KARDEC, Allan. **O Evangelho Segundo o Espiritismo**. Trad. Guillon Ribeiro. 89. ed. Rio de Janeiro: FEB, 1984. **Cap. XXIV, Itens 13 a 15**. p. 368-9.

FONTES COMPLEMENTARES

1. XAVIER, Francisco C. *Nos caminhos da fé*; mens. 60. In: __. **Segue-me!...** Pelo espírito Emmanuel. 5. ed. Matão: O Clarim, 1982. p. 157-8.

2. Op. cit. , *Contra o perigo*; mens. 5. p. 45-6.

3.__. *Não se envergonhar*; mens. 51. In: __. **Vinha de Luz**. Pelo espírito Emmanuel. 6. ed. Rio de Janeiro: FEB, 1981. P. 113-4.

4. XAVIER, Francisco C. & VIEIRA, Waldo. *A descoberta*; mens. 34. In: __. **O Espírito da Verdade**. Por vários espíritos. 5. ed. Rio de Janeiro: FEB, 1985. p. 85-6.

5.__. *Espíritas, meditemos*; mens. 39. In: __. **Estude e Viva**. Pelos espíritos Emmanuel e André Luiz. 3. ed. Rio de Janeiro: FEB, 1972. p. 222-4.

6. Op. cit. , *Mimetismo e definição*; mens. 39. p. 224-5.

7.__. *Decisão*; mens. 27 In: __. **Opinião Espírita**. Pelos espíritos Emmanuel e André Luiz. 5. ed. Uberaba: CEC, 1982. P. 98-100.

OBJETIVO

Instruir os participantes sobre a necessidade de dar testemunhos de nossa fé em Deus – verdade suprema – diante dos homens, e esclarecê-los de que esse testemunho implica a observância dos ensinamentos deixados por Jesus.

CONCLUSÃO

O discípulo da verdade é aquele que crê em Deus e vive conforme os ensinamentos de Jesus, não temendo dar testemunho de sua fé diante dos homens, através de palavras e, sobretudo, de atos.

OBSERVAÇÃO

O dirigente, ao ler o texto, deverá certificar-se do completo entendimento do vocabulário pelos participantes.

INDICAÇÃO DO TEXTO, PERGUNTAS, RESPOSTAS E DESTAQUES

LER OS ITENS13 E 14

1 O que se entende por fé?

Fé é a crença que temos em alguma coisa ou alguém. Este sentimento, quando verdadeiro, se manifesta de forma espontânea, através de nossos atos e palavras, e nos leva até a enfrentar dificuldades e perigos, na defesa do que acreditamos.

> *Dá testemunho da verdade aquele que, possuindo uma fé, vive de acordo com ela e não teme praticá-la nem defendê-la, onde ou diante de quem quer que seja. A demonstração da fé dá-se, acima de tudo, pela vivência e a coragem de ostentá-la.*

2 O que significa "confessar e reconhecer" Jesus diante dos homens?

Significa aceitar seus ensinamentos e divulgá-los através de palavras e, sobretudo, de atos, sem constrangimento nem fanatismo.

> *Aqueles que confessam Jesus diante dos homens são os que dão testemunhos dos seus ensinamentos, vivenciando-os no dia a dia. Fanatismo é a pregação proselitista, desprovida de testemunho, com radicalismo e imposições dogmáticas.*

3 O que devemos entender pelas palavras de Jesus: "(...) eu também o reconhecerei e confessarei diante de meu Pai..."?

Em primeiro lugar, que Jesus é o enviado de Deus, nosso Pai, para nos ensinar suas leis. Em segundo, que Jesus está sempre ao nosso lado e, percebendo nosso esforço em praticar o bem, nos reconhecerá diante do Pai, como seguidores de seus ensinamentos.

> *Jesus não nos reconhecerá pelo nome ou pelos bens que possuímos, mas pelo esforço em superar nossas imperfeições e praticar seus ensinamentos.*

4 E "renegar Jesus", o que significa?

Conhecer seus ensinamentos e, por conveniência, vergonha, desinteresse ou comodismo, deixar de vivenciá-los e divulgá-los.

> *Os que renegarem Jesus diante dos homens, por ele serão renegados diante do Pai.*

5 É difícil confessar Jesus diante dos homens?

Não é fácil, devido às nossas imperfeições. No entanto, à medida em que superamos egoísmo, vaidade e orgulho, mais facilmente damos testemunho do Cristo diante dos homens, tratando-os como irmãos.

> *Confessa Jesus diante dos homens não aquele que se proclama seu discípulo fiel, mas quem põe em prática o **amai-vos uns aos outros**, por ele ensinado.*

LER O ITEM 15

6   Para dar testemunho do Cristo é preciso coragem?

Muitas vezes sim, pois a coragem é sempre necessária para quem proclama abertamente ideias que não são as de toda gente.

> *Só quem é forte na fé possui coragem suficiente para dela dar testemunho público, em todas as ocasiões. Aquele cuja fé é frágil, prefere renegá-la diante das dificuldades da vida.*

7   Não basta ter fé e guardá-la dentro de si, escondendo-a dos demais?

Certamente que não. O seguidor do Cristo é discípulo da verdade e não pode guardar apenas para si, egoisticamente, os ensinamentos do Mestre.

> *Perderão as vantagens da fé que alimentam aqueles que a ocultam para não sofrer prejuízos materiais neste mundo. Trabalham, pelo seu próprio futuro e pelo dos outros, aqueles que põem a verdade acima de seus interesses materiais e abertamente proclamam sua fé.*

DESTAQUES COMPLEMENTARES

CARREGAR A SUA CRUZ. QUEM QUISER SALVAR A VIDA, PERDÊ-LA-Á
119

FONTE BÁSICA

KARDEC, Allan. **O Evangelho Segundo o Espiritismo**. Trad. Guillon Ribeiro. 89. ed. Rio de Janeiro: FEB, 1984. **Cap. XXIV, Itens 17 a 19**. p. 369-70.

FONTES COMPLEMENTARES

1. XAVIER, Francisco C. **Conforto**; mens. 11. In: __. **Caminho, Verdade e Vida**. Pelo espírito Emmanuel. 9. ed. Rio de Janeiro: FEB, 1981. p. 37-8.

2. Op. cit. , *Ganhar*; mens. 58. p. 131-2.

3.__. *Bem-Aventuranças*; mens. 89. In: __. **Pão Nosso**. Pelo espírito Emmanuel. 9. ed. Rio de Janeiro: FEB, 1982. p. 189-90.

4.__. *Nossas Cruzes*; mens. 80. In: __. **Livro da Esperança**. Pelo espírito Emmanuel. 6. ed. Uberaba: CEC, 1982. p. 212-3.

5.__. *No Rumo do Amanhã*; mens. 6. In: __. **Palavras de Vida Eterna**. Pelo espírito Emmanuel. 6. ed. Uberaba: CEC, 1984. P. 25-6.

6. Op. cit. , *No Roteiro da Fé*; mens. 15. p. 43-4.

7. Op. cit. , *Excesso*; mens. 73. p. 163-4.

8. Op. cit. , *Nossa Cruz*; mens. 74. p. 165-6.

OBJETIVO

Identificar o roteiro sugerido por Jesus a ser seguido por aqueles que pretendem **andar em suas pegadas**, e esclarecer aos participantes em que consiste a **nossa cruz** e por que devemos carregá-la.

CONCLUSÃO

A nossa cruz representa as dificuldades e obstáculos da vida presente, consequência de nossos erros do passado. Constitui, ao mesmo tempo, a nossa esperança de libertação, cabendo-nos, portanto, carregá-la com ânimo, firmeza, alegria e resignação. Para isso, é necessário seguir o roteiro estabelecido por Jesus.

OBSERVAÇÃO

O dirigente, ao ler o texto, deverá certificar-se do completo entendimento do vocabulário pelos participantes.

INDICAÇÃO DO TEXTO, PERGUNTAS, RESPOSTAS E DESTAQUES

LER O ITEM 17

1 Em que se constitui a perseguição aludida por Jesus?

Representa as dificuldades que encontramos para vivenciar o Evangelho e as incompreensões existentes entre os homens, com relação a Jesus.

A cruz que hoje carregamos deve ser, para nós, motivo de júbilo e regozijo, pois é o prenúncio da libertação que se avizinha.

LER O ITEM 18

2 Qual o roteiro sugerido por Jesus, para aqueles que pretendem "andar em suas pegadas"?

"Renuncie a si mesmo, tome a sua cruz e siga-me."

O roteiro para a conquista da felicidade inclui o desapego ao bem próprio em proveito do bem de todos; o suportar corajosamente as consequências dos atos de ontem e de hoje; e a procura de Jesus como Divino Modelo.

3 O que significa "renuncie a si mesmo"?

Significa desprender-se do egoísmo através do esquecimento de si próprio, em favor do bem do próximo, e a vivência integral das coisas espirituais.

"Ninguém conquista algo sem esforçar-se de algum modo; e ninguém resgata esse ou aquele débito, sem sofrimento."

4 O que representa "tome a sua cruz"?

É a aceitação resignada e com ânimo das provações e resgates pelos quais temos que passar e cuja causa está nos erros cometidos por nós mesmos, no passado.

"No círculo carnal, a cruz é a dificuldade orgânica, degrau social, o parente infeliz... No plano espiritual, é a vergonha do defeito íntimo não vencido, a expiação da culpa, o débito não pago... ."

5 E quanto à expressão "siga-me", no dizer de Jesus, o que significa?

É tomar Jesus por modelo, procurando em seus exemplos as diretrizes para a nossa vida.

> *Conquanto registremos o apelo consolador de Jesus, falta-nos ainda a determinação para nos revelarmos suficientemente valorosos na fé, a fim de lhe buscarmos a companhia.*

6 O que quer dizer "salvar-se a si mesmo e perder-se"?

Significa viver uma vida voltada para os prazeres e gozos que o mundo oferece, na vã ideia de a estar aproveitando.

> *Contudo, renunciar aos prazeres e gozos do mundo não significa que o homem deva adotar uma postura de completa fuga a esses prazeres, mas vivê-los, atribuindo-lhes o relativo valor.*

7 E o que significa "perder a vida pelo amor ao Evangelho e salvar-se"?

Corresponde a viver uma vida de renúncias e sacrifícios, dedicada às coisas espirituais, cuja recompensa é a bênção da paz na vida espiritual.

> *Fazendo triunfar em nós as verdades do Evangelho, perderemos a vida, no sentido de não desfrutar os prazeres e gozos efêmeros, próprios do mundo material; mas ganharemos, na vida futura, o prêmio da coragem, da perseverança e da abnegação de que dermos prova.*

LER O ITEM 19. COMPLETAR COM EXPLICAÇÕES.

―――― DESTAQUES COMPLEMENTARES ――――

AJUDA-TE A TI MESMO, QUE O CÉU TE AJUDARÁ
120

FONTE BÁSICA

KARDEC, Allan. **O Evangelho Segundo o Espiritismo**. Trad. Guillon Ribeiro. 89. ed. Rio de Janeiro: FEB, 1984. **Cap. XXV, Itens 1 a 5**. p. 371-3.

FONTES COMPLEMENTARES

1. XAVIER, Francisco C. *Auxílio do Alto*; mens. 82. In: __. **Livro da Esperança**. Pelo espírito Emmanuel. 7 ed. Uberaba: CEC, 1984. p. 217-8.

2. Op. cit. , *Campeonatos*; mens. 81. p. 214-6.

3. Op. cit. , *Setor Pessoal*; mens. 83. p. 219-20.

4.__. *Não Tema*. In: __. **Astronautas do Além**. Por vários espíritos. 4. ed. São Paulo: GEEM, 1980. p. 56-7.

5. Op. cit. , *No Rumo da Paz*. p. 66-7.

6. XAVIER, Francisco C. & VIEIRA, Waldo. *Benfeitores e Bênçãos*; mens. 4. In: __. **Estude e Viva**. Pelos espíritos Emmanuel e André Luiz. 5. ed. Rio de Janeiro: FEB, 1982. p. 38-9.

7. Op. cit. , *Resguarde-se*. p. 39-40.

8.__. *Deus em Nós*; mens. 44. In: __. **O Espírito da Verdade**. Por vários espíritos. 5. ed. Rio de Janeiro: FEB, 1985. p. 109-10.

9. Op. cit. , *Há um Século*; mens. 52. p. 125-8.

10. Op. cit. , *Se você quiser*; mens. 95. p. 217-8.

OBJETIVO

Esclarecer o que o homem deve fazer para ajudar-se a si mesmo, por que deve fazê-lo e de que forma a Providência Divina retribui aqueles que assim procedem.

> ### CONCLUSÃO
>
> Deus nos ajuda na medida em que nos esforçamos na busca do que precisamos. Tudo concorrerá em nosso favor se trabalharmos com afinco, humildade, fé e confiança. Não há milagres: as grandes obras, conquistas e vitórias são frutos, unicamente, do trabalho digno.

> ### OBSERVAÇÃO
>
> O dirigente, ao ler o texto, deverá certificar-se do completo entendimento do vocabulário pelos participantes.

INDICAÇÃO DO TEXTO, PERGUNTAS, RESPOSTAS E DESTAQUES

LER O ITEM 1

1 O que Jesus nos ensinava, quando assim se referia?

Que devemos nos esforçar na busca do que necessitamos, uma vez que a ajuda de Deus só ocorre para quem trabalha e se empenha na procura do desejado, usando da humildade, sinceridade, fé e confiança.

> *Tal é o sentido moral das palavras do Cristo: "buscai e achareis; pedi e obtereis; batei e abrir-se-vos-á".*

2 Dessa forma, será mesmo necessário pedir a Deus o que necessitamos, uma vez que é pelo trabalho que se consegue as coisas?

Embora Deus saiba o que precisamos e nos auxilie sempre, a nossa ligação com ele é necessária para que possamos agir com mais confiança e equilíbrio, garantindo-nos o sucesso do trabalho encetado.

> *O pedido a Deus é um ato de reverência e humildade, que se torna necessário em qualquer atividade nossa.*

3 Devemos, então, pedir qualquer coisa a Deus?

Não, pois nem sempre o que queremos é o que necessitamos. Por outro lado, a razão e a inteligência nos foram concedidas pela Providência, também, para nos auxiliar a agir com critério e bom senso ao definirmos o que realmente devemos pedir a Deus.

> *Deus, segundo a sua vontade, pode aceder a certos pedidos nossos, dentro do nosso merecimento e necessidade, e desde que isso não perturbe a imutabilidade de suas leis. (**O Evangelho Segundo o Espiritismo** – cap. XXVII, Item 6)*

LER O ITEM 2

4   Qual o sentido da expressão "ajuda-te a ti mesmo"?

Significa que o homem deve colocar todo o seu esforço no trabalho digno e edificante em prol de si mesmo e do semelhante. Para isso, deve ele utilizar de todos os recursos orgânicos, materiais e intelectuais que possui.

> *A lei do trabalho é uma lei natural que induz o homem a não se acomodar. O progresso, outra lei natural, surge em decorrência do trabalho.*

5   E como é que o céu (Deus) nos ajuda?

Deus nos ajuda ao permitir o progresso do nosso espírito, que é a consequência natural da aplicação digna do nosso trabalho e, ainda, ao nos propiciar um bem-estar interior, em face de havermos cumprido o nosso dever.

> *O homem que "ajuda a si mesmo" descobre mais rapidamente o alvo a atingir e, mais facilmente, o caminho que a ele conduz. Essa é uma forma de compensação do seu esforço.*

6   Como é que progride a Humanidade?

O desejo incessante do melhor impele o homem a aplicar sua inteligência na descoberta de novos meios de melhorar a sua posição. Com isso, ele vai aperfeiçoando o meio em que vive, ao mesmo tempo em que progride.

> *Com a sobrevivência da alma o espírito conserva armazenados em si os conhecimentos já adquiridos, que são aprimorados através de novas reencarnações.*

LER O ITEM 3

7   Além das já enumeradas, que outra finalidade tem o trabalho?

O trabalho tem, ainda, o objetivo de permitir ao homem exercitar o seu corpo e a sua inteligência, para desenvolvê-los. As próprias características do corpo humano e as tendências do espírito que o anima já são um convite ao trabalho.

> *Se Deus houvesse isentado o homem do trabalho do corpo e da inteligência, seus membros se teriam atrofiado e seu espírito teria permanecido na infância.*

LER O ITEM 4

8   Por que os espíritos não ajudam o homem nas descobertas e invenções e na solução de problemas graves, como a guerra, as doenças incuráveis, a fome etc. ?

Porque, assim, estariam tolhendo suas possibilidades de aprendizado e trabalho, além de que estariam impedindo o progresso de seguir o seu curso normal.

> *"Não, os espíritos não vêm isentar o homem da lei do trabalho: vêm unicamente mostrar-lhe a meta que lhe cumpre atingir e o caminho que a ela conduz, dizendo-lhe: anda e chegarás."*

LER E EXPLICAR O ITEM 5

DESTAQUES COMPLEMENTARES

OBSERVAI OS PÁSSAROS DO CÉU
121

FONTE BÁSICA

KARDEC, Allan. **O Evangelho Segundo o Espiritismo**. Trad. Guillon Ribeiro. 89. ed. Rio de Janeiro: FEB, 1984. **Cap. XXV, Itens 6 a 8**. p. 373-6.

FONTES COMPLEMENTARES

1. XAVIER, Francisco C. *Céu com Céu*; mens. 156. In: __. **Pão Nosso**. Pelo Espírito Emmanuel. 5. ed. Rio de Janeiro: FEB, 1977. p. 323-4.

2.__. *Riqueza para o céu*; mens. 177. In: __. **Fonte Viva**. Pelo espírito Emmanuel. 12. ed. Rio de Janeiro: FEB, 1984. p. 393-4.

3.__. *Ouçamos Atentos*; mens. 18. In: __. **Vinha de Luz**. Pelo espírito Emmanuel. 7. ed. Rio de Janeiro: FEB, 1983. p. 47-8.

4. Op. cit. , *Cuidados*; mens. 152. p. 319-20.

5. Op. cit. , *Saibamos Confiar*; mens. 86. p. 185-6.

6.__. *Palavras de Jesus*; mens. 84. In: __. **Livro da Esperança**. Pelo espírito Emmanuel. 7. ed. Uberaba: CEC, 1984. p. 221-3.

7. Op. cit. , *Comunidade*; mens. 85. p. 224-5.

8. XAVIER, Francisco C. & VIEIRA, Waldo. *Ação da Prece*; mens. 13. In: __. **O Espírito da Verdade**. Por vários espíritos. 5. ed. Rio de Janeiro: FEB, 1985. p. 40-1.

9. XAVIER, Francisco C. & PIRES, J. Herculano. **Consulente Difícil**. In: __. **Diálogo dos Vivos**. 2. ed. São Paulo: GEEM, 1976. p. 171.

OBJETIVO

Interpretar o verdadeiro sentido das palavras de Jesus, contidas no texto, auxiliando os participantes a compreenderem por que é mais importante cultivar os valores do céu que os da terra, e aonde aqueles conduzem o homem.

CONCLUSÃO

Devemos cultivar os tesouros do céu, os únicos capazes de nos engrandecer o espírito, fazendo-nos evoluir. Os recursos indispensáveis para vivermos nunca nos faltarão, desde que nos submetamos às leis de Deus, através das quais a Providência nos supre, na proporção em que nos dedicamos ao trabalho com empenho e fé.

OBSERVAÇÃO

O dirigente, ao ler o texto, deverá certificar-se do completo entendimento do vocabulário pelos participantes.

INDICAÇÃO DO TEXTO, PERGUNTAS, RESPOSTAS E DESTAQUES

LER O PRIMEIRO PARÁGRAFO DO ITEM 6

1   O que são os tesouros na Terra e os tesouros no céu?

Na Terra, são os bens supérfluos, as riquezas improdutivas, a posse egoísta; no céu, são as virtudes, a caridade prática, os conhecimentos adquiridos, a ação no bem.

> *"Beleza física, poder temporário, propriedade e fortuna amoedada podem ser simples atributos da máscara humana, que o tempo transforma, infatigável." (Emmanuel/**Fonte Viva**).*

2   Por que Jesus nos aconselha acumular os tesouros do céu, e não os da Terra?

Porque, quando nos dedicamos à exclusiva busca dos tesouros da Terra, esquecemos da nossa evolução espiritual, único objetivo que temos, e que só será conseguida quando buscarmos os tesouros do céu.

> *"(...) porque amanhã serás visitado pela mão niveladora da morte e possuirás tão somente as qualidades nobres ou aviltantes que houverdes instalado em ti mesmo." (Emmanuel/**Fonte Viva**).*

3   Por que o nosso coração está onde se encontra o nosso tesouro?

Porque a nossa atenção, sentimento e interesse se prendem naquilo que constitui a nossa maior preocupação. Daí, a necessidade de nos ocuparmos, na vida, com atividades nobres, amealhando bondade, compreensão e simpatia.

> *"É da lei que o Divino se identifique com o que seja Divino, porque ninguém contemplará o céu se acolhe o inferno no coração." (Emmanuel/**Pão Nosso**).*

LER O RESTANTE DO ITEM 6

4 Estes ensinamentos não seriam um convite ao comodismo?

Não, porquanto devemos ver, aqui, o sentido moral das palavras de Jesus. O que ele nos recomenda é não nos preocuparmos em demasia com essas questões, posto que nosso progresso espiritual é que deve mobilizar a nossa atenção.

> *Interpretá-los como sendo um convite ao comodismo seria admitir uma contradição do Mestre, em relação a outros ensinamentos seus.*

5 Como é possível buscarmos o reino de Deus num mundo em que prevalece, ainda, o apego dos homens aos tesouros da Terra?

É possível desde que, a par dos prazeres que as nossas condições humanas nos permitem desfrutar, saibamos valorizar e praticar os atos que nos engrandecem espiritualmente e cujo roteiro encontramos no Evangelho de Jesus.

> *Devemos viver no mundo, sem, no entanto, nos deixarmos pertencer a ele.*

6 A fé é suficiente para prover as nossas necessidades, como vestir, comer, beber etc. ?

A fé, somente, não basta. Ela apenas nos auxilia e nos anima, proporcionando-nos meios de atingir o objetivo encetado. A Providência só nos provê do necessário quando em nós existe disposição para o trabalho e empenho na busca daquilo de que necessitamos.

> *Fé sem obras é como lampião sem lume. A fé se materializa através do trabalho edificante.*

LER O ITEM 7

7 Como age a Providência para nos dotar daquilo que necessitamos?

Inspirando-nos, iluminando-nos o caminho, concedendo-nos a inteligência, prodigalizando saúde, ensejando-nos trabalho etc.

> *Esses são alguns dos tantos instrumentos, todos, entretanto, apoiados em nossa disposição e empenho.*

8 Por que o homem, embora trabalhando com afinco, nem sempre se vê atendido em suas necessidades?

Porque, muitas vezes, aquilo que o homem chama de necessário não passa de excedente que a sua condição de vida abastada e egoísta criou, sob o título de necessidade.

> *"O homem, porém, insaciável nos seus desejos, nem sempre sabe contentar-se com o que tem: o necessário não lhe basta; reclama o supérfluo."*

LER O ITEM 8 E EXPLICAR

DESTAQUES COMPLEMENTARES

NÃO VOS AFADIGUEIS PELA
POSSE DO OURO
122

FONTE BÁSICA

KARDEC, Allan. **O Evangelho Segundo o Espiritismo**. Trad. Guillon Ribeiro. 89. ed. Rio de Janeiro: FEB, 1984. **Cap. XXV, Itens 9 a 11**. p. 376-7.

FONTES COMPLEMENTARES

1. XAVIER, Francisco C. *Sacudir o Pó*; mens. 71. In: __. **Pão Nosso**. Pelo espírito Emmanuel. 5. ed. Rio de Janeiro: FEB, 1977. p. 153-4.

2. XAVIER, Francisco C. & VIEIRA, Waldo. *Tranquilidade*; mens. 37. In: __. **O Espírito da Verdade**. Por vários espíritos. 5. ed. Rio de Janeiro: FEB, 1985. p. 92-3.

OBJETIVO

Alertar os participantes para a necessidade de nos preocuparmos mais com as coisas do espírito do que com os bens materiais, e indicar como procedermos, quando nos propomos a disseminar as sementes da verdade e do bem.

CONCLUSÃO

Há outros objetivos mais importantes do que a preocupação com bens materiais. A disseminação da verdade e do bem, associada à nossa confiança na Providência, é a forma de atingirmos esses objetivos. Devemos exercê-la junto às pessoas de boa vontade e que se mostrem receptivas ao nosso conselho e boa intenção.

OBSERVAÇÃO

O dirigente, ao ler o texto, deverá certificar-se do completo entendimento do vocabulário pelos participantes.

INDICAÇÃO DO TEXTO, PERGUNTAS, RESPOSTAS E DESTAQUES

LER O ITEM 9

1   Quis, aqui, Jesus, nos induzir à imprevidência?

Não. Recomendou-nos que não estivéssemos demasiadamente preocupados e que guardássemos confiança na Providência Divina, além de trabalharmos incessantemente, cumprindo o nosso dever.

> *A Providência Divina a tudo provê, desde que cumpramos a vontade do Pai.*

2   A quem se referia Jesus, ao dizer "aquele que trabalha merece ser sustentado"?

Referiu-se àquele que cumpre a vontade de Deus, fazendo de sua vida um ato permanente de reverência aos ditames do bem.

> *A sustentação de que aqui se fala não é somente aquela do corpo físico, mas também, e principalmente, a do espírito, que dá a este condições para evoluir.*

LER O PRIMEIRO PARÁGRAFO DO ITEM 10

3   Que significado tem essa advertência do Cristo?

Significa que, ao propagarmos o bem, é necessário sempre procurarmos as pessoas de boa vontade e que se predisponham a nos acatar e ouvir, pois que somente essas são dignas de nos receber e compreender.

> *Essas pessoas serão por nós reconhecidas pela maneira fraterna e caridosa com que nos acolherem, e cujo proceder as farão merecedoras da proteção divina, da luz em seu caminho, da paz que o Cristo prometeu.*

4   Quer dizer, então, que as sementes do bem só devem ser disseminadas entre aqueles que se mostrem receptivos a elas?

"Natural é o desejo de confiar a outrem as sementes da verdade e do bem, entretanto, se somos recebidos pela hostilidade do meio a que nos dirigimos, não é razoável nos mantenhamos em longas observações e apontamentos, que, ao invés de conduzir-nos a tarefa a êxito oportuno, estabelecem sombras e dificuldades em torno de nós." (Emmanuel/*Pão Nosso* – mens. 71)

> *Façamos a nossa parte, dentro do nosso alcance; deixemos a cargo da Providência aqueles que se mostrem refratários ao nosso conselho.*

LER O RESTANTE DO ITEM 10

5   Estaria Jesus, nesse caso, se referindo ao gesto mecânico de sacudir a poeira das sandálias?

Não. Como em todos os ensinamentos de Jesus, devemos, neste também, entender o sentido moral e profundo de seu ensinamento.

> *"(...) se o símbolo que transparece da lição do Mestre estivesse destinado apenas a gesto mecânico, não teríamos nele senão um conjunto de palavras vazias." (Emmanuel/**Pão Nosso** – nº 71)*

6   O que significa, então, "sacudir o pó dos pés"?

Significa que em nós não deve persistir qualquer mágoa ou rancor se porventura não formos ouvidos em nossas prédicas, ou mal compreendidos em nossas boas intenções. Significa dizer: "Sacuda as más impressões e siga alegremente."

> *"Se alguém te não recebeu a boa vontade, nem te percebeu a boa intenção, por que a perda de tempo em sentenças acusatórias?" (Emmanuel/**Pão Nosso**)*

LER O ITEM 11

7   Devemos obrigar as pessoas a aceitar nossas crenças?

Não. Crença imposta produz fé falsa, além de ser contrária aos ensinamentos do Cristo. Cada pessoa é livre para escolher o caminho que quiser.

> *"A ninguém forceis para que deixe a sua crença, a fim de adotar a vossa; (...) Acolhei os que venham ter convosco e deixai tranquilos os que vos repelem."*

─── DESTAQUES COMPLEMENTARES ───

QUALIDADES DA PRECE
123

FONTE BÁSICA

KARDEC, Allan. **O Evangelho Segundo o Espiritismo**. Trad, Guillon Ribeiro. 89. ed. Rio de Janeiro: FEB, 1984. **Cap. XXVII, Itens 1 a 4**. p. 385-6.

FONTES COMPLEMENTARES

1. XAVIER, Francisco C. *Em louvor da prece*; mens. 88. In: __. **Livro da Esperança**. Pelo espírito Emmanuel. 7. ed. Uberaba: CEC, 1984. p. 230-2.

2. __. *Ação e Prece*; mens. 78. In: __. **Segue-me!...** Pelo espírito Emmanuel. 5. ed. Matão, o Clarim: 1982. p. 193-4.

3. __. *Quando orardes*; mens. 45. In: __. **Pão Nosso**. Pelo espírito Emmanuel. 5. ed. Rio de Janeiro: FEB, 1977. p. 101-2.

4. Op. cit. , *Oração*; mens. 108. p. 227-8.

5. __. *Oração e Cooperação*; mens. 172. In: __. **Palavras de Vida Eterna**. Pelo espírito Emmanuel. 11. ed. Uberaba: CEC, 1988. p. 359-60.

6. XAVIER, Francisco C. & VIEIRA, Waldo. *Dinâmica da Prece*; mens. 11. In: __. **Diálogo dos Vivos**. Por vários espíritos. 2. ed. São Bernardo do Campo: GEEM. 1976. p. 80-1.

OBJETIVO

Definir, junto aos participantes, as qualidades da prece, enfatizando qual deve ser o nosso comportamento ao orar, a fim de que nossa prece chegue efetivamente ao Pai.

CONCLUSÃO

Orar bem não é orar muito: é saber posicionar-se de forma a que a prece chegue até o Pai e dele se possa receber permanentemente as dádivas. Para isso, é necessário que, ao orar, estejamos com o coração livre de qualquer mágoa ou rancor contra o próximo e que nos coloquemos humildes e submissos perante Deus.

OBSERVAÇÃO

O dirigente, ao ler o texto, deverá certificar-se do completo entendimento do vocabulário pelos participantes.

INDICAÇÃO DO TEXTO, PERGUNTAS, RESPOSTAS E DESTAQUES

LER O ITEM 1

1 Por que devemos orar em secreto?

Porque a oração, sendo uma ligação da criatura com o Criador, é a este que deve se reportar, sendo desnecessário ser feita à vista dos homens.

"Quando orardes, não vos assemelheis aos hipócritas, que, afetadamente, oram de pé nas sinagogas e nos cantos das ruas para serem vistos pelos homens."

2 Por que foi dito que "eles já receberam sua recompensa"?

Porque aqueles que assim oram objetivam colocar-se em evidência perante os homens, e não a Deus. Desse modo, uma vez já observados por aqueles, devem considerar-se recompensados.

Tudo que fazemos com ostentação visa a satisfazer o nosso orgulho e, por isso, não merece recompensa alguma do Alto.

3 Quer dizer, então, que não têm valor as preces que se fazem nas sinagogas, templos e igrejas?

Não é isto que se quer dizer. A proposta de Jesus deve ser entendida no sentido de que a oração feita reservadamente, em nosso quarto, a sós, nos propicia um melhor recolhimento, dando maior eficácia à prece proferida.

Toda oração chega a Deus, desde que feita com sinceridade e humildade, e desde que parta de um coração predisposto ao perdão, não importando o local em que seja feita.

4 Por que não devemos pedir muito em nossas preces?

Primeiro, porque não é pelo número de palavras que somos atendidos; segundo, porque Deus sabe do que necessitamos.

Não é pela multiplicidade de nossas palavras que seremos atendidos, mas pela qualidade e sinceridade delas.

LER O ITEM 2

5 Por que não devemos orar alimentando mágoa de alguém?

Porque orar é um ato de comunhão com Deus, que é pai amoroso de todos e nos quer ver unidos como verdadeiros irmãos.

> *O Pai só nos perdoa na medida em que também perdoamos nossos irmãos.*

LER O ITEM 3

6   O que evidenciou o comportamento do fariseu?

Evidenciou o orgulho que lhe era característico, sentimento esse que se contrapõe a tudo que Deus espera do cristão: humildade, pureza de coração, prática da caridade, predisposição ao perdão.

> *"Examinai os vossos defeitos, não as vossas qualidades e, se vos comparardes aos outros, procurai o que há em vós de mau."*

7   Por que o publicano teve mais mérito em sua oração?

Porque este, ao contrário do fariseu, reconheceu-se pecador e demonstrou humildade perante Deus.

> *"(...) aquele que se eleva será rebaixado e aquele que se humilha será elevado."*

LER O ITEM 4

8   Como podemos enumerar as qualidades da prece?

a) a prece deve ser feita em secreto, isto é, não devemos nos colocar em evidência, quando orarmos;

b) não devemos fazer preces longas, pois não é pela multiplicidade das palavras que seremos atendidos, mas sim pela sinceridade delas;

c) a prece deve partir de um coração puro, ou seja, antes de orar devemos perdoar, se tivermos qualquer coisa contra alguém;

d) devemos orar com humildade, e não com orgulho.

> *"(...) a prece não pode ser agradável a Deus, se não parte de um coração purificado de todo sentimento contrário à caridade."*

DESTAQUES COMPLEMENTARES

DESTAQUES COMPLEMENTARES

EFICÁCIA DA PRECE
124

FONTE BÁSICA

KARDEC, Allan. **O Evangelho Segundo o Espiritismo**. Trad. Guillon Ribeiro. 89. ed. Rio de Janeiro: FEB, 1984. **Cap. XXVII, Itens 5 a 8**. p. 386-9.

FONTES COMPLEMENTARES

1. FRANCO, Divaldo P. *Arar Orando*; mens. 36. In: __. **Lampadário Espírita**. Pelo espírito Joanna de Ângelis. 3. ed. Rio de Janeiro: FEB, 1978. p. 151-3.

2. XAVIER, Francisco C. *Como Pedes?*; mens. 66. In: __. **Caminho, Verdade e Vida**. Pelo espírito Emmanuel. 10. ed. Rio de Janeiro: FEB, 1983. p. 147-8.

3. Op. cit. , *Esforço e Oração*; mens. 6. p. 27-8.

4. __. *No Ato de Orar*; mens. 166. In: __. **Palavras de Vida Eterna**. Pelo espírito Emmanuel. 11. ed. Uberaba: CEC, 1988. p. 347-8.

5. XAVIER, Francisco C. & VIEIRA, Waldo. *Dinâmica da Prece*; mens. 11. In: __. **Diálogo dos Vivos**. Por vários espíritos. 2. ed. São Bernardo do Campo: GEEM, 1976. p. 80-1.

6. __. **No Silêncio da Prece**; mens. 59. In: __. **Opinião Espírita**. Pelos espíritos Emmanuel e André Luiz. 5. ed. Uberaba: CEC, 1982. p. 191-3.

7. __. **Se você fizer força**; mens. 35. In: __. **O Espírito da Verdade**. Por vários espíritos. 5. ed. Rio de Janeiro: FEB, 1985. p. 87-8.

OBJETIVO

Esclarecer os participantes sobre como age a Providência Divina para nos atender aos pedidos formulados pela prece, enfatizando como devemos proceder para tornar nossa prece eficaz.

CONCLUSÃO

Deus sempre nos atende os pedidos. Esse atendimento é conforme a nossa real necessidade e merecimento, e na medida em que nossos pedidos não visem à satisfação de meros caprichos ou futilidades. A ajuda divina sempre ocorre para a criatura que sabe ajudar-se a si mesma.

OBSERVAÇÃO

Recomenda-se, para leitura preparatória, a mens. n° 59 do livro **Opinião Espírita**.

O dirigente, ao ler o texto, deverá certificar-se do completo entendimento do vocabulário pelos participantes.

INDICAÇÃO DO TEXTO, PERGUNTAS, RESPOSTAS E DESTAQUES

LER O ITEM 5

1 Como podemos interpretar esse ensinamento de Jesus?

Deus sempre nos atende os pedidos. Mas é claro que esse atendimento só ocorre conforme a nossa real necessidade e merecimento, e na medida em que nossos pedidos não visem à satisfação de meros caprichos ou futilidades.

> *"Desta máxima... fora ilógico deduzir que basta pedir para obter e fora injusto acusar a Providência se não acede a toda súplica que se lhe faça, uma vez que ela sabe, melhor do que nós, o que é para nosso bem."*

2 Será necessário, realmente, pedir a Deus, uma vez que ele conhece nossas necessidades?

De fato, as nossas necessidades reais, Deus as sabe. Porém, quando fazemos uma prece sincera, nos aproximamos mais de Deus, demonstramos humildade perante Ele e nos curvamos diante de sua providência. Isso nos propicia uma melhor ajuda.

> *"No silêncio de tua prece mental, podes expressar até mesmo com mais veemência do que num discurso de mil palavras... assimilando no âmago do ser a Divina Luz..." (Emmanuel e André Luiz/**Opinião Espírita** – n° 59)*

LER O ITEM 6

3 Quando uma prece é eficaz?

Uma prece é eficaz na medida em que produz o efeito que se deseja obter ao formulá-la. É a prece que atinge o seu objetivo. Mas, para isso, é necessário que ela seja sincera e parta de um coração humilde, além de ser suportada na fé.

> *Muitas vezes o efeito da prece não é perceptível, nem imediato. Nem por isso deixa esta de ter eficácia. "Não descreias da oração por não lhe marcares fisicamente os resultados imediatos. O firmamento não é impassível porque te pareça mudo." (Emmanuel e André Luiz/**Opinião Espírita** – n° 59)*

4   Por que nem sempre as preces atingem seus objetivos?

Primeiro, porque nem sempre aquele que ora usa da humildade ao formulá-la, como também não lhe imprime uma fé ardente, direcionada àquilo que pede; segundo, porque tudo o que pedimos é submetido à vontade de Deus, a quem compete anuir ou não às nossas rogativas.

> *Não basta pedir: é necessário ver o que e como se pede.*

5   O que dizer das pessoas que não acreditam na eficácia da prece, por achar que tudo na vida está submetido à fatalidade?

São pessoas que não creem no poder da prece sincera e ignoram que nem todas as circunstâncias da vida estão sujeitas à fatalidade. Incorrem em erro, competindo-lhes reconhecer que a Misericórdia Divina é infinita e cujo feitio é nos atender às súplicas, quando justas.

> *"Possível é, portanto, que Deus aceda a certos pedidos, sem perturbar a imutabilidade das leis que regem o conjunto, subordinada sempre essa anuência à sua vontade."*

6   Afinal, se tudo no Universo obedece a leis eternas, como poderão nossas súplicas alterar-lhes o sentido?

É que, quando somos atendidos em nossos pedidos, não significa que Deus alterou o curso de suas leis, que são imutáveis, mas que, dentro da flexibilidade das mesmas, apraz a Ele acatar nossas súplicas, desde que as considere merecidas. Com isso, a Providência nos dá uma demonstração de respeito à nossa iniciativa e livre arbítrio.

> *Se Deus nunca aquiescesse aos pedidos, estaria Ele nos tolhendo o livre-arbítrio e iniciativa. "Há, pois, devidos à sua iniciativa (do homem), sucessos que forçosamente escapam à fatalidade e que não quebram a harmonia das leis universais."*

LER O ITEM 7

7   Como age a Providência Divina em relação aos nossos pedidos?

Deus 4nos atende em todas as nossas necessidades. Porém, nem sempre isso coincide com aquilo que pedimos, uma vez que somos atendidos conforme nossas carências reais, e não segundo o que desejamos.

> *"Em geral, o homem apenas vê o presente; ora, se o sofrimento é de utilidade para a sua felicidade futura, Deus o deixará sofrer, como o cirurgião deixa que o doente sofra as dores de uma operação que lhe trará a cura."*

LER O ITEM 8

8   Considerando que não existem milagres, como Deus ajuda no atendimento às nossas necessidades?

Inspirando-nos boas ideias, dando-nos resignação e paciência, enviando-nos ajuda e, acima de tudo, dando-nos ânimo para encontrar o que precisamos, pelo nosso próprio esforço.

> *A Providência não interfere diretamente sobre o nosso comportamento, a fim de nos ensinar que devemos nos ajudar a nós mesmos, fazendo uso de nossas forças.*

DESTAQUES COMPLEMENTARES

AÇÃO DA PRECE –
TRANSMISSÃO DO PENSAMENTO
125

FONTE BÁSICA

KARDEC, Allan. **O Evangelho Segundo o Espiritismo**. Trad. Guillon Ribeiro. 89. ed. Rio de Janeiro: FEB, 1984. **Cap. XXVII, Itens 9 a 12**. p. 389-92.

FONTES COMPLEMENTARES

1. XAVIER, Francisco C. *A oração do justo*; mens. 150. In: __. **Fonte Viva**. Pelo espírito Emmanuel. 12. ed. Rio de Janeiro: FEB, 1984. p. 339-40.

2.__. *A prece recompõe*; mens. 98. In: __. **Vinha de Luz**. Pelo espírito Emmanuel. 7. ed. Rio de Janeiro: FEB, 1983. p. 209-10.

3. XAVIER, Francisco C. & VIEIRA, Waldo. *Ação da Prece*; mens. 13. In: __. **O Espírito da Verdade**. Por vários espíritos. 5. ed. Rio de Janeiro: FEB, 1985. p. 40-1.

4. Op. cit. , *Se tens fé*; mens. 29. p. 75-6.

OBJETIVO

Mostrar aos participantes de que forma a prece atinge os seus objetivos e como os bons espíritos nos auxiliam, em atendimento àquilo que solicitamos através dela.

CONCLUSÃO

As nossas preces são atendidas por Deus, através dos espíritos incumbidos da execução de suas vontades. Os espíritos ouvem-nos as preces qualquer que seja o lugar onde se encontrem e as reportam a Deus.

OBSERVAÇÃO

O dirigente, ao ler o texto, deverá certificar-se do completo entendimento do vocabulário pelos participantes.

INDICAÇÃO DO TEXTO, PERGUNTAS, RESPOSTAS E DESTAQUES

LER O ITEM 9

1 O que é a prece?

"A prece é uma invocação, mediante a qual o homem entra, pelo pensamento, em comunicação com o ser a quem se dirige."

> *A prece não tem que obedecer a fórmulas específicas, a fim de não ser recitada maquinalmente. Melhor é que seja criada segundo as circunstâncias, de modo a refletir claramente o pensamento de quem ora, no momento da oração.*

2 Como podem ser as preces?

Para pedir, para agradecer e para glorificar (ou louvar).
Explicar cada uma, com base nas informações abaixo:
a) **pedir**: é a que fazemos para rogar um auxílio em favor de alguém ou de nós próprios. Exemplo: podemos pedir a melhora de nossa saúde, ou a de outrem;
b) **agradecer**: é a que fazemos para agradecer uma ajuda recebida, um objetivo atingido; por ter nos livrado de um perigo; por ter recebido uma graça etc.
c) **glorificar** (**louvar**): é aquela através da qual demonstramos o nosso reconhecimento a Deus pela sua grandeza e a de sua obra; demonstramos a nossa humildade perante o Criador.

> *Devemos nos esforçar para que nossas preces sejam mais para agradecer e louvar, do que para pedir.*
> *É bem melhor termos pouco a pedir e muito a agradecer, pois é demonstração de resignação diante das provações da vida.*

3 Quem atende nossas preces?

Os espíritos encarregados de executar a vontade de Deus e as leis divinas.

> *"As preces feitas a Deus, escutam-nas os espíritos incumbidos da execução de suas vontades; as que se dirigem aos bons espíritos, são reportadas a Deus."*

LER O ITEM 10

4 Com base no trecho lido, explique como a prece atinge seu objetivo, ou seja, como a mesma é conduzida ao alvo a que se destina.

Para explicar é preciso que nos consideremos todos mergulhados no fluido universal, de modo que todos, encarnados e desencarnados, possamos nos comunicar uns com os outros. Assim, a nossa prece é transmitida a quem nos dirigimos, através desse fluido, que efetua o papel como o de um telefone que transmite a nossa voz, de um a outro ponto qualquer.

> *"Dirigido, pois, o pensamento para um ser qualquer, na Terra ou no espaço, de encarnado para desencarnado, ou vice-versa, uma corrente fluídica se estabelece entre um e outro, transmitindo de um ao outro o pensamento, como o ar transmite o som."*

5   A nossa vontade e firmeza de pensamento tem algo a ver com isso?

Sim, e muito, pois é segundo a intensidade do nosso pensamento e nossa vontade que a nossa prece atingirá, ou não, o ser a quem a dirigimos.

> *"A energia da corrente guarda proporção com a do pensamento e a da vontade. É assim que os espíritos ouvem a prece que lhes é dirigida, qualquer que seja o lugar onde se encontrem."*

LER O ITEM 11

6   De que forma os espíritos nos ajudam a vencer as dificuldades?

Através da prece sincera nos ligamos aos espíritos superiores, que, sondando a nossa vontade e boa intenção, nos vêm em socorro, dando-nos a força moral necessária para superar os problemas, ou retomar o caminho reto, se dele porventura nos desviamos.

> *Através da prece podemos nos prevenir para não cair no caminho do mal. A prece, no caso, tem a função de nos propiciar forças para resistir ao mal.*

LER O ITEM 12

7   Quando, através da prece, conseguimos nos livrar de algum mal, é porque este foi afastado de nós pelos bons espíritos?

Não. Os espíritos não afastam de nós o mal. O que eles fazem é **desviar-nos do mau pensamento que nos pode causar dano**, desde que verifique em nós o firme propósito de lutar contra esse mal.

> *"Eles em nada obstam ao cumprimento dos decretos de Deus, nem suspendem o curso das leis da Natureza; apenas evitam que as infrinjamos, dirigindo o nosso livre-arbítrio."*

8   Se os espíritos nos dirigem o livre-arbítrio, não estarão desrespei-tando nossa liberdade de agir?

Não, pois a ação dos espíritos se limita a nos intuir. Porém, essa ação, de modo algum, nos tira a liberdade de segui-los ou não. Em nossos atos, prevalece sempre a nossa vontade.

> *"Quer Deus que seja assim, para que aquele (o homem) tenha a responsabilidade dos seus atos e o mérito da escolha entre o bem e o mal."*

DESTAQUES COMPLEMENTARES

AÇÃO DA PRECE –
TRANSMISSÃO DO PENSAMENTO
126

FONTE BÁSICA

KARDEC, Allan. **O Evangelho Segundo o Espiritismo**. Trad. Guillon Ribeiro. 89. ed. Rio de Janeiro: FEB, 1984. **Cap. XXVII, Itens 13 a 15**. p. 392-3

FONTES COMPLEMENTARES

1. XAVIER, Francisco C. *A oração do Justo*; mens. 150. In: __. **Fonte Viva**. Pelo espírito Emmanuel. 12. ed. Rio de Janeiro: FEB, 1984. p. 339-40.

2. Op. cit. , *No culto à prece*; mens. 149. p. 337-8.

3.__. *A prece recompõe*; mens. 98. In: __. **Vinha de Luz**. Pelo espírito Emmanuel. 7. ed. Rio de Janeiro: FEB, 1983. p. 209-10.

4.__. XAVIER, Francisco C. & VIEIRA, Waldo. *Ação da prece*; mens. 13. In: __. **O Espírito da Verdade**. Por vários espíritos. 5. ed. Rio de Janeiro. FEB, 1985. p. 40-1.

OBJETIVO

Mostrar aos participantes a influência do pensamento no poder da prece, e como age a espiritualidade para que nossa oração atinja seu objetivo.

CONCLUSÃO

O poder da prece está no pensamento, independendo da sua forma, das palavras utilizadas e do lugar e momento em que a proferimos. Os espíritos nos suprem a energia que porventura nos falte, para dar eficácia àquela, quando nos julgam merecedores dessa graça.

OBSERVAÇÃO

O dirigente, ao ler o texto, deverá certificar-se do completo entendimento do vocabulário pelos participantes.

INDICAÇÃO DO TEXTO, PERGUNTAS, RESPOSTAS E DESTAQUES

LER O ITEM 13

1   O que é a prece?

"A prece é uma invocação, mediante a qual o homem entra, pelo pensamento, em comunicação com o ser a quem se dirige."

> *A prece não tem que obedecer a fórmulas específicas, a fim de não ser recitada maquinalmente. Melhor é que seja criada segundo as circunstâncias, de modo a refletir claramente o pensamento de quem ora, no momento da oração.*

2   A eficácia da prece é a mesma, tanto para o homem de bem quanto para o mau?

Não. Uma vez que o atendimento da prece, por Deus, objetiva recompensar a intenção, o devotamento e a fé daquele que ora, é claro que tem mais merecimento aos seus olhos, e sempre mais eficácia, a prece do homem de bem.

> *É evidente que não poderá o homem egoísta e orgulhoso esperar da Providência a mesma solicitude que esta dispensa àquele que cumpre seus deveres como cristão.*

3   Por que a prece do egoísta e vicioso não é tão eficaz quanto a do homem de bem?

Porque a prece só tem eficácia quando parte de um coração puro, e o homem vicioso e mau tem a dominá-lo o sentimento egoístico, não podendo, daí, partir uma oração com fervor e confiança.

> *"Do coração do egoísta, do daquele que apenas de lábios ora, unicamente saem palavras, nunca ímpetos de caridade que dão onipotência à prece."*

4   Quer dizer, então, que Deus ignora a prece que lhe dirige um homem de má vida?

Não, porquanto Deus ouve e acolhe a todos os seus filhos, indistintamente. Ademais, não poderá esse homem, através da prece, estar procurando obter forças para lutar contra o que nele há de ruim? Assim, se o fizer com fervor, certamente Deus o ouvirá e o ajudará.

> *Acreditar que Deus ignore a prece sincera que um filho seu lhe faça, só porque esse filho temporariamente se encontra desviado da trilha do bem, é o mesmo que negar os atributos da Divindade.*

LER O ITEM 14

5 Como se explica o fato de, às vezes, conseguirmos efetuar proezas, realizando coisas em benefício do semelhante, quando reconhecemos não possuir aptidão e forças suficientes para tal?

Quando em nós existe a boa vontade em ajudar o próximo e, se para isso nos valemos dos recursos da prece, a espiritualidade superior, sondando-nos no íntimo e reconhecendo-nos a boa intenção, nos supre a insuficiência e nos ajuda atingir o objetivo.

> *"(...) os espíritos, em sendo preciso, suprem a insuficiência daquele que ora, ou agindo diretamente em seu nome, ou dando-lhe momentaneamente uma força excepcional..."*

6 É correto alguém abster-se de orar por outrem, sob o pretexto de que, não sendo bom, é indigno de ser ouvido por Deus?

Não, pois só uma condição é necessária para ajudar alguém: a nossa boa vontade para fazê-lo. Não importa se somos perfeitos ou não. Além disso, quando nos reconhecemos imperfeitos, demonstramos humildade, atitude sempre bem-vista aos olhos de Deus.

> *"Repelida, só o é a prece do orgulhoso que deposita fé no seu poder e nos seus merecimentos, e acredita ser-lhe possível sobrepor-se à vontade do Eterno."*

LER O ITEM 15

7 O poder da prece depende das palavras, lugar e momento em que é feita?

Não, porquanto o seu poder está no pensamento. Vale ressaltar, todavia, que devemos escolher o lugar e o momento que melhor favoreçam o recolhimento.

> *"Pode-se, portanto, orar em toda parte e a qualquer hora, a sós ou em comum."*

8 A prece feita por um grande grupo de pessoas tem mais valor do que a feita por um único indivíduo ou por um pequeno grupo?

Depende. É bem possível dar-se que um pequeno grupo de duas ou três pessoas, ou até mesmo uma única, orando com fervor e sinceridade, dê à prece mais eficácia que aquela proferida por um grupo maior, no qual seus componentes atuem isoladamente e com pensamentos dispersos.

> *"Cem pessoas juntas podem orar como egoístas, enquanto duas ou três, ligadas por uma mesma aspiração, orarão quais verdadeiros irmãos em Deus..."*

DESTAQUES COMPLEMENTARES

DA PRECE PELOS MORTOS E PELOS ESPÍRITOS SOFREDORES
127

FONTE BÁSICA

KARDEC, Allan. **O Evangelho Segundo o Espiritismo**. Trad. Guillon Ribeiro. 89. ed. Rio de Janeiro: FEB, 1984. **Cap. XXVII, Itens 18 a 21**. p. 394-7.

FONTES COMPLEMENTARES

1. XAVIER, Francisco C. *A prece recompõe*; mens. 98. In: __. **Vinha de Luz**. Pelo espírito Emmanuel. 7. ed. Rio de Janeiro: FEB, 1983. p. 209-10.

2. __. *Lembra-te auxiliando*; mens. 89. In: __. **Livro da Esperança**. Pelo espírito Emmanuel. 7. ed. Uberaba: CEC, 1984. p. 233-4.

3. __. *Unidos Sempre*; In: __. **Amanhece**. Por vários espíritos. 6. ed. São Bernardo do Campo: GEEM, 1983. P. 135-6.

OBJETIVO

Esclarecer o efeito salutar e o valor da prece em favor dos desencarnados sofredores, alertando os participantes para a necessidade de adotarem, como prática constante, a oração em benefício daqueles.

CONCLUSÃO

Orar pelos desencarnados é ajudá-los na libertação dos sofrimentos que experimentam. Essa prática salutar, além de evidenciar a bondade e justiça de Deus, revela-se um ato de caridade das mais excelsas, que se reflete em favor dos outros e daquele que ora.

OBSERVAÇÃO

O dirigente, ao ler o texto, deverá certificar-se do completo entendimento do vocabulário pelos participantes.

INDICAÇÃO DO TEXTO, PERGUNTAS, RESPOSTAS E DESTAQUES

LER O ITEM 18

1 Por que é necessário orar pelos desencarnados, principalmente os sofredores?

Primeiro, porque nos impõe o dever, como cristãos, de auxiliar os necessitados; segundo, porque, ao se sentirem lembrados, ficam mais aliviados em seus sofrimentos e, portanto, menos infelizes.

> *A prece constitui a única forma que a Providência nos oferece para prestar o nosso auxílio em favor dos desencarnados.*

2 De que forma pode, ainda, a nossa prece beneficiá-los?

A nossa prece também exerce sobre eles outro papel: reanima-os e incute-lhes o desejo de progresso ou arrependimento, predispondo-os à evolução.

> *Olvidar esse recurso que se tem nas mãos é negar a bondade de Deus e faltar com o dever de cristão.*

3 A nossa prece terá alguma influência para o espírito sofredor, se não houver neste predisposição em melhorar-se?

Poderíamos dizer que não, argumentando que, se ele não se mostra receptivo a ela, esta não lhe trará benefício algum. Entretanto, poderá a mesma beneficiá-lo, ainda que mais tarde, no sentido de influenciar suas atitudes, reconduzindo-o à senda do bem.

> *Não há espírito tão endurecido que não se renda e se torne, cedo ou tarde, sensível à grandiosidade, justiça e bondade do Pai Maior.*

LER O ITEM 19

4 Com base no trecho lido, está correta a maneira de pensar dessas pessoas?

Não, absolutamente. Primeiro, porque as penas não são eternas, mas temporárias, durando apenas até que a alma se volva ao bem e salde seus débitos; segundo, porque não é lógico, justo, caridoso, cristão, recusar a ajuda, pela prece, a quem quer que seja.

> *"(...) negar, neste caso, a eficácia da prece, fora negar a eficiência da consolação, dos encorajamentos, dos bons conselhos."*

LER O ITEM 20

5 O que dizer daqueles que acreditam ser a prece inútil, porque as leis divinas são imutáveis?

Estão equivocadas essas pessoas, pois o conceito de imutabilidade das leis não implica, de forma alguma, o estabelecimento de uma duração definida e irreversível para as penas. A duração destas está diretamente ligada ao comportamento do espírito.

> A **vigência** das penas, o espírito pode alastrá-la, ou restringi-la, de acordo com sua resignação, confiança, vontade e empenho em saldá-las. É aqui que interfere beneficamente a prece que se lhe faça.

LER O ITEM 21

6 Como podemos entender, então, a imutabilidade das leis, aplicada às penas futuras?

A imutabilidade, aqui, deve ser entendida no sentido de que ninguém foge ao compasso inexorável e nivelador da justiça de Deus, isto é, a ninguém será dado evadir-se do resgate de seus débitos para com a Providência.

> "O homem sofre sempre a consequência de suas faltas; não há uma só infração à lei de Deus que fique sem a correspondente punição."

7 O que nos evidencia a ação da prece associada a essa lei imutável?

Em ambas vemos demonstradas a bondade e a justiça de Deus que, sem embargo da nossa pertinência no mal, nos propicia oportunidade de ajustar nossas contas com a Providência e, como acréscimo de misericórdia, nos aquinhoa com a dádiva preciosa da prece que outrem possa nos fazer, através da qual somos inspirados, amparados, animados, esclarecidos e fortalecidos em nossa luta.

> "(...) em lugar de pedirmos a Deus derrogue a sua lei, tornamo-nos instrumentos da execução de outra lei, também sua, a de amor e de caridade..."

DESTAQUES COMPLEMENTARES

DESTAQUES COMPLEMENTARES

MANEIRA DE ORAR
128

FONTE BÁSICA

KARDEC, Allan. **O Evangelho Segundo o Espiritismo**. Trad. Guillon Ribeiro. 89. ed. Rio de Janeiro: FEB, 1984. **Cap. XXVII, Item 22**. p. 397-9.

FONTES COMPLEMENTARES

1. XAVIER, Francisco C. *Na oração*; mens. 167. In: __. **Caminho, Verdade e Vida**. Pelo espírito Emmanuel. 10. ed. Rio de Janeiro: FEB, 1983. p. 349-50.

2.__. *Oração*; mens. 108. In: __. **Pão Nosso**. Pelo espírito Emmanuel. 5. ed. Rio de Janeiro: FEB, 1977. p. 227-8.

3.__. *Oração e Renovação*; mens. 21. In: __. **Vinha de Luz**. Pelo espírito Emmanuel. 7. ed. Rio de Janeiro: FEB, 1983. p. 53-4.

4. XAVIER, Francisco C. & VIEIRA, Waldo. *Condições da prece*; mens. 14. In: __. **Na Era do Espírito**. Por vários espíritos. 4. ed. São Bernardo do Campo, GEEM, 1976. p. 88-9.

5. Op. cit. *Petição a Jesus*. p. 85-7.

OBJETIVO

Esclarecer aos participantes sobre a maneira correta de orar, bem como informá-los de como devem ser nossas preces para que atinjam os objetivos que colimamos, através delas.

CONCLUSÃO

A melhor maneira de orar é aquela que mais nos predisponha ao contato com o plano espiritual e o Criador. Não há fórmula nem rituais para valorizá-las melhor. Só um requisito é indispensável: que parta do coração.

OBSERVAÇÃO

O dirigente, ao ler o texto, deverá certificar-se do completo entendimento do vocabulário pelos participantes.

INDICAÇÃO DO TEXTO, PERGUNTAS, RESPOSTAS E DESTAQUES

LER O PRIMEIRO PARÁGRAFO DO ITEM 22

1   Qual a melhor hora de se orar?

Qualquer hora, desde que precisemos ou queiramos. Entretanto, orar de manhã e à noite, deveríamos adotar como prática habitual.

> *"O dever primordial de toda criatura humana, o primeiro ato que deve assinalar a sua volta à vida ativa de cada dia, é a prece."*

2   O que são "preces maquinais"?

São aquelas proferidas apenas pela boca, maquinalmente, decoradas, sem qualquer participação do pensamento ou sentimento.

> *"Que importa ao Senhor as frases que maquinalmente articulais umas às outras, fazendo disso um hábito, um dever que cumpris e que vos pesa como qualquer dever?"*

LER O SEGUNDO PARÁGRAFO

3   Como devem ser nossas preces?

Sinceras: partindo do coração, de modo a expressar fielmente o que lhe vai no íntimo; **simples**: sem floreio ou imensidade de palavras; **com humildade**: expressando nosso reconhecimento por todos os benefícios recebidos e pela nossa fraqueza diante de Deus; profundas: expressando integralmente o nosso pensamento.

> *A prece, sendo uma **conversa** franca e sincera com o Criador, deve refletir o que se passa em nosso íntimo, isto é, se desejamos agradecer, agradeçamos; louvar, louvemos; pedir, peçamos. Nunca, porém, façamo-la por simples obrigação.*

LER O TERCEIRO PARÁGRAFO

4   Por que muitos não são atendidos em suas rogativas, a ponto de concluírem que não vale a pena orar?

Porque muitos se utilizam da prece visando à satisfação única de seus interesses de cunho material. Mas a Providência, que é sábia e previdente, em os desatendendo, mostra-lhes que incorrem em erro, advertindo-os de que é preciso e possível mudar sua maneira de agir e pensar, bastando que o queiram.

> *"Inútil, portanto, pedir ao Senhor que vos abrevie as provas, que vos dê alegrias e riquezas."*

5   Afinal, o que é correto pedir quando oramos?

Devemos pedir bens mais preciosos, como a paciência, a fé, a resignação e a melhoria moral; enfim, tudo aquilo que nos propicie a evolução espiritual.

> *Temos a inteligência e a razão que nos dirige os passos: usemo-las para decidir o que é correto pedir. Deus está sempre onde vê boa intenção.*

LER O RESTANTE DO TEXTO

6   Que outras formas de oração existem, além das que conhecemos?

O trabalho produtivo e alegre; o cumprimento dos deveres; a caridade que fazemos; o reconhecimento pelos sucessos obtidos; a postura de paciência e resignação ante os revezes etc.

> *"Sede bendito, meu Pai! ... Perdoai-me, meu Deus, pois pequei! ... dai-me forças para não falir de novo e coragem para a reparação de minha falta! ... Obrigado, Senhor, por esta oportunidade! ... Graças te dou, Senhor, por livrar-me deste perigo! ..." São formas de oração, que valem mais do que longas preces.*

7   As preces decoradas têm mais, ou menos, valor do que as outras?

Não é a forma que valoriza a prece. Toda ela é válida, desde que sincera e parta do coração, e desde que não seja apenas dita maquinalmente.

> *As preces decoradas têm um inconveniente: acomodar-nos o raciocínio, induzindo-nos a fazer algo que não estamos pensando, no momento de proferi-las, diminuindo-lhes a eficiência.*

8   O "sucesso" da nossa prece tem algo a ver com o *local* em que a proferimos e a *postura física* (posição das mãos, da cabeça; ficar de joelhos, de pé, deitado etc)?

Não. Nada disso tem a ver, porquanto o que vale é a intenção e o pensamento que dão suporte e motivação à prece. Isso não impede, porém, que devamos escolher o melhor local, hora e postura que favoreçam o recolhimento e a nossa ligação com o Criador.

> *As formas e posturas exteriores, tidas por alguns como condições para validade da prece, não passam de criações, fruto da ignorância acerca de suas reais finalidades e características divinas.*

DESTAQUES COMPLEMENTARES

DESTAQUES COMPLEMENTARES

DESTAQUES COMPLEMENTARES

DESTAQUES COMPLEMENTARES

DESTAQUES COMPLEMENTARES

DESTAQUES COMPLEMENTARES

A BUSCA DO MELHOR

Francisco do Espirito Santo Neto
ditado por Hammed

Filosófico
Formato: 14x21cm
Páginas: 176

Sócrates afirmava que "ninguém que saiba ou acredite que haja coisas melhores do que as que faz, ou que estão a seu alcance, continua a fazê-las quando conhece a possibilidade de outras melhores". Ser protagonista da própria vida não significa jamais se equivocar; significa, sim, refazer caminhos, reconhecer falhas e erros, e deixar de ser prisioneiro das próprias atitudes. Neste livro de Hammed, você vai descobrir as ferramentas necessárias para conduzir sua história de vida e fazer da existência uma grande oportunidade de aperfeiçoamento.

 www.boanova.net

 www.facebook.com/boanovaed

 www.instagram.com/boanovaed

 www.youtube.com/boanovaeditora

Entre em contato com nossos consultores e confira as condições.
Catanduva-SP 17 3531.4444 | boanova@boanova.net

**AMAR TAMBÉM SE APRENDE
- CAPA DURA**

14x21 cm | 144 páginas
Filosófico/Relacionamentos
ISBN: 978-85-99772-99-7

Acredita-se erroneamente que a atual "forma de amar" sempre existiu em todas as épocas. Mas o "conceito ou a maneira de amar" da contemporaneidade não existiu desde sempre. Por essa razão, precisamos nos conscientizar de sua historicidade, ou seja, do conjunto dos fatores que constituem a história de um comportamento, de uma atitude. Assim como todos os povos elegem suas tradições, também constroem suas maneiras de amar.

Condições especiais para pagamento, fale com nossos consultores.

Catanduva-SP 17 3531.4444

www.boanova.net
boanova@boanova.net

 /boanovaed

RENOVANDO ATITUDES

Francisco do Espirito Santo Neto
ditado por Hammed

Filosófico
Formato: 14x21cm
Páginas: 248

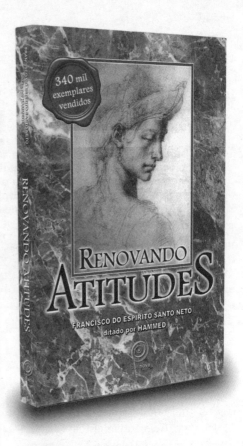

Elaborado a partir do estudo e análise de 'O Evangelho Segundo o Espiritismo', o autor espiritual Hammed afirma que somente podemos nos transformar até onde conseguirmos nos perceber. Ensina-nos como ampliar a consciência, sobretudo através da análise das emoções e sentimentos, incentivando-nos a modificar os nossos comportamentos inadequados e a assumir a responsabilidade pela nossa própria vida.

 www.boanova.net

 www.facebook.com/boanovaed

 www.instagram.com/boanovaed

 www.youtube.com/boanovaeditora

Entre em contato com nossos consultores e confira as condições.
Catanduva-SP 17 3531.4444 | boanova@boanova.net

As dores da alma

FRANCISCO DO ESPÍRITO SANTO NETO *ditado por* **HAMMED**

Filosófico | 14x21 cm | 216 páginas

O autor espiritual Hammed, através das questões de 'O livro dos Espíritos', analisa a depressão, o medo, a culpa, a mágoa, a rigidez, a repressão, dentre outros comportamentos e sentimentos, denominando-os 'dores da alma', e criando pontes entre os métodos da psicologia, pedagogia e da sociologia, fazendo o leitor mergulhar no desconhecido de si mesmo no propósito de alcançar o autoconhecimento e a iluminação interior.

Entre em contato com nossos consultores e confira as condições.
Catanduva-SP 17 3531.4444 | boanova@boanova.net

Levamos o livro espírita cada vez mais longe!

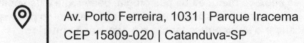

Av. Porto Ferreira, 1031 | Parque Iracema
CEP 15809-020 | Catanduva-SP

www.**boanova**.net

boanova@boanova.net

17 3531.4444

17 99777.7413

Siga-nos em nossas redes sociais.

@boanovaed   boanovaeditora

CURTA, COMENTE, COMPARTILHE E SALVE.
utilize #boanovaeditora

Acesse nossa loja

Fale pelo whatsapp